中国发展研究基金会　著

新业态下
商业健康保险的
新兴模式研究

RESEARCH ON
THE EMERGING MODELS
OF
**COMMERCIAL
HEALTH INSURANCE**
UNDER
THE NEW BUSINESS MODEL

社会科学文献出版社
SOCIAL SCIENCES ACADEMIC PRESS (CHINA)

作者简介

李　阳	中国发展研究基金会研究二部项目主任
俞建拖	中国发展研究基金会副秘书长
商敬国	中国保险行业协会党委委员、秘书长
魏　丽	中国人民大学财政金融学院保险系主任、教授，中国人民大学中国保险研究所所长
戴稳胜	中国人民大学财政金融学院教授
何　林	中国人民大学财政金融学院保险系副主任、教授
李时宇	中国人民大学财政金融学院副教授
陈　泽	中国人民大学财政金融学院副教授
郑家昆	中国人民大学财政金融学院助理教授
任禹凡	中国人民大学财政金融学院博士研究生
赵家琦	中国人民大学财政金融学院博士研究生
曲荣华	中国人民大学财政金融学院博士研究生
朱俊生	清华大学五道口金融学院中国保险与养老金研究中心研究负责人
冯鹏程	泰康养老保险股份有限公司健康保险事业部副总经理、高级经济师
王国军	对外经济贸易大学保险学院教授、院长助理、博士生导师
聂　颖	中国银行保险信息技术管理有限公司经济学博士

目　录

主报告　商业健康保险的新兴模式发展研究
李　阳　俞建拖

一　引言／1

二　中国商业健康保险发展现状／5

三　中国商业健康保险发展中存在的不足／15

四　商业健康保险新兴模式的定位与发展方向／25

五　落实路径研究／29

专题一　商业健康保险新兴模式的供给研究
商敬国

一　商业健康险新兴模式的基本定义／38

二　我国商业健康险发展新兴模式／42

三　商业健康险新兴模式面临的挑战／74

四　国际成熟市场健康险发展模式对我国的启示／81

五　对我国健康险行业的发展建议／94

专题二 商业健康保险新兴模式的需求研究

魏 丽 戴稳胜 何 林 李时宇 陈 泽
郑家昆 任禹凡 赵家琦 曲荣华

一 绪论 / 99

二 商业健康保险新兴模式的需求分析 / 110

三 各主体对于商业健康保险新兴模式的需求分析 / 118

四 商业健康保险新兴模式的发展潜力分析 / 121

五 商业健康保险新兴模式的发展方向 / 124

六 结论和建议 / 127

专题三 商业健康保险新兴模式的驱动因素研究

朱俊生 冯鹏程

一 商业健康保险新兴模式发展及其特征 / 130

二 商业健康保险新兴模式的主要驱动因素 / 138

三 完善规则，推动多主体参与商业健康保险模式创新 / 155

四 推动基本医保数据共享，支持商业健康保险模式创新 / 161

五 防范商业健康保险新兴模式风险——以长期医疗保险为例 / 170

六 通过模式创新发挥商业健康保险机制优势 / 175

附录一 "商业健康保险+健康服务"新兴模式的典型国际案例 / 178

附录二 普惠补充医保的国际经验 / 182

附录三 长期医疗保险发展的国际经验 / 187

附录四 大病保险创新模式案例：金华大病保险"选缴保费法" / 194

专题四 商业健康保险新兴模式的政策支持研究
王国军 聂 颖

一 可持续发展的商业健康保险新兴模式的判断标准／202

二 商业健康保险新兴模式政策支持的国内实践与国际经验／210

三 中国商业健康保险新兴模式政策支持途径与手段／230

四 相关领域间的政策协调与相关主体间的关系协调分析／235

主报告　商业健康保险的新兴模式发展研究

李　阳　俞建拖

一　引言

近年来，我国医疗卫生服务能力不断提升、体系不断完善，但个人医疗费用负担过重、医疗资源分布不均衡、医患双方信息不对称等现象，使老百姓"看病难、看病贵"的问题依然存在。在这种情况下，作为基本医疗保险补充的商业健康保险也日益受到重视。当前商业健康保险市场仍是高增长、高潜力的蓝海市场，受到政府和社会的高度关注。

从需求看，在人口快速老龄化、收入和消费结构升级以及健康素养提升的背景下，居民的健康保障与健康服务需求日趋增量化、高质化、多元化。一是我国进入快速老龄化阶段，居民健康保障与健康服务需求增加。2022年我国60岁及以上人口比例达19.8%，同比增长0.9个百分点，65岁及以上人口比例达14.9%，同比增长了0.7个百分点。[1] 伴随着我国迈入老龄化社会，人群患病水平与概率持续上升，引发相关健康需求增加。研究表明，人口患重疾概率与年龄正相关。60岁前男性与女性累计罹患至少一种重大

---

[1] 《国家统计局：2022年年末全国人口141175万人》，http://www.ce.cn/xwzx/gnsz/gdxw/202301/17/t20230117_38351837.shtml，2023年1月17日。

疾病的概率分别约为 16% 和 14%，80 岁时两者概率都提升了 3 倍多，分别达到 58% 和 45%。① 同时就慢性病老年群体的健康风险因素指数均值而言，65~85 岁年龄组明显低于 85~105 岁年龄组。② 二是居民健康素养水平提高，居民对维持与促进健康的认知更加深入，需求日趋多样化。2021 年我国居民健康素养水平为 25.4%，十年间提升了 16.6 个百分点。③ 居民维持与促进健康的意识更强。三是居民收入和消费结构升级，健康保障和健康服务要求不断提升。2022 年全国居民人均医疗保健支出 2120 元，同比增长 0.2%，近十年居民人均医疗保健支出占人均消费支出的比重提升了 1.74 个百分点（见图 1），④ 消费结构逐渐转为享受型。四是中国经济正处于全面提质增效的关键档口期，在乡村振兴、全民健康覆盖等工作中商业健康保险扮演着重要的角色，也面临全新的发展要求。

从筹资面临的挑战看，我国医疗卫生费用呈快速上涨趋势，基本医保基金的可持续性面临挑战，在医保基金与财政收支双重承压的背景下，商业健康保险有利于进一步完善多层次医疗保障体系。第一，卫生总费用和一般公共预算支出持续增加。据中国发展研究基金会课题组预测，到 2025 年我国人均卫生费用将超过 7000 元，卫生总费用保守估计将达到 9.7 万亿元，财政卫生健康支出总额将有较大可能突破 2.5 万亿元，⑤ 这将形成巨大的财政支出压力。第二，从共同富裕和公平发展的角度来讲，灾难性卫生支出占居民收入比例较高。中国灾难性卫生支出比例高于全球乃至其他金砖国家平均水平。根据 WHO 数据，2016 年中国灾难性卫生支出比例为 23.98%（10%标准）和 9.18%（25%标准），远高于全球平均水平、美国和英国平均水

---

① 中国精算师协会：《国民防范重大疾病健康教育读本》，http://ks3-cn-beijing.ksyun.com/attachment/b09290216822e59fb986f5fd9543eee8，2020 年 12 月。
② 王雪辉：《中国慢性病老年群体脆弱性评价及特征研究》，《东北大学学报》（社会科学版）2023 年第 1 期。
③ 《国家卫健委：全国居民健康素养水平稳步提升 十年间由 8.8%提高至 25.4%》，http://www.gov.cn/xinwen/2022-06/11/content_5695222.htm，2022 年 6 月 11 日。
④ http://www.stats.gov.cn/xxgk/sjfb/zxfb2020/202301/t20230117_1892129.html。
⑤ 数据来自中国发展研究基金会课题组《"十四五"时期财政卫生健康支出分析与预测》。

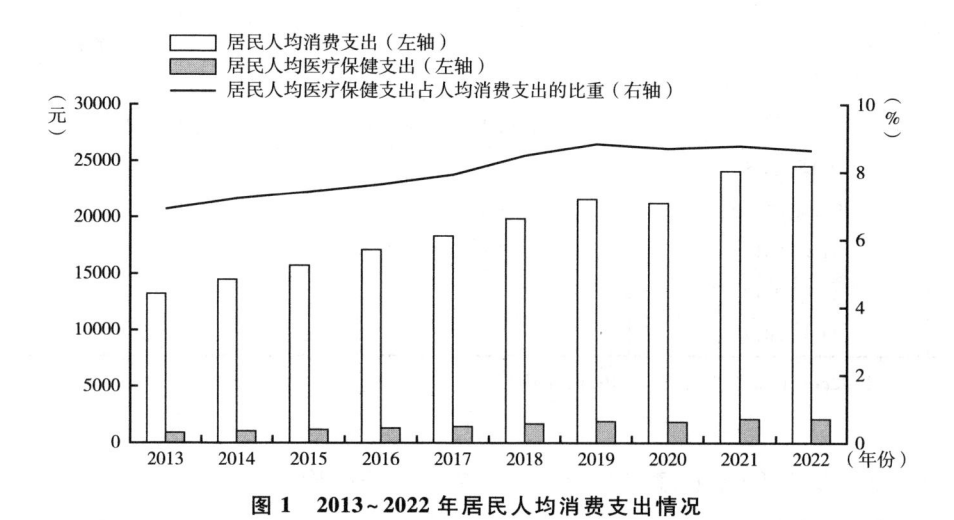

图 1　2013~2022 年居民人均消费支出情况

资料来源：《中国卫生健康统计年鉴》。

平，也高于金砖国家中的印度（见表 1）。第三，高龄、带病和低收入群体的卫生负担风险较高。据 2020 年中国家庭追踪调查数据进行计算，收入较低、自评健康较差、年龄较大等因素与个人负担正相关，大部分健康保障弱势人群，面临的卫生费用风险相对较高。可见，如果卫生总费用持续增长，单纯依靠基本医疗保障和财政支付，医保基金和财政收支压力会进一步增加，而商业健康保险的发展有利于减轻财政、基本医疗保险以及个人的支付压力，可以降低患某类疾病以及某些高风险人群"因病致贫、因病返贫"的发生概率。

表 1　主要国家灾难性医疗支出发生率情况

单位：%

区域	医疗支出超过家庭消费支出/收入 10%	医疗支出超过家庭消费支出/收入 25%
全球（2017）	13.21	3.84
中国（2016）	23.98	9.18
美国（2019）	4.31	0.76

续表

区域	医疗支出超过家庭消费支出/收入10%	医疗支出超过家庭消费支出/收入25%
英国（2018）	2.27	0.37
俄罗斯（2020）	7.7	0.9
日本（2019）	10.5	1.9
印度（2017）	17.32	6.53
巴西（2017）	11.81	1.88

资料来源：世界卫生组织（WHO）数据库。

此外，我国商业健康保险市场存在供给端结构性失衡、协同发展能力弱等诸多问题。首先，我国现行商业健康保险市场的产品结构较为单一，疾病险和医疗险占主体地位。2021年，我国商业健康保险保费收入中重疾险占比为51.96%，医疗险占比为45.44%，而其他健康保险如护理险、失能险等仅占比为2.60%。因此，其他健康保险供给严重不足，商业健康保险市场供给侧存在结构性失衡问题。商业健康保险公司需要加大健康保险产品创新投入，扩大产品供给，从而满足多层次的健康保障需求。其次，商业健康保险市场与其他医保部门、医疗机构等尚未建立有效的协同机制。对于投保人在参与商业健康保险前的身体状况，商业健康保险公司未能通过基本医保部门获得准确完整的信息，这会引发逆向选择问题，增加商业健康保险公司的运营成本。对于投保人在参保后的风险行为，商业健康保险公司未能通过健康管理服务进行有效监测，这会引发道德风险问题，加重商业健康保险公司的理赔负担。对于投保人在疾病发生时的医疗救治和医疗资源使用，商业健康保险公司未能通过与医疗机构合作进而避免医疗费用的不合理支出，这会使得医疗资源浪费且患者可能并未获得有效的救治。因此，商业健康保险公司需要加强与其他医保部门、医疗机构等的合作，实现协同发展，从而更为有效地保障人群身体健康。

在此背景下，快速增加的健康需求与有限的筹资水平、医疗服务供给不足之间的矛盾愈发突出，商业健康保险将迎来发展机遇期，但实际上我国商业健康保险支撑力度不足，赔付水平和比例较低，为此需要以新兴模式促进商业健康保险发展。中国发展研究基金会展开了商业健康保险供给侧调查，以了解商业健康保险行业的供给侧情况。本研究通过分析商业健康保险发展现状及其存在的不足，了解新兴模式为商业健康保险的发展带来的新机遇，进一步明确商业健康保险新兴模式的发展方向与落实路径，以期推动新时期我国商业健康保险发展、健全多层次的医疗保障制度体系。

二 中国商业健康保险发展现状

目前在政策的支持下，我国商业健康保险市场初具规模，保障能力持续提升，服务范围不断扩大，相关产业与保险业的融合发展逐步深入。

（一）政策全面发力支持

目前我国政府各级部门为鼓励商业健康保险发展出台了一系列政策，以期提高居民的保险意识和促进我国商业健康保险发展。随着政策的不断完善、商业保险公司的持续创新和居民医疗保障需求的多样化，近年来，特别是2006年以来我国相继出台了一系列强化商业健康保险专业化管理的文件，在商业健康保险领域涌现出多种创新产品和各类全方位、多层次的保险方案（见本报告附表1）。

1. 扩大商业健康保险供给

丰富商业健康保险产品，鼓励企业和个人参加商业健康保险及多种形式的补充保险，满足其基本医保之外的需求。首先，保险机构积极创新商业健康保险产品，不断完善健康风险评估和干预体系，针对不同的市场设计产品，扩大商业健康保险的渗透范围，如大力发展惠民保，2021年，中国银保监会办公厅发布《关于规范保险公司城市定制型商业医疗保险业务的通知》，鼓励各地区开展惠民保险工作，进一步扩大商业健康保险产品供给。其次，根据多元化医疗服务需求，保险产品涵盖范围扩展至特需医疗、药

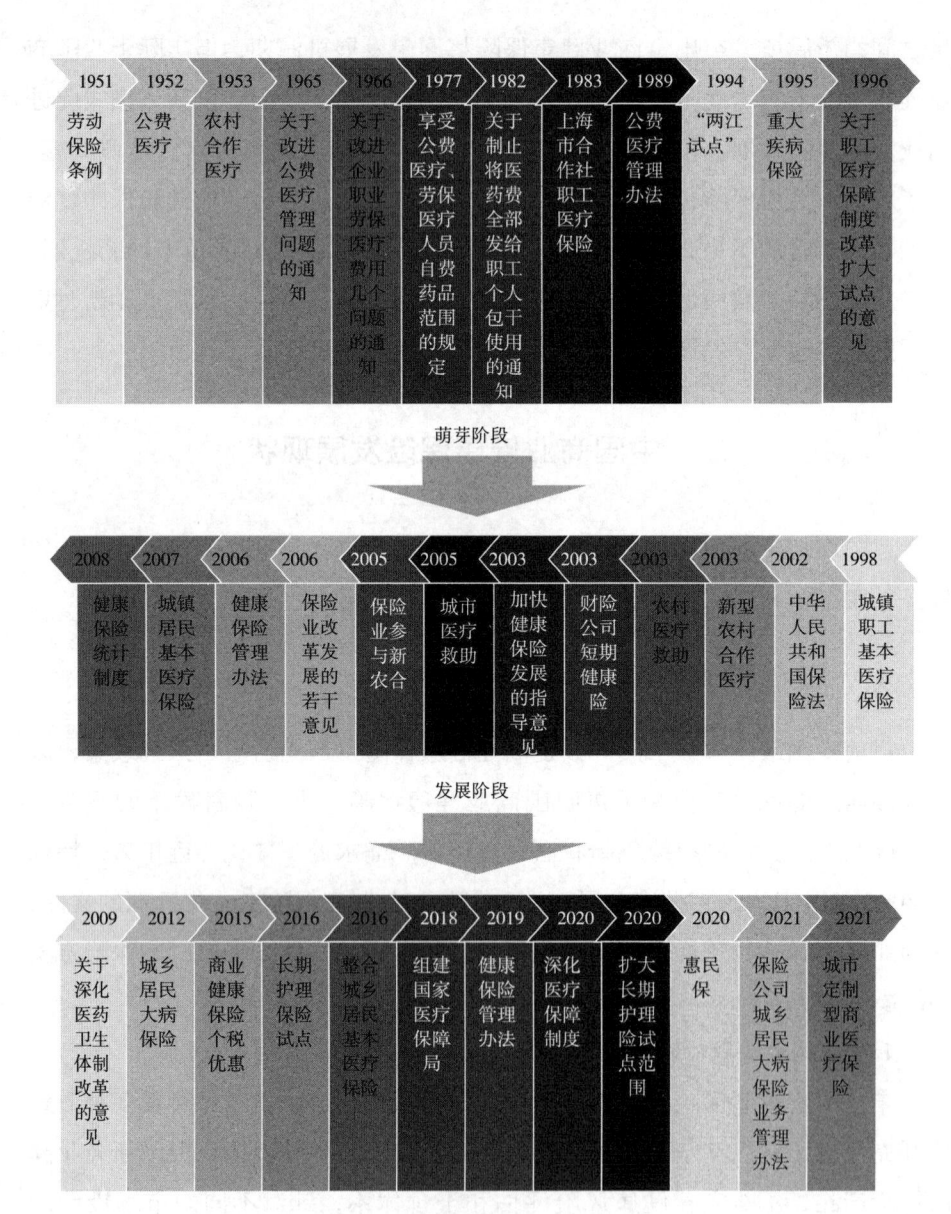

新业态下商业健康保险的新兴模式研究

萌芽阶段

1951	劳动保险条例
1952	公费医疗
1953	农村合作医疗
1965	关于改进公费医疗管理问题的通知
1966	关于改进企业职工医疗费用几个问题的通知
1977	享受公费医疗、劳保医疗人员自费药品范围的规定
1982	关于制止将医药费全部发给职工个人包干使用的通知
1983	上海市合作社职工医疗保险
1989	公费医疗管理办法
1994	"两江试点"
1995	重大疾病保险
1996	关于职工医疗保障制度改革扩大试点的意见

发展阶段

2008	健康保险统计制度
2007	城镇居民基本医疗保险
2006	健康保险管理办法
2006	保险业改革发展的若干意见
2005	保险业参与新农合
2005	城市医疗救助
2003	加快健康保险发展的指导意见
2003	财险公司短期健康险
2003	农村医疗救助
2003	新型农村合作医疗
2002	中华人民共和国保险法
1998	城镇职工基本医疗保险

专业经营化阶段

2009	关于深化医药卫生体制改革的意见
2012	城乡居民大病保险
2015	商业健康保险个税优惠
2016	长期护理保险试点
2016	整合城乡居民基本医疗保险
2018	组建国家医疗保障局
2019	健康保险管理办法
2020	深化医疗保障制度
2020	扩大长期护理险试点范围
2020	惠民保
2021	保险公司城乡居民大病保险业务管理办法
2021	城市定制型商业医疗保险

图 2 政策发展梳理

资料来源：笔者整理。

品、医疗器械和检查检验服务等。2017年5月《国务院办公厅关于支持社会力量提供多层次多样化医疗服务的意见》指出，支持商业保险机构和医疗机构开发针对特殊医疗、创新疗法、利用高值医疗器械等的保险产品。再次，针对人口老龄化、家庭结构变化、慢性病治疗等，大力开展长期护理保险制度试点，加快发展多种形式的长期商业护理保险。最后，防范风险，减少因逆向选择及道德风险而造成的医疗费用增加，保险公司优化覆盖事前、事中以及事后的健康管理服务。2012年中国保险监督管理委员会发布的《关于健康保险产品提供健康管理服务有关事项的通知》，详细阐述了健康管理服务的有关事项，支持健康产业科技创新，促进医药、医疗器械、医疗技术的创新发展，在商业健康保险的费用支付比例等方面给予政策倾斜，加快发展战略性新兴产业。

2. 规范完善医疗保障服务体系

在制度上，稳步推进商业保险机构参与各类医疗保险经办服务。2006年发布的《国务院关于保险业改革发展的若干意见》指出要大力发展商业养老保险和健康保险等人身保险业务，满足城乡人民群众的保险保障需求。逐步加大政府购买服务力度，提升管理和服务水平，完善发展商业健康保险的支持政策。同时，完善商业保险机构和医疗卫生机构合作机制。鼓励各类医疗机构与商业保险机构合作，成为商业保险机构定点医疗机构。鼓励发挥商业健康保险费率调节机制对医疗费用和风险管控的正向激励作用，有效降低不合理的医疗费用支出。大力支持商业保险机构开发与基本医疗保险相衔接的商业健康保险产品，更好覆盖基本医保不予支付的费用。

3. 财政税收优惠

为满足居民的健康保障需求，实现商业保险准公共性运作，我国重视发展商业健康保险的税收优惠政策，主要包括对企业和个人的税收优惠。在政策层面，2017年，我国将商业健康保险个人所得税试点政策推广到全国范围实施。适用商业健康保险税收优惠政策的纳税人，允许对其购买符合规定的商业健康保险产品的支出予以税前扣除，单位统一为员工购买符合规定的商业健康保险产品的支出，应分别计入员工个人工资薪金，视同个人购买予以扣除。2022年，财政部、税务总局、银保监会发布《关于进一步明确商业健康保险个人所得税优惠政策适用保险产品范围的通知》，完善商业健康保险产品的规范和条件。

（二）保障能力持续提升

2016~2021年，商业健康保险保费收入与赔付支出同步增长，且赔付支出增速快于收入增速。2021年全国商业健康保险保费收入8447亿元，相较2016年增加1.1倍，2016~2021年年均增长率约15.9%，远高于同期全国卫生总费用10.6%的年均增速。商业健康保险赔付支出由2016年的999.6亿元增长至2021年的4028.5亿元，年均增长率约32.1%，高于同期保费收入增速，2021年保费收入占全国卫生总费用的11%，占社会卫生支出的24.16%，比2016年增长约3个百分点（见图3、图4）。同时，健康险密度①由2016年的290元/人增长至2021年的598元/人，健康险深度②则由2016年的0.54%增加到2021年的0.74%。

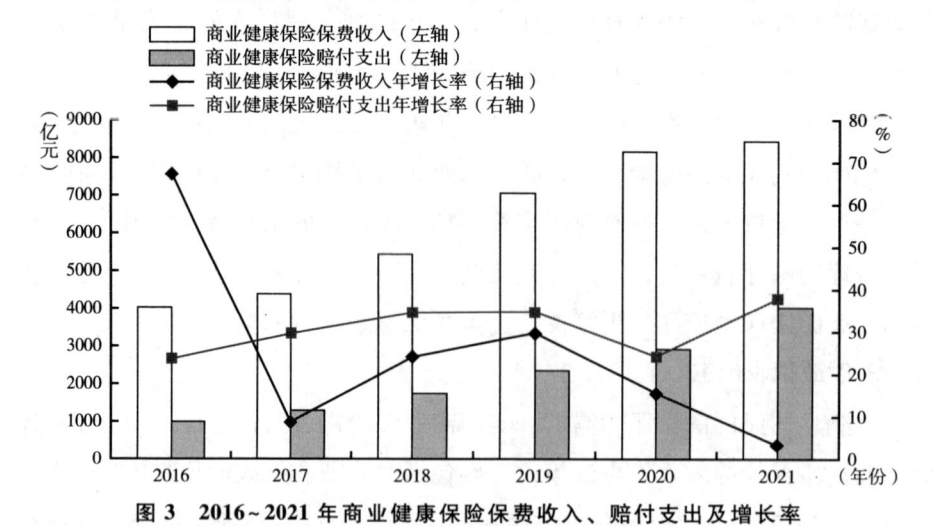

图3 2016~2021年商业健康保险保费收入、赔付支出及增长率

资料来源：《中国统计年鉴》。

---

① 健康保险密度为某地商业健康保险保费与当地常住人口的比值。
② 健康保险深度为某地商业健康保险保费与当地GDP的比值。

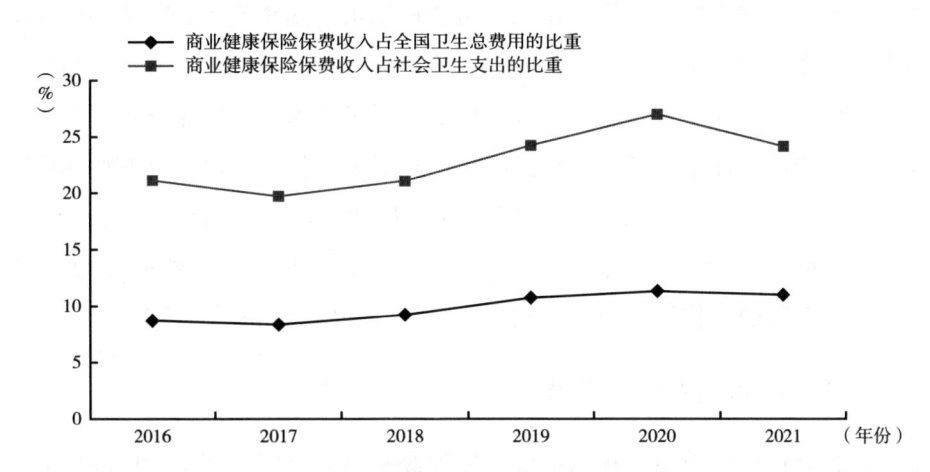

图 4　2016～2021 年商业健康保险保费收入占全国卫生总费用及社会卫生支出的比重

资料来源：《中国统计年鉴》。

（三）服务范围不断扩展

除了参与基于自身业务的产品开发、市场拓展等服务外，参与基本医保的经办、承办也是商业健康保险公司参与建设多层次医疗保障体系的重要方式。截至 2020 年末，商业健康保险公司承保全国 90% 以上的大病保险业务，服务人口超过 10.7 亿人，保费收入达 389 亿元。中国人寿作为行业内首批开展大病保险业务的公司，其旗下寿险公司开展大病保险项目 200 多个，覆盖超过 3.5 亿城乡居民，累计赔款约 1400 亿元。其中 2021 年中国人寿大病保险业务赔付 1400 万人次超过 250 亿元医疗费用，成为基本医疗保险的重要补充。[①] 并且商业健康保险公司积极参与承办补充医疗保险项目。截至 2022 年 6 月底，中国人寿寿险公司在 26 个省（自治区、直辖市）承办补充医疗保险项目 170 多个，覆盖超过 5800 万人。[②]

随着市场经验的积累和参与主体的增多，商业机构可以提供的产品日益

[①] http：//ipaper. ce. cn/pc/content/202207/21/content_ 257894. html.

[②] http：//www. news. cn/money/20220914/1c2073a4e3d8411e8ad271962ba0f908/c. html.

丰富，加上大健康产业配套环境和政策法规体系的逐步完善，商业健康保险的产品种类也越来越多。其中，医疗保险产品作为主导产品，其市场地位得到进一步巩固，保险责任将从住院门诊等事后环节延伸至健康维护、健康促进等事前和事中环节，新型管理式医疗产品显著增加。同时，针对疾病保险的产品创新不断涌现，细分人群和特定疾病的保险产品将成为主流。另外，失能收入损失保险的概念进一步明晰，住院津贴、残障失能津贴，以及原本属于社保范畴的工伤保险等，有望从收入损失补偿的角度予以整合。

（四）技术创新快速普及

互联网与传统保险业相结合催生了保险新业态，"互联网+保险"模式充分利用了互联网互联互通优势，为商业健康保险业的发展带来新的动力。2021年互联网健康保险实现保费规模达551亿元，连续5年保持稳定增长，相较2017年增加约500亿元，年均增长率约74.8%，占互联网人身险的比重为18.90%，5年来不断提升（见图5）。[①] 对于财险公司，互联网健康保险业务同样发展迅速，特别是众安保险、泰康在线、安心财险等专业互联网财险公司，近两年来健康生态成为驱动保费增长的一大引擎，健康保费占比排名第一。[②]

随着"云大物智"等新兴技术的进一步发展，商业健康保险对数据信息的依赖程度将进一步提高，开发差异化、多元化的新型健康保险产品需要对目标用户特征进行精准识别，尤其是针对细分人群的健康危险因素，区分生理、心理、行为等风险要素，在此基础上进行精细化定价。此外，除了需要满足群体统计特征的历史数据外，还需要海量、动态、及时的个人健康信息，能够快速收集、整合到大量更新信息。同时，基于互联网科技和健康医疗技术的进步，既往制约健康保险产品创新的数据障碍逐渐被消除，新兴商业健康保险逐渐与各种可携带设备、移动互联工具、大数据分析技术的普及

[①]《2021年度人身险公司互联网保险业务经营情况分析报告》，http://www.iachina.cn/art/2022/3/21/art_ 22_ 105816.html，2022年3月21日。

[②] 侯旭华：《互联网健康保险的盈利困局与破解对策》，《中国保险》2022年第8期。

主报告　商业健康保险的新兴模式发展研究

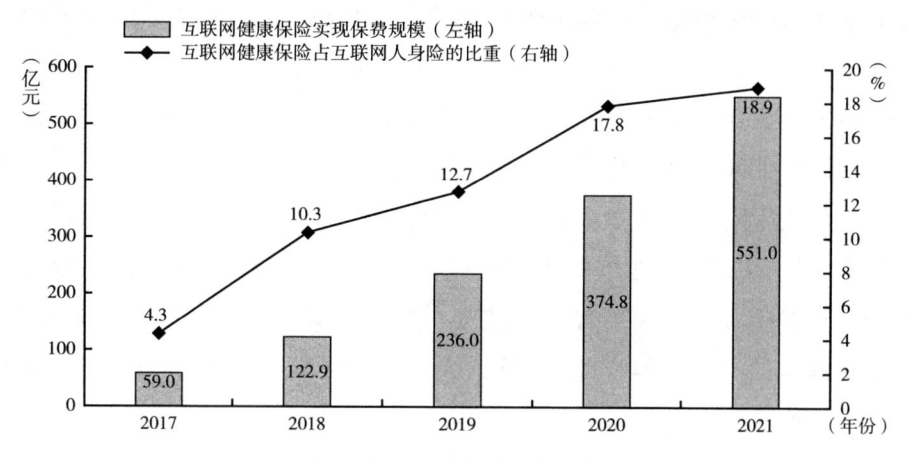

图5　2017~2021年互联网健康保险发展情况

（柱状图数据：2017年59.0亿元，2018年122.9亿元，2019年236.0亿元，2020年374.8亿元，2021年551.0亿元；折线数据：2017年4.3%，2018年10.3%，2019年12.7%，2020年17.8%，2021年18.9%）

密切联系，如大数据管理平台、医疗服务共享平台等，数字技术与商业健康保险和医疗卫生服务的结合将相互促进、共同推动医疗和保险行业发展。

（五）产业融合逐步深入

商业健康保险与医药、医疗服务、健康管理等产业逐步融合发展。首先，商业健康保险加强与基本医保的衔接，增强与医药产业的联动。近年来，商业健康保险不断扩大业务范围，从自付保障逐步扩展到基本医保范围外的保障，对创新药、创新疗法等的支付力度增加，出现税优险、特药险等新型保险产品。其次，商业健康保险深化与医疗服务产业的融合发展。商业健康保险通过自建、投资、参股、并购、战略合作等多种形式参与医疗服务，与多元医疗服务提供方开展更加紧密的合作，在主要医疗服务支付与供给中发挥有效作用。服务支付方面，一是对基本医保外的服务提供补充性保障，如团体补充医疗保险、惠民保等，均实现对个人自付费用的补偿支付；二是保险管理的补充服务，在政府预算、人员有限的条件下，商业健康保险公司基于自身精算技术经验、人员机构优势，参与政府承办的保险项目，如大病保险，通过政府购买服务或PPP模式等弥补"政府失灵"，为进一步提升国家基本医保的精细化管理能力提供支持。最后，商业健康保险积极推进与健康管理的融合。2019年11月实施的《健康保险管理办法》首次对健康管理的主要内容及其与健康保险的关系等予以明确。目前健康保险与健康管理创新型结合的方式主要有两种，一种是保险公司将健康保险与健康管理结合在一起销售，作为增值服务等，如太平养老推出的太平附加盛世健享人生意外医疗保险，以附加险的形式为团体人身险客户提供多项可选的健康管理服务；另一种是保险公司销售健康保险，通过健康服务来提高客户的健康水平，将健康保险与健康管理分开，如平安健康推出的"尊享健康卡"，会员可享受医疗问诊、挂号协助、健康管理等服务。

（六）新兴模式纷纷涌现

1. 社商合作的新兴模式

（1）城市定制型商业健康保险

2015年，深圳市政府推出"重特大疾病补充医疗保险"，在此基础上，由地方政府牵头、保险公司承保的普惠性补充医疗保险产品即城市定制型商业医疗保险逐渐发展起来。截至2021年底，全国28省份244个地级市累计推出了177款惠民保，覆盖全国超过2/3的地级市，参保人次达1.4亿人次，占全国人口的1/10，保费达140亿元。[①] 惠民保定位为普惠，保障对象面向全人群，同时较好地控制了保险风险。因而在惠民保未来的发展中，应继续坚持普惠保本微利的原则，借助多种手段推广惠民保。

（2）税优型健康险

2015年，国家陆续出台税优型健康险相关文件，2016年试点运行，并于次年全面推广，该保险与基本医疗保险相衔接，可进行税前抵扣，保障内容不限既往病史，覆盖部分医保目录外的费用保障，2020年税优型健康险累计销售保单约51万件，累计保费收入21.75亿元，[②] 当年保费收入为

---

① 郭志强：《1.4亿人参保的惠民保产品如何治理？》，《中国经济周刊》2022年第6期。
② 《税优健康险改革启动，产品拟扩容，能否打破"叫好不叫座"尴尬》，https：//baijiahao.baidu.com/s?id=1749378622564730271&wfr=spider&for=pc，2022年11月13日。

5.4亿元,从当年数据来看,不足健康险总保费收入的0.1%。可见,税优型健康险市场发展十分缓慢。

2. 产业融合的新兴模式

(1) 保险+医药产业

目前,我国商业健康保险仅占卫生总费用很小的一部分,发展空间巨大,在医保支付能力有限的情况下,医药产业为保证自身持续发展和助力国民健康经济发展,应主动谋求与商业健康保险融合发展,共同分担风险。

近年来,许多商业健康保险产品对医保目录外的药品提供了支持,如各类城市普惠险,不仅扩大了保险适用人群范围,更与医药创新企业达成合作意向,发布特药清单;还有专门的特药险,聚焦医保外高价药品,满足患者对特殊医药的需求。这对于满足补充医疗中最为迫切的需求、进一步推动我国居民健康发展以及医药产业可持续发展都有着极其重要的意义。

(2) 保险+医疗服务

我国鼓励并支持商业健康保险与医疗服务融合发展,患者在面临医疗风险时,商业健康保险能够在经济上提供一定补偿,且保障范围远超基本医疗保险,对医保范围外的医疗服务提供补充,同时,越来越多的商业健康保险允许异地就医,帮助患者扩大医疗服务的可选择范围,拓展就医渠道。

随着经济发展水平的不断提高,人民群众的医疗服务要求越来越高,个性化、多元化的医疗服务需求难以在基本医疗保险保障体系下得到释放,商业健康保险的出现大大缓解了这一不平衡。一方面,商业健康保险在医疗服务支付和优化资源配置方面发挥了重要的作用;另一方面,不同级别的健康险产品为个性化、高端医疗需求提供了医疗保障,进而避免了医疗资源的浪费和闲置,不仅满足了患者差异化的需求,也促进了医疗卫生机构的可持续发展。

(3) 保险+健康管理

当前居民在患病时的医药、医疗服务需求增加,同时对自身的健康管理也越来越重视。为充分满足我国居民日益增长的健康需求,许多商业健康保险公司与健康管理公司合作,赋予消费者更多选择。部分保险公司为购买健康险的消费者提供会员服务或举办健康服务回馈活动,针对消费者健康水平进行一体化管理，建立健康档案，并提供专业化服务。不仅如此，对于老年人，商业健康保险也推出了各类特色长期护理险，保障广大老年群体的健康需求。

3. 保险产品的新兴模式

（1）百万医疗保险

2016年众安率先推出"尊享e生"，基本延续中端产品定位，但在产品设计上进行了免赔额和保额方面的创新升级，带动百万医疗险成为中端医疗险市场的热门产品。之后各大险企纷纷入场，拓宽线上线下销售渠道，一举成为健康保险产品中的热销产品，目前已经成为我国人身险市场发展最快的产品线。

（2）长期医疗保险

2019年，中国银保监会发布的《健康保险管理办法》中提到"保险公司可以在保险产品中约定对长期医疗保险产品进行费率调整，并明确注明费率调整的触发条件"，这为长期医疗保险发展提供了新的机遇。2020年4月，《中国银保监会办公厅关于长期医疗保险产品费率调整有关问题的通知》对费率调整作出明确规定，不仅有效保护了参保者的权益，而且防范了保险公司的经营风险。2021年《关于规范短期健康保险业务有关问题的通知》对于短期险与长期险进行了区分，规范了短期医疗险市场，同时也促进了长期医疗保险的发展。

4. 技术融合的新兴模式

互联网的普及使保险产品的销售方式更加多元化，2020年中国互联网人身险保费收入2110.8亿元，占人身险总收入的4.7%，其中第三方平台互联网人身险保费收入为1787亿元，占互联网人身险保费收入的84.7%，[①]可见第三方互联网平台凭借着流量入口优势，成为互联网保险保费收入的主要来源。

---

① 《2020中国互联网人身险保费收入2110.8亿元，行业以第三方平台为主》，https://baijiahao.baidu.com/s?id=1700603054357260193&wfr=spider&for=pc，2021年5月24日。

三 中国商业健康保险发展中存在的不足

当前我国商业健康保险呈现良性发展态势，但是整体市场规模仍有待扩大，产品结构失衡，保障能力与服务质量有待提升，新技术的创新应用仍有一定难度。

（一）商业健康保险市场有待发展

近年来，我国商业健康保险保费收入持续增长。保费收入从2010年的677.4亿元增加至2020年的8172.7亿元，10年间增长了约11倍。我国商业健康保险保费收入增长速度较快，但收入规模与其他国家相比仍然存在较大的差距。2020年，荷兰商业健康保险保费收入规模为541.5亿欧元，西班牙商业健康保险保费收入规模为90.8亿欧元，都远超过我国商业健康保险保费收入（见表2）。因此，我国商业健康保险有待进一步发展。

表2 荷兰、瑞士、西班牙与中国商业健康保险保费收入对比

年份	荷兰（百万欧元）	瑞士（百万欧元）	西班牙（百万欧元）	中国（亿元）
2010	39387	7093	5486	677.4
2011	40465	7606	6427	285.1
2012	39924	7842	6637	862.8
2013	41378	7865	6784	1123.5
2014	41495	7997	7076	3109.1
2015	43005	9094	7283	2410.4
2016	42927	9513	7598	4033.2
2017	43873	9106	7901	4386.6
2018	46711	9721	8359	5444.1
2019	52392	10056	8694	7066.0
2020	54154	10747	9082	8172.7

资料来源：欧洲各国保险联合组织（CEA）、中国国家统计局。

从保险深度和保险密度来看，我国商业健康保险的发展水平与其他国家相比仍有较大差距。我国商业健康保险的保险密度从 2010 年的 51 元/人增加到 2020 年的 582 元/人，增长了 10.4 倍。但荷兰 2020 年保险密度为 3111 欧元/人，西班牙为 192 欧元/人，高于我国商业健康保险密度。从保险深度来看，我国商业健康保险的保险深度也显著低于其他国家。2010年，我国商业健康保险深度为 0.17%，远低于瑞士的 1.88%、西班牙的 1.30%、荷兰的 0.48%。自 2010 年起，我国商业健康保险的保险深度呈增长趋势，2020 年增加至 0.81%，同期瑞士和西班牙的保险深度基本在 1%以上（见表 3）。虽然我国商业健康保险密度与深度与其他国家相比有较大的差距，但是近些年来差距有所缩小。

表 3 荷兰、瑞士、西班牙与中国商业健康保险密度和深度对比

年份	保险密度（欧元/人）			保险密度（元/人）
	荷兰	瑞士	西班牙	中国
2010	2376	1064	118	51
2011	2429	1097	138	21
2012	2386	1112	142	63
2013	2466	1122	145	83
2014	2466	1104	152	116
2015	2545	1117	157	175
2016	2528	1146	164	292
2017	2568	1182	170	316
2018	2719	1206	179	390
2019	3032	1223	185	505
2020	3111	1249	192	582
年份	保险深度（%）			
	荷兰	瑞士	西班牙	中国
2010	0.48	1.88	1.30	0.17
2011	0.46	1.71	1.29	0.06
2012	0.48	1.70	1.30	0.16
2013	0.49	1.74	1.28	0.19
2014	0.51	1.68	1.24	0.25
2015	0.50	1.50	1.22	0.35

续表

年份	保险深度（%）			
	荷兰	瑞士	西班牙	中国
2016	0.96	1.57	1.19	0.54
2017	0.98	1.65	1.20	0.53
2018	1.01	1.71	1.19	0.59
2019	1.16	1.66	1.19	0.72
2020	1.30	1.64	1.29	0.81

资料来源：欧洲各国保险联合组织（CEA）、中国国家统计局。

（二）商业健康保险产品存在结构失衡

当前我国居民的健康需求日趋多元化，但商业健康保险产品同质化现象严重，疾病险是主力险种，医疗险因保险公司在三方关系中的话语权较弱难以控制医疗费用而占比较低，长期护理保险、失能收入损失险尚处于起步阶段。据统计，2020年，我国重疾险占比达到60%，头部公司的这一比例更高，超过80%。2021年，重疾险保费收入4574.6亿元，同比下滑6.7%，为近6年来的首次负增长，即使医疗险快速增加，但重疾险保费在健康险的保费中占比（52%）仍超过医疗险的占比（45%）（见表4）。可见，我国商业健康保险产品结构失衡，难以满足多元消费需求。

表4 2017~2021年商业健康保险中重疾险和医疗险保费收入占比

单位：%

年份	重疾险	医疗险	其他
2017	51	32	17
2018	59	34	7
2019	58	35	7
2020	60	36	4
2021	52	45	3

资料来源：BCG波士顿咨询：《厚积薄发 笃行致远：中国商业医疗险五大新动能》，2022年7月28日。

（三）商业健康保险保障能力需要增强

商业健康保险的赔付支出在卫生总费用中的占比是衡量商业健康保险保障能力的重要指标。2015~2020年，总体上我国商业健康保险的赔付支出占卫生总费用的比重逐年上升，具体来看，医保支出和个人卫生费用支出是两大主体，医保占比为50%左右，个人卫生费用支出占比为47%左右，5年间个人卫生费用支出下降了2个百分点，商业健康保险的赔付支出对个人卫生费用支出下降的贡献为1个百分点。即使商业健康保险的赔付支出的增长率最高，达到31%，但绝对保障作用仍较小。同时与发达国家相比，我国商业健康保险发挥的保障作用非常有限。对比国际上商业健康保险的赔付支出占卫生总费用的比重，高收入经济体占比为10.4%，中高收入经济体占比9.8%，前者比中国6.4%的水平高出4个百分点，我国商业健康保险的发展水平与高收入以及中高收入经济体相比仍存在差距，有较大的提升空间（见图7）。

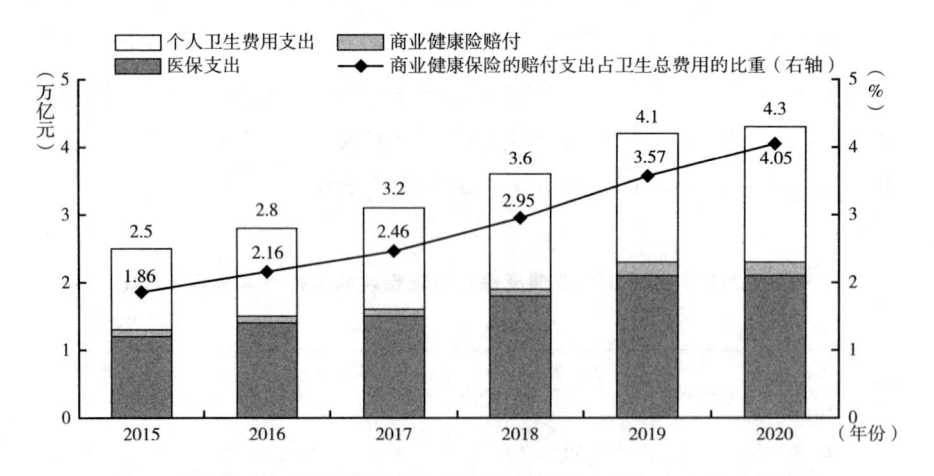

图6　商业健康保险的赔付支出在中国直接医疗支出卫生总费用占比

资料来源：McKinsey & Company：《奋楫正当时：中国商业健康保险的挑战与破局》，https://www.mckinsey.com.cn，2022年6月。

主报告　商业健康保险的新兴模式发展研究

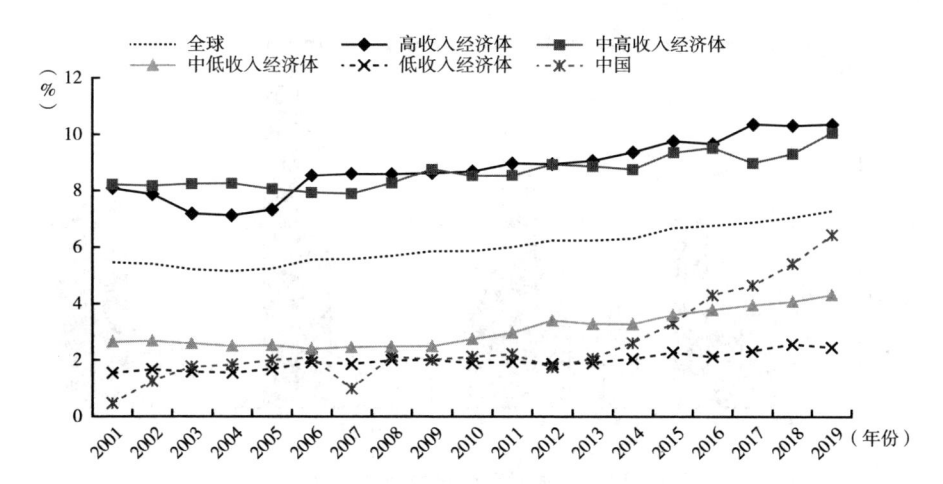

图7　2001~2019年强制性私人保险与自愿医疗保险之和占医疗支出的比重

资料来源：Global Health Expenditure Database。

（四）商业健康保险服务质量有待提升

衡量商业健康保险服务质量的重要指标是理赔服务，从理赔时效来看，商业健康保险的理赔效率处于较低水平，70.2%的公司平均理赔时间超过24小时，时间超过48小时的公司占比高达37.4%。比较不同类型的公司，健康险公司的理赔效率相对较高，虽然平均理赔时间超过48小时的公司占比仍较高（33.3%），但约有1/3的公司平均理赔时间低于12小时。而财产险公司的理赔效率最低，平均理赔时间超过48小时的公司占比达56.9%（见图8）。

从理赔便利性来看，目前保险行业在医保一站式结算方面的实现程度较低，仅13.5%的公司实现部分功能，绝大部分公司反馈尚未实现，这增加了参保者理赔难度（见图9）。

从理赔服务内容来看，参保者对于理赔容易产生争议，最集中体现为投保人告知及对保障责任范围的理解这两大投保核保环节中产生的问题，营销员未尽解释义务的问题也较为突出。其中，由于产品形态、销售渠道

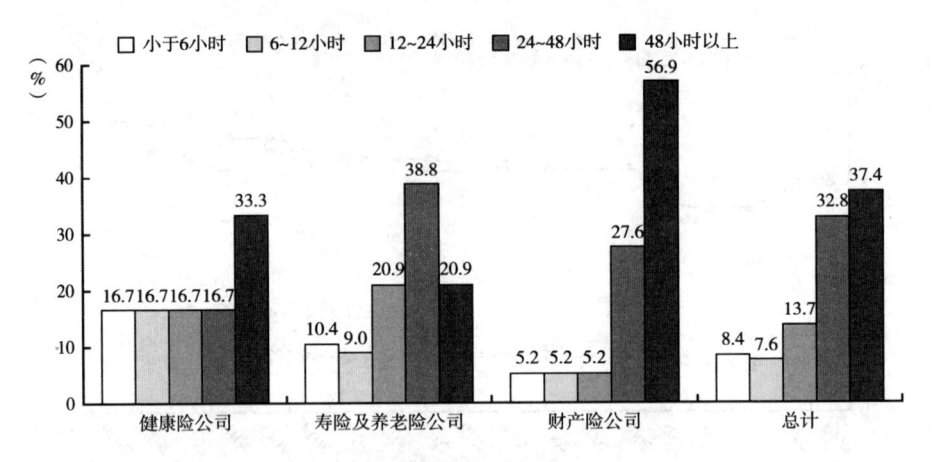

图 8　不同类型公司的理赔时效

资料来源：中国发展研究基金会供给侧调查。

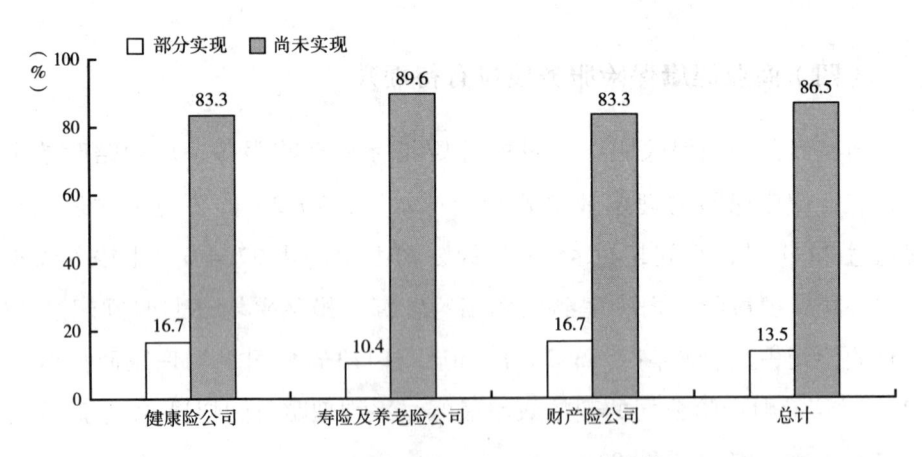

图 9　不同类型公司的医保一站式结算

资料来源：中国发展研究基金会供给侧调查。

等方面的原因，健康险公司面临的投保人未履行如实告知义务问题比财产险公司更为严重（见图10）。而由理赔服务本身引起的争议反而较少。因此，保险公司和投保人之间的信息不对称是引起健康险行业争议的主要原因。

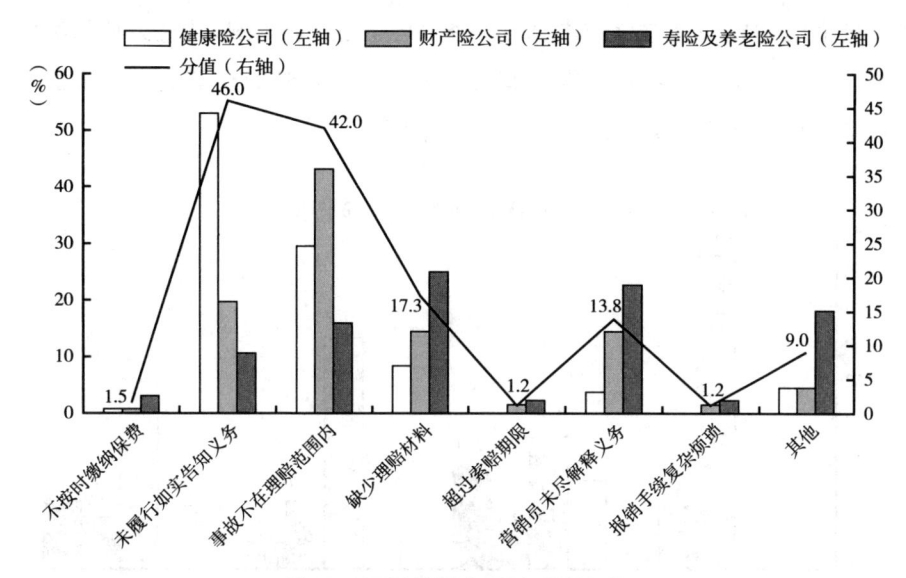

图 10 不同类型公司的理赔争议

资料来源：中国发展研究基金会供给侧调查。

（五）商业健康保险技术应用面临挑战

随着信息技术的发展，互联网技术与商业健康保险的融合发展不断深入。通过互联网技术，商业健康保险机构可以更加快捷地收集、整理和分析投保人的相关信息，实现客户资源共享；同时，互联网技术也为商业健康保险机构提供了更加便捷的客户服务方式，从而提升了客户体验。在此过程中，商业健康保险机构也积累了大量的客户数据资源。在商业健康保险公司的网络建设和数据安全方面，互联网技术对商业健康保险机构的网络建设提出了更高要求。首先，实现实时采集数据。数据是业务开展的基础和前提，随着互联网技术的发展，行业对信息安全提出了更高要求。只有通过实时采集，才能开展实时分析和计算。其次，建立完善的网络安全保障机制。无论是个人信息保护还是数据安全都需要得到保障，因此必须建立完善的网络安全保障机制。在商业健康保险公司与互联网技术企业合作方面，互联网技术企业是掌握数据与技术的优势方，目前较为常见的商业健康保险网销应用业务主要面临的挑战是渠道成本高（见图11）。这一结果鲜明地展现了互联网作为保险销售渠道的特点，即拥有其他渠道无法复制的技术优势，但由于目前行业主要依赖第三方互联网平台，成本压力较大。

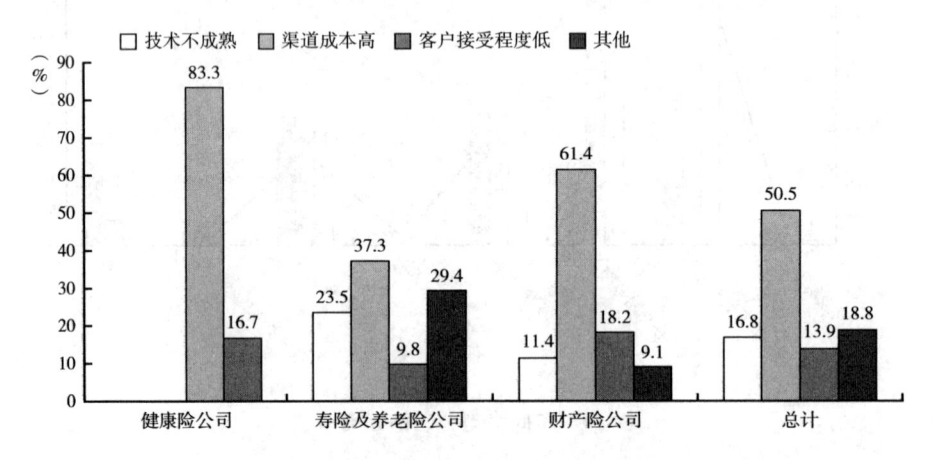

图11　不同类型公司的网销业务的挑战

资料来源：中国发展研究基金会供给侧调查。

（六）商业健康保险新兴模式仍需完善

1. 社商合作的新兴模式

（1）城市定制型商业健康保险

在惠民保的发展过程中，其可持续性一直备受质疑，部分地区存在免赔额过高、赔付率低，发展地域密度不均，健康管理网络和保后服务实际未惠及居民等问题，具体表现在：一是参保率低及逆向选择风险较大；二是实际保障功能尚存在不足，免赔额过高、赔付率较低；三是恶意低价、夸大宣传、冒用政府名义等违规行为仍有发生。因而政府应加强监管，做好长期风险管理工作。

（2）税优型健康险

通过前文的分析可知，税优型健康险市场发展十分缓慢，究其原因，一是税收优惠力度较小，税优政策吸引力度较低，产品覆盖人群有限；二是产品存在逆选择风险,其保障内容与其他保险存在重叠;三是个人账户的作用未得到充分发挥,税优型健康险的个人账户资金的使用有明确的使用规定,该规定限制了资金的应用范围,也遏制了参保人的购买积极性。

2. 产业融合的新兴模式

(1) 保险+医药产业

医药产业高质量发展是健康服务业可持续发展的基础,医药是广大人民群众主要的健康支出之一,随着生命科学的快速进步,各类创新药物不断涌现,为患者提供了更多的选择,但由于创新药品价格昂贵且可替代性低,许多患者无力负担,药品受众范围小,难以解决患者买药难的问题,因此,商业健康保险与医药产业的融合发展意义重大,商业健康保险是满足补充医疗中最为迫切需求的关键。

目前,我国商业健康保险占比较小,发展空间巨大,在医保支付能力有限的情况下,医药产业为保证自身持续发展和助力国民健康经济发展,应主动谋求与商业健康保险的融合发展,共同分担风险。

(2) 保险+医疗服务

随着经济社会发展水平的不断提高,人民群众对医疗服务的要求更高,个性化、多元化的医疗服务需求难以在基本医疗保险保障体系下得到满足,商业健康保险的出现大大改善了这一局面。商业健康保险更侧重于"效率",许多城市相继推出了不同级别的健康险产品,适用于不同群体,为个性化、多元化的医疗服务需求提供了保障,进而避免了医疗资源的浪费和闲置。然而实际上,商业健康保险不同于基本医保,其本质是一种商业行为,有逐利动机,保险公司通常采用设置理赔门槛的方式,这在客观上限制了参保者的受益水平,造成商保覆盖的罕见病种类和纳入药品数量有限、报销比例不高、保障额度受限等。[①] 因此,要进一步保障参保者的健康服务体验,拓展商业保险的保障深度。

---

① 张海琴、李顺平、冯俊超:《商业健康保险在中国罕见病医疗保障中的应用现状、问题及对策》,《罕见病研究》2022年第1期。

（3）保险+健康管理

随着经济的发展和老龄化程度的加深，健康管理产业的飞速发展是可预见的，但由于我国收入不平等等问题依旧存在，很大一部分群体的健康管理需求并不能得到很好的满足。而且，我国健康管理与健康保险的融合发展仍处在探索阶段，尚未形成协同发展局面①。对于保险与健康管理的新兴产业模式，要进一步完善健康管理体系，打造产品差异化服务模式，满足消费者的个性化需求，推动保险与健康管理的可持续发展。

3. 保险产品的新兴模式

（1）百万医疗保险

百万医疗保险是我国人身险市场发展最快的产品线，但产品热销的同时也存在一些问题。第一，产品定价缺乏精算基础，该产品包含非医保群体和50周岁以上人群，但缺乏对这部分人群的医疗费用实际发生率的核算基础；第二，过度筛选投保人，该产品虽然在一定程度上放松了对参保人群的年龄限制，但是高龄、带病体人群仍被排除在外，部分产品通过"产品升级""淘汰"患病的被保险人；第三，过度宣传，百万医疗保险大部分对其保额进行宣传，但实际上存在一定的免赔额度，保额虚高噱头严重，并且百万医疗保险大部分借助互联网渠道销售，保险人、网络平台和投保人之间信息不对称、产品捆绑、销售误导、健康告知虚化、理赔维权困难等现象仍不同程度地存在。

（2）长期医疗保险

长期医疗保险的发展受多重因素影响，如医疗费用的通胀、医疗保障体制的变化、逆向选择等。因此，对于长期医疗保险的发展，一方面，探索长期医疗险业务的风险分摊机制，定期调整费率；另一方面，完善营销策略，形成参保固定客群，附加健康增值服务，增强参保者的黏性。此外，差异化保障内容，针对私立与公立医院或不同等级医院采取不同的赔付方式，甚至从某些特殊疾病、药品、诊疗等维度区分不同的赔付方式。

---

① 朱铭来、陈雅诗：《健康保险与健康管理融合共赢之路》，《中国保险》2023年第3期。

4. 技术融合的新兴模式

互联网的普及使保险产品的销售方式更加多元化，第三方互联网平台凭借着流量入口优势，成为互联网保险保费收入的主要来源。但是"互联网+保险"这种模式容易存在信息不对称、强制搭售、费用虚高、线下服务能力不足、泄露用户信息等问题，同时第三方平台掌握较大体量的用户时，存在渠道费用过高的问题。

四 商业健康保险新兴模式的定位与发展方向

党的二十大报告明确提出，为增进民生福祉、提高人民生活品质，要促进多层次医疗保障有序衔接，完善大病保险和医疗救助制度，建立长期护理保险制度，积极发展商业医疗保险。① 因此，未来商业健康保险需要积极承担构建多层次医疗保障体系的重要责任。结合商业健康保险的现状与不足，对比中国商业健康保险的实际功能与政策定位，为了缓解供给与需求的矛盾，应推动商业健康保险的科学发展，让商业健康保险发挥更大的作用。商业健康保险新兴模式可以进一步弥补当前健康领域存在的不足，商业健康保险未来的功能定位是基本医疗保险的补充，积极探索新技术在商业健康保险发展中的作用，推动社商融合性医疗险的发展，促进小市场份额的商业健康保险产品的发展。

商业健康保险未来的发展方向主要有以下几个方面。

第一，商业健康保险的发展应以健康保障为核心，附加多重功能。就中国商业健康保险现阶段发展而言，主要集中为对医疗费用的保障，与健康保障相关的健康管理、健康服务等功能缺乏，未来应夯实健康保障基础，明确将健康保障作为商业健康保险的核心发展任务。

第二，与基本医疗保障体系相衔接的功能应当成为发展的重中之重。由于各国医疗卫生体系不同，其商业健康保险在医疗卫生体系中扮演的角色和承担的功能有所不同，但都与医疗卫生保健融资相关。我国商业健康保险是

---

① https://lsrm.hinews.cn/xinwen/show-17283.html.

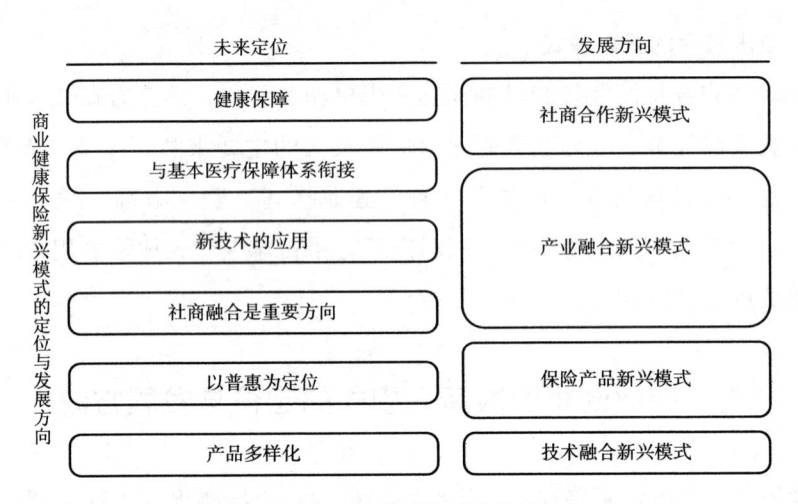

```
                       未来定位                              发展方向

   商     ┌──────────────────────────┐         ┌──────────────────────────┐
   业     │        健康保障          │         │     社商合作新兴模式     │
   健     └──────────────────────────┘         └──────────────────────────┘
   康     ┌──────────────────────────┐
   保     │  与基本医疗保障体系衔接  │
   险     └──────────────────────────┘         ┌──────────────────────────┐
   新     ┌──────────────────────────┐         │     产业融合新兴模式     │
   兴     │       新技术的应用       │         │                          │
   模     └──────────────────────────┘         └──────────────────────────┘
   式     ┌──────────────────────────┐
   的     │   社商融合是重要方向     │
   定     └──────────────────────────┘         ┌──────────────────────────┐
   位     ┌──────────────────────────┐         │     保险产品新兴模式     │
   与     │       以普惠为定位       │         └──────────────────────────┘
   发     └──────────────────────────┘
   展     ┌──────────────────────────┐         ┌──────────────────────────┐
   方     │       产品多样化         │         │     技术融合新兴模式     │
   向     └──────────────────────────┘         └──────────────────────────┘
```

图 12　定位与发展方向框架

基于基本医疗保险而建立的，基本医疗保险的定位是适度保障，但在基本医疗保险之外居民普遍存在未尽需求，如医保自付部分和医保目录外的药品和诊疗项目，这些如果仅由个人自付来承担，容易增加发生家庭灾难性卫生支出的风险，因此，有必要进一步加强商业健康保险与基本医疗保险的衔接，缓解医疗费用支出增加风险。

第三，加强新技术在商业健康保险发展中的应用。近几年云计算、大数据、物联网、人工智能等新技术不断发展，催生了一系列商业健康保险新兴模式。例如，通过互联网平台营销保险产品，有区别于传统营销模式的优势（见图 13）；利用大数据技术描绘消费者画像，实现产品精准定价、营销、核保，降低逆向选择的风险；应用人工智能技术提升保险服务效率，降低人工成本等。这些技术已在商业健康保险领域有所应用，在未来的发展中，新技术与商业健康保险的关联会进一步强化，在健康产品开发以及增值服务上会有进一步的探索。

第四，社商融合应成为商业健康保险未来发展的重要方向。从商业健康保险的发展、居民对于商业健康保险的需求、各保险产品的功能等方面来说，进一步发挥商业医疗保险的作用有利于商业健康保险的发展。一方面，医疗险是侧重于非医保费用支出的赔付，重疾险主要是对于收入损失的一次

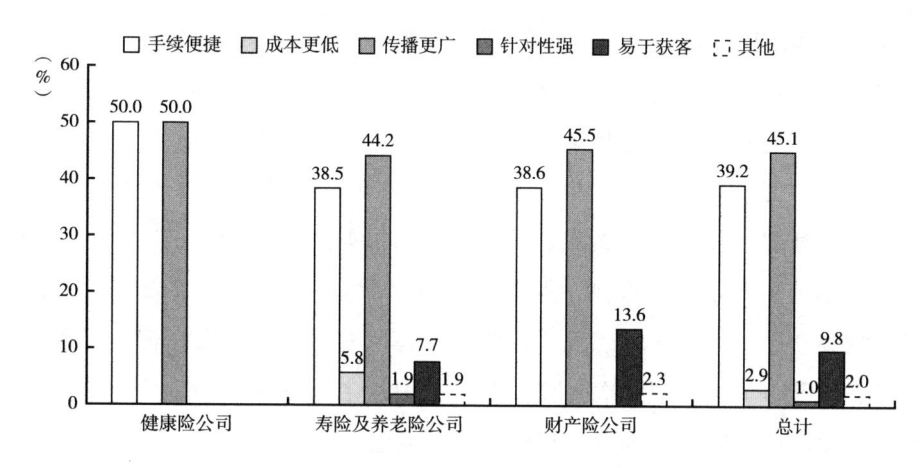

图 13　不同类型公司的网销业务的优势

资料来源：中国发展研究基金会供给侧调查。

性偿付，不是对医疗支出的直接补偿，且在其他发达国家的保险市场，医疗险是健康保险的主力，而并非疾病险，但我国保险市场结构是疾病险占比较大，不符合当前和未来居民的健康需求；另一方面，疾病险的市场渗透率（人群覆盖率）已经达到较高水平，未来增长空间不大，而医疗保险的市场渗透率相对较低，有利于补充性医疗保险的进一步深化、细化、多样化发展。结合前述分析，商业健康保险领域的诸多问题不能仅依靠行业内部来解决，需依托政府力量与市场力量的融合、基本医保与商业保险的协作，利用社商融合手段提升商业健康保险的覆盖率。

第五，以普惠为定位，实现商业健康保险的广覆盖。目前商业健康保险提供的医疗保障比较有限，2020 年商业健康保险赔付仅为 0.2 万亿元，约占直接医疗支出（用于药品、医疗产品与服务的直接支出，不包括卫生总费用中的非医疗直接支出，如政府对医院和基层机构的财政补助与行政管理事务支出、计生事务支出、医保和商保结余、社会办医支出、社会捐赠援助等）的 5%[1]，并且老年人、带病群体等高风险人群通常未被纳入商业健康

---

[1] McKinsey & Company：《奋楫正当时：中国商业健康保险的挑战与破局》，https://www.mckinsey.com.cn/，2022 年 6 月。

保险的保障范围。使高风险人群得到商业健康保险的保障，降低灾难性卫生支出发生的可能性，是广大群众的共同需求。因此，为了增强供给与需求的适配性，推动普惠性医疗保险的发展十分必要。大多数学者以及政府相关文件都认同"面向大众"和"收费较低"是普惠的两个核心要素，但也突出强调"有质量"这一第三要素。① 当前我国的城市定制型商业健康保险，取消了对年龄和既往症的限制，保障内容主打"惠民"，截至 2022 年 10 月，通过收集全国 171 个城市惠民保的宣传文案（见图 14），医疗保险、惠民、药品、自费等词语出现频次较高，在一定程度上验证了普惠定位的重要性，也是商业健康保险主要的发展趋势。综合上述，普惠定位意味着面向更广泛人群、服务可获得、居民付得起，并且获得的服务有质量，尤其是中低收入人群、老年和带病群体也应拥有同等享受的权利。

图 14 各地区城市定制型商业健康保险文本分析

第六，推动商业健康保险产品多样化。目前，疾病险与医疗险的保费收入占总保费收入的 90% 以上，长护险以及新兴的税优型健康险产品处于发展的初级阶段，所占市场份额较小。促进商业健康保险产品多样化，可以增强保险市场带来新的生机与活力。例如，推广税优型健康险可以增强居民的

---

① 杨卫安、邬志辉：《普惠性学前教育的内涵与实现路径》，《广西社会科学》2016 年第 9 期。

健康保险意识，培养民众购买健康保险的消费习惯，是促进我国商业健康保险发展的利好因素，为税优养老险的发展奠定基础；推广长期护理保险可以减轻家庭负担，合理配置医疗资源，带动相关行业的发展，催生新的经济增长点。

五　落实路径研究

商业健康保险是我国医疗保障体系的三大支柱之一。"健康中国"战略明确提出"建成以基本医疗保险为主体，医疗救助为托底，补充医疗保险、商业健康保险、慈善捐赠、医疗互助共同发展的医疗保障制度体系"。伴随着医改的持续深化、人口老龄化和城镇化进程加速、中等收入群体壮大等趋势，未来商业健康保险有巨大的发展空间，也承担着发展重任。为促进商业健康保险发挥作用，一方面要继续强化其传统的保障功能，提升基本医疗保障体系运行水平、满足居民多元化个性化保障需求等；另一方面，以提高居民的健康水平为目标，实行"健康+保险"等新兴发展模式，利用创新理念、健康管理服务、数字技术和医疗技术进一步丰富商业健康保险的内涵。

（一）创新供给主体，推动商业健康保险供给侧改革

市场供给主体是商业健康保险产品和服务的供给者，促进商业健康保险公司转型升级，发展大健康服务业，必须围绕市场供给主体，培育充满活力、敢于创新的商业健康保险公司。在政策层面，明确商业健康保险在参与医疗服务控费中的角色定位，允许商业健康保险公司参与诊疗过程管理，鼓励保险业发挥其精算专业优势，提升对国家医疗保障体系设计的参与度和贡献度。同时加强商业健康保险制度环境建设，为商业健康保险的发展营造良好的外部条件；在公司层面，鼓励商业保险公司参与家庭医生制度、分级诊疗体系等的改革，加强行业在诊疗秩序和规范建设中的作用。此外，鼓励保险行业与公立医院特需部、国际部共同开展付费模式等的试点，探索与商业保险公司行之有效的合作模式；在技术层面，积极推进组织形式创新，抓住

新一代信息技术革新的机遇，借鉴国际保险市场发展经验，发展新业态，开发新模式。

（二）进行产品细分，满足居民多元健康保障需求

为解决产品同质化问题，商业健康保险公司在进行产品设计时需要注重专业化和特色化，兼顾区域差异、城乡差异和个体差异，推出满足消费者多样化健康保障需求的个性化产品和服务，并体现自身的专业性。一是关于疾病险方面的改革创新。在现阶段我国商业健康保险以疾病险为主，并占据市场绝大部分份额。在疾病险产品的开发上，商业健康保险公司可以针对不同的疾病开发特色产品，如以高血压、糖尿病等慢性疾病为重点，突出健康管理服务特色的产品；在基因分析的前提下，对有家族病史的参保人开发有针对性的产品。二是关于医疗险方面的改革创新。开发凸显地域性的定制型医疗保险产品，结合各地居民的健康需求，设计有针对性的保险产品，提高保险产品对当地居民的吸引力。同时，在数据管理、技术应用、风控体系方面，加大投入、精耕细作，设计覆盖"预防—治疗—康复—护理"全流程管理的保险产品。三是关于长期护理保险方面的改革创新。瞄准人口老龄化趋势下参保者的消费潜力，开发集医疗、康复、家庭护理、养老服务等于一体的保障型护理险，进一步扩展人寿保险与长期护理保险责任转换业务范畴，助推商业长护险行业的整体发展。四是关于失能收入保险方面的改革创新。针对不同职业人群，提供特色化健康保障服务，从而降低整个家庭面临财务风险的概率。五是关于团体险方面的改革创新。可以借鉴国际经验，雇主和雇员共同承担保费，如英国商业健康保险中80%为团体险保单，美国针对投保团体险的企业实施税收优惠政策，[①] 通过引入保费共付机制减轻个人投保负担，增强人才黏性。此外，商业健康保险公司可以开拓多元化保险产品。例如，推出针对患者用

---

① 于保荣、贾宇飞：《中国商业健康保险主要险种及理赔情况分析》，《卫生经济研究》2020年第5期。

药,尤其是高价药品费用报销的保险;开发融入互联网消费场景的健康旅游险产品等。

(三)完善配套措施,提升保险公司风险管理能力

降低商业健康保险的风险,是商业健康保险公司发展的关键,可以从以下三个方面对其进行风险管控:一是数据赋能风险管理。随着普惠型商业健康保险的发展,老年人以及既往病症人群的加入,增加了健康保险的风险,对风险的管控要求更高,而数字技术的发展为风险管控提供了新手段。例如,上海以上海保险交易中心为平台,发挥卫健委大健康数据的优势,支持完成产品的核保理赔和产品数据脱敏以后的产品设计。虽然医疗数据具有敏感性,但社保和商保数据在一定程度上互通,可为医疗数据互联提供参考。二是设计风险调剂机制。已有发达国家尝试建立区域性风险调剂机制,如澳大利亚建立特定高额赔付的再保险机制,以平抑社区统一费率政策给保险公司带来的风险;荷兰建立国家风险基金,依据各保险方的风险水平重新分配定额保费。三是从时间维度平衡风险。目前商业医疗保险以短期医疗险为主,当前规定短期险的周期内结余不允许滚存到下一周期,但是有地方开始尝试将结余资金留到下一周期使用。比如浙江丽水的"浙丽保"筹集资金除服务费用外,要确保全额用于参保人员赔付,赔付率原则上不低于95%;一个承办周期内的结余部分,转入下一承办周期滚存使用;当年度筹集保费收不抵支时,由承保机构先行垫付,可在下一年度适当调整保费标准,商保公司按照承办周期确定三年为盈亏结算期。其他国家也有对于个人一生健康风险的平滑政策,如德国规定,投保人在年轻时须缴纳老年疾病风险储备金(Ageing Reserve),以避免实施"均衡保费计划"后随着年龄增长而导致的医疗风险和保费增加。

(四)拓展保障范畴,实现健康保险可持续发展

为实现商业健康保险的可持续性发展,要扩大覆盖面,确保居民持续投保。首先,放松年龄和既往症限制,以释放更多需求,确保真正惠民。在国

际上，德国、澳大利亚、巴西等明确规定健康险主体不可拒绝带病体投保。其次，扩展参保人群，尤其是对低收入人群给予补贴或折扣。商业健康保险常被诟病的一点是倾向于为高收入人群提供服务，为了促进商业健康保险可持续发展，国际上也有诸多对于低收入居民的商业健康保险倾斜政策。澳大利亚对低收入及老年投保人给予税收补贴，收入越低、年龄越大，折扣补偿力度越大；法国为家庭年收入低于一定水平的群体免费提供附加型商业健康保险保障。而国内浙江等诸多地区对于困难居民参加惠民保给予政策资助。最后，鼓励支持商业健康保险机构设计长期健康保险产品，消除参保人后续"无保可投"的后顾之忧，进而促进年轻人群参保。此外，鼓励家庭共济，允许个人账户购买商业健康保险产品，不仅可以兼顾家庭整体的保障需求，而且可以纳入各年龄段和不同健康特征人群，有助于实现风险均衡，盘活国内医保基金个人账户。

附表 1　商业健康保险政策梳理

时间	文件名称	颁发机构	商业健康保险相关政策
2006 年 6 月	《国务院关于保险业改革发展的若干意见》	国务院	适应完善社会主义市场经济体制和建设社会主义新农村的新形势，大力发展商业养老保险和健康保险等人身保险业务，满足城乡人民群众的保险保障需求
2006 年 9 月	《健康保险管理办法》	保监会	第一部专门的健康保险监管规章
2007 年 5 月	《国务院批转卫生事业发展"十一五"规划纲要的通知》	国务院	发展商业健康保险，逐步建立覆盖城乡居民的多层次的医疗保障制度
2009 年 3 月	《关于深化医药卫生体制改革的意见》	中共中央、国务院	鼓励商业保险机构开发满足不同需求的健康保险产品……积极提倡以政府购买医疗保障服务的方式，探索委托具有资质的商业保险机构经办各类医疗保障管理业务
2009 年 5 月	《关于保险业深入贯彻医改意见积极参与多层次医疗保障体系建设的意见》	中国保险监督管理委员会	大力发展商业健康保险，满足多样化的健康保障需求……积极参与基本医疗保障经办管理业务……积极探索建设医疗服务体系

续表

时间	文件名称	颁发机构	商业健康保险相关政策
2011年2月	《关于印发医药卫生体制五项重点改革2011年度主要工作安排的通知》	国务院办公厅	支持商业健康保险发展,鼓励企业和个人通过参加商业保险及多种形式的补充保险来满足基本医疗保障之外的需求
2011年3月	《中华人民共和国国民经济和社会发展第十二个五年规划纲要》	全国人民代表大会	积极发展商业健康保险,完善医疗保险制度
2012年3月	《关于印发"十二五"期间深化医药卫生体制改革规划暨实施方案的通知》	国务院	鼓励商业保险机构发展基本医保之外的健康保险产品,积极引导商业保险机构发展 开发长期护理保险、特殊大病保险等险种,满足多样化的健康需求。鼓励企业、个人参加商业健康保险及多种形式的补充保险,落实税收等相关优惠政策
2012年8月	《关于开展城乡居民大病保险工作的指导意见》	国家发展改革委、卫生部、财政部、人力资源社会保障部、民政部、保监会	明确城乡居民大病保险的承办方式,即采取向商业保险机构购买大病保险的方式,规范大病保险招标投标流程
2012年8月	《关于健康保险产品提供健康管理服务有关事项的通知》	中国保险监督管理委员会	促进健康保险领域的产品创新,充分发挥商业健康保险在构建多层次医疗保障体系中的重要作用……本通知所称健康管理服务是指保险公司针对被保险人相关的健康风险因素,通过检测、评估、干预等手段,提供控制风险、改善健康状况的服务,包括健康体检、就医服务、生活方式管理、疾病管理、健康教育等
2012年12月	《关于印发生物产业发展规划的通知》	国务院	扩大医疗保险覆盖范围,规范药品采购行为,发展商业健康保险,支持临床必需、疗效确切、安全性高、价格合理的创新药物优先进入医疗保险目录
2013年3月	《保险公司城乡居民大病保险业务管理暂行办法》	银保监会	第三十二条 保险公司应积极开发与大病保险相衔接的商业健康保险产品,开展健康管理服务,满足参保群众多层次、多样化的健康保障和服务需求

续表

时间	文件名称	颁发机构	商业健康保险相关政策
2013年9月	《关于促进健康服务业发展的若干意见》	国务院	鼓励商业保险机构等以出资新建、参与改制、托管、公办民营等多种形式投资医疗服务业……鼓励发展与基本医疗保险相衔接的商业健康保险,推进商业健康保险公司承接城乡居民大病保险项目,扩大人群覆盖面
2014年8月	《关于加快发展现代保险服务业的若干意见》	国务院	鼓励保险公司大力开发各类医疗、疾病保险和失能收入损失保险等商业健康保险产品,并与基本医疗保险相衔接……政府可以委托保险机构经办,也可以直接购买保险产品和服务
2014年10月	《关于加快发展商业健康保险的若干意见》	国务院办公厅	扩大健康保险产品供给,优化健康保险服务,使商业健康保险在深化医药卫生体制改革、发展健康服务业、促进经济提质增效升级中发挥生力军作用……全面推进商业保险机构承办城乡居民大病保险,稳步推进商业保险机构提供各类医疗保险经办服务
2015年4月	《关于印发中医药健康服务发展规划(2015—2020年)的通知》	国务院	鼓励保险公司开发中医药养生保健、治未病保险,以及各类医疗保险、疾病保险、护理保险和失能收入损失保险等商业健康保险产品,通过中医健康风险评估、风险干预等方式,提供与商业健康保险产品相结合的疾病预防、健康维护、慢性病管理等中医特色健康管理服务。指导健康体检机构规范开展中医特色健康管理业务
2015年5月	《关于城市公立医院综合改革试点的指导意见》	国务院办公厅	利用商业健康保险公司的专业知识,发挥其第三方购买者的作用,缓解医患信息不对称和医患矛盾问题
2015年7月	《关于全面实施城乡居民大病保险的意见》	国务院办公厅	建立大病信息通报制度,支持商业健康保险信息系统与基本医保、医疗机构信息系统进行必要的信息共享
2015年11月	《关于实施商业健康保险个人所得税政策试点的通知》	财政部、税务总局、保监会	明晰试点地区、商业健康保险产品规范及若干管理问题以及个人所得税税前扣除征管问题,确定个人税优政策从2016年1月1日在试点地区开始实施

续表

时间	文件名称	颁发机构	商业健康保险相关政策
2016年10月	《"健康中国2030"规划纲要》	中共中央、国务院	到2030年,现代商业健康保险服务业进一步发展,商业健康保险赔付支出占卫生总费用的比重显著提高
2016年12月	《关于印发"十三五"深化医药卫生体制改革规划的通知》	国务院	积极发挥商业健康保险机构在精算技术、专业服务和风险管理等方面的优势,鼓励和支持其参与提供医保经办服务,形成多元经办、多方竞争的新格局……丰富健康保险产品,大力发展消费型健康保险
2017年5月	《关于支持社会力量提供多层次多样化医疗服务的意见》	国务院办公厅	鼓励商业保险机构和健康管理机构联合开发健康管理保险产品,支持商业保险机构和医疗机构开发针对特需医疗、创新疗法、先进检查检验服务、利用高值医疗器械等的保险产品
2017年6月	《关于将商业健康保险个人所得税试点政策推广到全国范围实施的通知》	财政部、税务总局、保监会	从7月1日起,将商业健康保险个人所得税试点政策推广到全国范围,购买商业健康保险可以抵扣个税
2019年9月	《促进健康产业高质量发展行动纲要(2019—2022年)》	国家发改委等部门	促进健康保险与健康服务融合。支持健康保险公司开展管理式医疗试点,建立覆盖健康保险、健康管理、医疗服务、长期照护等服务链条的健康管理组织……搭建高水平公立医院及其特需医疗部分与健康保险公司的对接平台,促进医、险定点合作。支持健康保险公司基于互联网提供保险服务
2019年11月	《健康保险管理办法》	中国银保监会	鼓励保险公司对新药品、新医疗器械和新诊疗方法给予支出保障,支持保险公司开展健康管理服务,推动保险与医疗行业、健康服务合作深化
2020年1月	《关于促进社会服务领域商业保险发展的意见》	中国银保监会等部门	扩大商业健康保险供给……力争到2025年,商业健康保险市场规模超过2万亿元,成为中国特色医疗保障体系的重要组成部分。提升商业保险机构参与医保服务的质效

续表

时间	文件名称	颁发机构	商业健康保险相关政策
2020年2月	《关于深化医疗保障制度改革的意见》	中共中央、国务院	加快发展商业健康保险,扩大健康保险产品供给,用足用好商业健康保险个人所得税政策,扩大保险产品范围
2021年5月	《关于规范保险公司城市定制型商业医疗保险业务的通知》	中国银保监会办公厅	规范保险公司城市定制型商业医疗保险业务,有效发挥商业健康保险的作用,满足人民群众多层次多样化的医疗保障需求
2021年9月	《关于印发"十四五"全民医疗保障规划的通知》	国务院办公厅	鼓励产品创新。鼓励商业保险机构提供医疗、疾病、康复、照护、生育等多领域的综合性健康保险产品和服务……支持商业保险机构开发与基本医疗保险相衔接的商业健康保险产品
2021年10月	《关于进一步丰富人身保险产品供给的指导意见》	中国银保监会	扩大商业健康保险服务覆盖面,立足于长期健康保障,探索建立商业健康保险药品目录和诊疗项目目录……加快商业护理保险发展……支持健康保险产品和健康管理服务融合发展,逐步制定完善的健康管理服务、技术、数据等相关标准

专题一　商业健康保险新兴模式的供给研究

商敬国

健康是促进人的全面发展的重要基础，也是广大人民群众的共同追求。当前由于工业化、城镇化、人口老龄化及人们生活方式不断变化，我国面临多重疾病威胁并存、多种健康影响因素交织的复杂局面。人口老龄化和慢性病的增加不仅使得人民的健康保障需求大幅增加，医疗费用也快速增长。此外，随着人们生活水平的提高，就医、健康管理、养老等相关服务需求持续快速增长，社会医疗资源供给难以匹配，需要加大健康领域的整体投入。

发展商业健康保险可以有效促进社会对健康和医疗的投资，通过提供丰富的商业健康保险产品和服务来满足多样化、多层次的健康保障需求，提升社会医疗服务质量，推动医疗供给侧改革。2019年11月出台的《健康保险管理办法》（以下简称《办法》）明确鼓励保险公司开发医疗保险产品，保障在医疗服务中新药品、新医疗器械和新诊疗方法的应用。

在市场需求和政策的双重激励下，商业健康保险发展势头迅猛，"保险+互联网""保险+政府""保险+医药""保险+第三方（数据公司、健康管理公司等）"等各类合作新模式纷纷涌现，税收优惠政策也迎来新一轮的调整。各界对于商业健康保险各类新兴模式的关注度不断提升。

基于上述背景，本报告对补偿型医疗保险新兴模式的供给侧进行分析，并借鉴国际经验，对下一步我国商业健康险发展提出政策建议。

一 商业健康险新兴模式的基本定义

（一）商业健康险在中国医疗保障体系中的定位

改革开放以来，我国商业健康保险的业务规模快速增长，人群覆盖面大幅扩大，在参与社会民生工程和医疗保障体系建设的同时取得了长足的进步。1998年12月《国务院关于建立城镇职工基本医疗保险制度的决定》（国发〔1998〕44号文）颁布，明确了中国基本医疗保险事业"保基本"的核心原则，也为日后商业健康保险与基本医疗保险形成互补和衔接的关系奠定了基础。2016年10月，中共中央、国务院印发《"健康中国2030"规划纲要》，提出健全以基本医疗保障为主体、其他多种形式的补充保险和商业健康保险为补充的多层次医疗保障体系。

2020年2月，《中共中央 国务院关于深化医疗保障制度改革的意见》（以下简称《意见》）明确了商业健康保险的定位和要求，提出到2030年将全面建成以基本医疗保险为主体，医疗救助为托底，补充医疗保险、商业健康保险、慈善捐赠、医疗互助共同发展的医疗保障制度体系。同年6月，正式实施的我国卫生健康领域的第一部基础性、综合性法律《中华人民共和国基本医疗卫生与健康促进法》明确指出，商业健康保险在我国多层次医疗保障体系中的地位和作用，并鼓励发展商业健康保险，以满足人民群众多样化健康保障需求。

近年来，随着各项扶持政策的出台，商业健康保险迎来了难得的政策机遇与市场空间，但作为独立险种，其覆盖率不足、保险密度和保险深度与国外成熟市场相比存在较大差距，保险支出占卫生费用支出的比例较小。2019年全国卫生总费用为6.52万亿元，商业健康保险赔付支出仅占3.6%左右，而德国、加拿大等发达国家的该比例远超10%。从医疗费用分担的实际效果来看，在多层次医疗保障制度建设中，商业健康保险在对广大人民群众的医疗保障程度和完善多层次医疗保障制度体系方面仍存在较大的提升空间。

（二）我国商业健康险业务的发展历程与现状

相较于我国其他保险业务，商业健康保险起步较晚。1982年，经上海市人民政府批准，中国人民保险公司上海分公司经办了我国首笔健康保险业务"上海市合作社职工医疗保险"。1985年起，逐渐在部分地区试办附加医疗保险和母婴安康保险，并且一般只对政府或团体开放。直到1994年，国内引进重大疾病保险，寿险公司推出可供个人购买的医疗主险产品，健康保险常年以附加险方式承保的模式才得以改变。在业务开展初期，由于受计划经济时期医疗由单位保障的观念影响，人们对商业健康保险的认识不足，商业健康保险的业务拓展情况并不理想，全国的保费收入直到1997年才有15亿元。

进入21世纪，商业健康保险从寿险公司独家经营逐步向财险公司开放。2003年新修订的《保险法》规定，财险公司可以经营短期健康保险，财险公司的健康险保费收入占全行业的20%左右。2004年，中国保险监督管理委员会（以下简称"保监会"）批准设立人保健康等专业商业健康保险公司，标志着商业健康保险开始进入专业化经营阶段。2006年，保监会发布的《健康保险管理办法》中正式定义商业健康保险为保险公司通过疾病保险、医疗保险、失能收入损失保险和护理保险等方式对因健康原因导致的损失给付保险金的保险。2005~2006年，包括人保健康、平安健康、昆仑健康、和谐健康在内的四家专业健康保险公司设立，形成寿险、财险、养老险、健康险等商业公司和卫生、人社及民政等政府部门共同经营的局面。随着2009年新一轮医改启动，国家层面利好政策密集出台，商业健康保险发展定位为医改"生力军"。

2014年，国务院发布的《关于加快发展商业健康保险的若干意见》（国办发〔2014〕50号）中将大病保险、原本划入财产保险领域的医疗责任保险，以及传统医疗费用保险之外的医疗意外、收入损失等保险也纳入商业健康保险范畴。同时，鼓励医疗机构积极开发与健康管理服务相关的健康保险产品，加快探索发展多种形式的医疗执业保险，支持健康产业科技创新等。

由此，商业健康保险业务进入爆发式增长阶段。2019 年，中国银保监会发布了新修订的《办法》，强调"回归本源、保险姓保"的监管基调，肯定了健康服务的价值，并积极鼓励大数据和科技应用，聚焦专业化经营。

2020 年以来，银保监会等监管机构从产品开发、销售管理、健康管理等方面出台了相应的监管政策，在鼓励健康保险产品和模式创新的同时，持续优化人身险的经营环境，加快长期医疗保险、短期医疗保险、重大疾病保险，以及对健康保障委托管理业务和健康管理服务的管控，推动商业健康保险高质量发展。

2015~2020 年，健康险原保费收入从 2410 亿元增长至 8173 亿元（见图1），年均复合增速近 28%，在整个保险行业的占比从 9.9%大幅提升到 18.1%，其中除 2017 年结构性调整外，原保费年均增速保持在两位数，远超人身险其他险种的原保费收入。2020 年在售商业健康保险产品超过 5000 个，较 2016 年新增了 1000 余个，较十年前翻了两番。2021 年 1~5 月，健康险原保费收入 4427 亿元，同比增长 12.7%，仍是整个保险行业增速最快的险种，预计到 2025 年原保费收入可达 2 万亿元。

图 1　2014~2020 年我国商业健康险原保费收入及其占人身险的比重

（三）新兴模式的分类和定义

随着社会的发展，补充医保的公私合作制改革加快，人们的需求结构开始改变，保险标的逐步从医疗风险向健康风险转变，健康保险的内涵更加宽泛。产品和服务不断迭代升级，商业健康险发展新兴模式也随之产生，主要包括行业内生创新模式、政企合作创新模式及产业链整合创新模式三类。

一是行业内生创新模式，其核心是整体市场的革新以及随之而来的人民群众对医疗健康资源需求的变化，催生了商业健康保险新业态。比如，互联网销售渠道的快速增加推动了保险公司在产品、技术、用户、渠道等维度的创新，从而催生了百万医疗险这类现象级产品；人民群众长期稳定的医疗保障需求的增加促使费率可调型长期医疗保险应运而生；随着医疗、健康、保险市场的不断发展，保险公司不断探索基于全生命周期的健康管理与保障一体化模式。

二是政企合作创新模式，其核心是在社会医疗保险的基础上，国家或省、市级医疗保障机构与商业保险公司合作，提供兼具商业性和政策性的健康保险产品和服务，如"惠民保"、整合式医疗、税优健康险等。政企合作创新模式促进健康保险业取得更好的经济效益和社会效益，赋予商业健康保险业务更大经营空间的同时，在多层次医疗保障制度体系下进一步提升人民群众在共建、共治、共享发展中的获得感。

三是产业链整合创新模式，其核心是以更高的效率构建"保险+"服务生态闭环，打造从保险产品到医疗、健康管理、医药的大健康产业链条。打破以往单一的保险产品形态，通过"保险保障+医疗服务""保险保障+健康管理""保险保障+医药服务"的一站式解决方案，满足客户全生命周期健康医疗和风险保障需求。保险公司在实现传统风险管控的同时，承担起促进健康服务、客户健康管理、医疗医药供给联动发展的职责。产业链整合创新模式改变了保险行业过去销售驱动模式，逐步升级为销售和服务并重，从根本上改变保险公司的增长驱动力，并加深行业"护城河"。

二 我国商业健康险发展新兴模式

（一）行业内生创新模式

1. 百万医疗保险

（1）发展历程和现状

①发展历程

2016年8月，众安在线推出第一款"百万医疗险"尊享e生，同年泰康、平安健康与国寿等也推出了相似的百万医疗保险产品，共同开启了中国医疗险市场的元年，百万医疗保险作为低保费、高保额、高杠杆的产品，一经推出便广受市场欢迎。2016~2020年百万医疗保险的产品数量、经营主体、保费规模和覆盖用户均呈井喷式增长。据艾瑞咨询预测，百万医疗保险的保费规模有望于2025年突破2000亿元。

从健康险行业来看，百万医疗保险的发展促进了商业健康险的高速增加，而产品多元化、产业发展、人们健康意识的增强等也进一步拉动了百万医疗保险的需求。2015年至今，百万医疗保险保费增长速度和覆盖人群是十分可观的。

②发展特征

百万医疗险有以下四大特点：一是保额高。绝大多数百万医疗产品保障额度为100万~300万元。二是保费低。目前在售的百万医疗险产品中，件均保费约为552元。[①] 三是保障范围较广。百万医疗险保障范围一般是住院医疗费用和恶性肿瘤医疗费用，大部分突破了基本医保的"三个目录"范围。部分产品还包含普通门诊、住院津贴和重疾定额给付费用，以及就医绿色通道和健康管理等服务。四是免赔额高。多数产品免赔额为1万元，个别产品免赔额为5000元或2万元。百万医疗险产品通过提高免赔额，减少频

---

① 孙东雅、张铭哲：《百万医疗险发展与监管》，《中国金融》2019年第22期。

率较高的小额医疗费用报销,将风险资金集中用于大额医疗费用患者赔付,因此实现了用低保费撬动高保额,其杠杆水平远远高于普通医疗保险。

从供给方来看,百万医疗险的出现填补了中端医疗保险空白。以往的医疗保险产品中,缺乏中端医疗保险产品,以形态简单的普通住院和门急诊医疗保险为主,单价不高,保障额度相对较低,对客户的吸引力较为有限。百万医疗保险与传统线下医疗保险相比有众多优点和创新,这类产品价格低廉,保障范围广,投保年龄宽,可以重点分散由重大疾病或意外导致的超出社会医保范围的风险,投保流程便捷,不要求客户体检,因此受到了互联网用户的广泛关注和参与。

与传统的健康险不同,百万医疗保险因特有的产品形态与特征,用户更容易理解与接受。百万医疗保险单价成本低、利润空间有限,因此其营销渠道以线上为主,保险机构通过线上平台实现获客与转化。

从百万医疗保险的用户画像来看,主要的参保人群年龄集中在 30~45 岁,出险概率较低,客户群体较为优质。①

随着经营主体数量的不断增加,销售需求侧平台的流量红利逐渐减少,第三方渠道的获客成本提高,而高度依赖第三方平台的保险机构则在产品设计、收入分摊及定价话语权方面受到了诸多限制。目前百万医疗保险的获客与转化方式分为三种:一是自建平台,依赖线下用户群体与客源拓展百万医疗保险用户,该平台在定价、产品设计上自主权较高且利润率稳定。二是通过第三方平台获客,并在自身平台实现后续转化。该种模式下,主要是通过三方平台实现流量的引入,但并不完全依赖于第三方平台。三是与第三方平台深度合作,依赖第三方平台的用户流量,并仅限于该平台进行产品销售。该种模式下保险企业的话语权较弱、渠道费用较高。

(2) 现存问题和风险分析

①可持续发展问题

根据 2021 年 1 月中国银保监会办公厅发布的《关于规范短期健康保险

---

① 艾瑞数智:《2020 年中国百万医疗险行业发展白皮书》,2021 年 1 月 7 日。

业务有关问题的通知》，短期健康保险产品应明确表述为"不保证续保"，不得使用"自动续保"、"承诺续保"和"终身保额"等易与长期健康保险混淆的表述。目前，大部分百万医疗保险产品为短期健康险，这一属性容易加剧医疗保险的逆向选择问题，即健康水平较高的人群复购率低于健康水平较低的人群，赔付率上升、续期保费上涨导致健康体不断退出，死亡螺旋过早出现，无法维持长远发展；对用户而言，短期健康险也无法满足其长远的健康保障需求。

②产品同质化、有效供给不足

目前百万医疗保险产品和经营主体众多，存在产品同质化严重、有效供给不足问题。从内部来看保险行业在基础建设、产品开发、管理经营能力方面存在不足是百万医疗保险产品有效供给不足的重要原因。不同于其他保险产品，医疗保险在定价、运营成本控制及盈亏周期管理方面需要专业的知识与人才，其定价比财产保险与寿险更为复杂。财产保险以标的物的损失发生概率为基础进行风险的聚集与分散操作，人寿保险以生命表为基础进行定价，而医疗保险以与人的健康状况密切相关的疾病发生率和医疗费用情况为定价基础。疾病发生率和医疗费用的变化不规则，波动幅度大，导致医疗保险的精算定价更为复杂。从运营成本来看，随着医疗技术的进步和经济发展，就医费用提升、人们看病就医的频率提高，由此导致医疗费用高速通胀，而现阶段医疗费用数据与就医行为信息的不对称使得百万医疗保险的保费厘定工作变得更为困难。

③渠道费用高、保单价格低

随着流量红利的消失、市场竞争加剧，百万医疗保险的渠道费用不断增长，价格却不断被压低，这无疑加大了保险机构的经营压力，引发类似车险市场的价格战乱象。

(3) 未来发展趋势及建议

①百万医疗保险长期化趋势

从医疗保险来看，规范短期医疗保险、大力发展长期医疗保险是必然趋势。《办法》明确保险公司可以约定对长期医疗保险产品进行费率调整，不得约定在续保时保险公司有减少保险责任和增加责任免除范围的权利。2020年4月，中国银保监会办公厅发布《关于长期医疗保险产品费率调整有关问题的通知》，对长期医疗保险费率调整进行详细规范。从客户角度看，这有利于维护消费者长期医疗保障和稳定续保权利，保障商业健康险的持续性发展。

目前，百万医疗险大多为非保证续保，产品存在短期风险。因此保险公司需要不断通过提高核保定价能力、健康管理水平等，推动长期医疗保险产品的平稳发展。

②创新保险种类，提高服务质量

要积极适应发展形势，根据实际情况进行产品创新，增加百万医疗保险的产品种类，拓展服务范围，丰富保险内涵，围绕健康服务业进行资本投资和战略合作，提供涵盖"预防—治疗—康复—护理""保险+医养"的整合型医疗保健服务。通过打造健康保险专业平台，以专业的视角和先进的理念，在数据管理、技术应用、风控体系上加大投入、精耕细作，提高管理能力，提升服务水平，形成核心竞争优势。利用大数据、云计算、移动互联、人工智能、区块链等技术，推动产品模式创新，进一步细分市场，提高个性化、多样化、定制化的产品设计能力，满足多元化的医疗需求。

2. 费率可调长期医疗保险

（1）发展历程和现状

①推出背景

为有效解决短期医疗险因产品停售等而无法续保的问题，2019年11月，银保监会发布新修订的《办法》，明确提出保险公司可以对长期医疗保险产品进行费率调整，引导保险公司开发并销售长期医疗保险。2020年4月，中国银保监会办公厅发布《关于长期医疗保险产品费率调整有关问题的通知》，进一步对长期医疗保险费率调整机制进行规范，消除了困扰长期医疗保险发展的制度性障碍，传达了鼓励保险公司开发并销售长期医疗保险的积极信号。

在人民群众保障需求的支撑和监管政策的支持下，全新的商业健康险模式——"费率可调长期医疗保险"应运而生,为商业健康险的发展注入了新动力。

②发展现状

在相关监管政策出台后,大型寿险公司和专业健康险公司纷纷开发保证续保期超过6年、费率可调的长期医疗保险,为消费者提供长期稳定的医疗保障。

2020年上半年,中国人民健康保险股份有限公司携手支付宝平台,推出了行业第一款终身保证续保且费率可调的防癌医疗险。同年,太保寿险、平安健康、平安人寿和新华人寿相继推出长期保证续保且费率可调的百万医疗险产品,实现了百万医疗险产品由一年期向长期保证续保的跨越。

长期保证续保大幅改变了短期百万医疗险的风险特质,而未来医疗通胀和参保人群结构变化难以预估,产品开发和定价、运营管理面临较大挑战。鉴于风险较难把控,目前保险公司在长期医疗保险产品设计上均较保守,保证续保期设置为10~20年。并且,为管控未来医疗通胀风险,部分公司设置保障范围正面清单,对于新药品在考虑成本的前提下决定是否纳入赔付范围,实现对于未来医疗通胀风险的动态化管理。

现阶段费率可调长期医疗保险发展受限,但其可有效契合人民群众的医疗保障需求,解决短期医疗险产品投保稳定性差的问题,同时可有效缓解因赔付率攀升而带来的行业偿付隐患等风险。随着后续费率可调长期医疗保险发展的深入和相应监管政策的完善,其将逐渐成为市场主流,进而取代短期医疗险。

(2)现存问题和风险分析

相较于短期医疗险产品,长期医疗保险产品在风险特性上有本质的区别,未来医疗赔付成本难以预估且不可控,面临较大的经营风险。结合对长期医疗保险的风险特性研究,可以将长期医疗保险的经营风险分为系统性风险和内在风险。

①系统性风险

系统性风险是指保险公司无法通过加强经营管理而干预的外在风险。长期医疗保险的系统性风险主要包括医疗费用通胀和医保制度、医疗体系调整。

医疗费用通胀具有长期性，是长期医疗险面临的主要系统性风险。据《2019年全球医疗趋势报告》，2018年中国大陆的医疗通胀率为9.7%，2019年医疗通胀率为10.2%，新药品、新技术、新治疗方式的使用是医疗保险成本上升的主要驱动因素。我国城乡居民在接受各类医疗卫生服务方面，个人卫生支出逐年增加，2010~2019年的年均增速约为11%（见图2）。

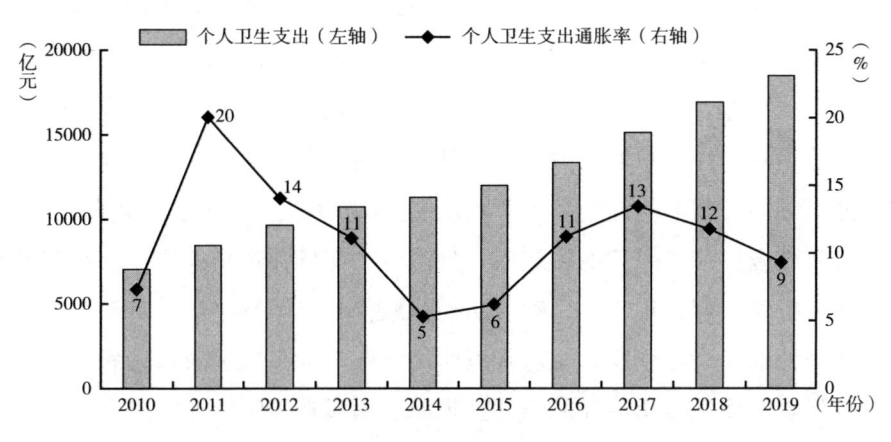

图2　2010~2019年我国个人卫生支出情况

商业医疗保险作为社会基本医疗保险的有效补充，医保制度和医疗体系的调整将对商业医疗险的成本产生系统性影响。医保制度、医疗体系的调整将影响医疗资源分配和患者的就医行为，进而显著影响商业医疗保险的赔付成本。对于长期医疗保险而言，保险公司须按照产品推出时既定责任承担长期医疗保障责任，医保制度、医疗体系的调整对其赔付成本的影响是长期的，较短期医疗险而言风险进一步增加。

②内在风险

除了前述客观风险因素，还有一些逐步浮现、与产品进展和运营相关的风险，这些风险存在逐年累积效应，是长期医疗险经营持续恶化的内在风险。长期医疗险的内在风险包括产品经营随保单年度进展而恶化与选择性退保，两者相互强化。

即便不考虑系统性风险的影响和退保的恶化，百万医疗险的成本也存在随保单年度进展而持续上升的规律。在初始保单年度，产品的承保人群为通过核保的健康人群，自然赔付率较低，而随保单年度进展，客户的健康状况变差，累积的理赔人群占比会越来越高，发生过理赔的人在后续年度可能仍需持续治疗，并且持续治疗效应会随整个产品风险池中累积的理赔人群比例提高而加强，进而共同加速产品经营恶化。

同时，不同病种的持续治疗效应差异较大，其对产品成本的影响也不能一概而论。重大疾病的持续治疗效应最强，其中恶性肿瘤（不考虑治疗期较短的甲状腺癌、乳腺癌和宫颈癌）治疗期较长、病情复杂，其持续治疗效应无论是从治疗延续的人数比例还是次年治疗费用角度都显著强于其他疾病。通常恶性肿瘤的治疗延续3~5年、续年的治疗费用可达首年的近70%。持续治疗效应提高了续年的住院率，且由于大部分存在持续治疗的案例是重疾住院，持续治疗费用较高，对产品经营恶化有显著影响。

选择性退保是指健康体相对带病体的退保率更高的现象。带病客户需要现有的保险来降低持续治疗风险并且也无法购买其他医疗保险产品，而健康体或对现有产品感知度低或被市场上更符合自身需求或更低价的产品所吸引，他们的选择性较强，续保的黏性明显低于带病体。

选择性退保会导致健康体快速流失，产品风险池中非健康体占比迅速上升，严重偏离产品初期预定的人群结构，加剧医疗险经营恶化。为应对赔付率加速上升，保险公司频繁调费，进一步加剧健康人群的退出，从而引起新一轮的经营恶化，如此反复，该业务逐步陷入"死亡螺旋"，最终导致业务无法继续。

（3）相关发展建议

我国的长期医疗险刚刚起步，客户对于费率可调长期医疗保险的接受度和认可度较低，保险公司的经营尚处于摸索阶段，产品监管、定价及费率调整机制仍有待完善。在抵御"死亡螺旋"风险方面，尚未形成有效的控费和继续率管理手段，且由于缺少风险分摊机制的支撑，各保险公司开展分散经营，长期经营难度较大。

为推动长期医疗险的稳定发展，避免"死亡螺旋"风险，提出以下政策建议。

①运营模式

一是引导产品标准化责任设计及定价。监管层面明晰长期医疗保险责任，明确长期医疗险须包含的保障责任，使长期医疗险成为标准化的产品，为大众所熟知并接受。以长期百万医疗险为例，基础保障责任的设置可参照现行市场主流的百万医疗险产品，包含一般住院医疗费用、住院前后门急诊费用、重疾住院医疗费用、重疾住院前后门急诊费用、重疾特殊门诊费用和质子重离子治疗费用，保障额度一般医疗200万元、重疾医疗400万元。保险公司可在基础保障责任基础上附加额外个性化保障责任和医疗服务条款，提升客户体验感。通过整合行业资源，行业协会每年发布更新长期百万医疗险产品的基础定价信息，供保险公司定价或调费时参考，促使长期百万医疗险产品定价透明化，便于客户理解和接受。

二是探索长期医疗险业务的风险分摊机制。风险分摊机制是整合商保的关键，是形成共有风险池、抵御"死亡螺旋"风险的重要一环，其目的是避免因承保人群差异而引发的保险公司经营状况的较大差异。首先按照费率拟定时的风险维度划分同质风险保单，汇总行业长期医疗险业务，计算同质风险保单的平均赔付成本，每年结算一次，若保险公司所经营的同质风险保单组的平均赔付成本高于同业该保单组的平均赔付成本，将获得差额作为补贴；反之，则需支付差额来补贴市场的其他平均赔付成本较高的同质风险保单组。在此风险分摊机制下，同质风险保单组的平均赔付成本一致，在统一标准的调费机制下，同质风险保单组保持一致的调费水平，有效规避由差异化调费所引发的选择性退保风险。

②费率调整机制

保险公司在开发并销售长期医疗保险产品时，基于产品推出时既定的赔付假设和人群结构定价，往往缺乏长期考量，并且难以将长期经营等风险要素纳入，定价量化较为困难且准确性较差。随着保单年度推移，实际赔付和人群结构会逐步偏离既定赔付假设和人群结构。为此，在长期医疗保险的经营中引入费率调整机制,以应对未来不确定性风险。

一是定期开展产品经营回溯。监管层面要求保险公司对长期医疗保险经营每年开展回溯分析,确定是否存在不利偏差及恶化趋势,提交长期医疗险经营分析报告,保障产品经营稳定。

二是规范费率调整机制,制定调费行业标准。监管层面明确费率调整的机制、流程和相关细则,重点对调费的原因、调费的触发条件和具体指标、调费标准和幅度进行细化,让公众一目了然。整合行业资源定期回溯长期医疗险经营情况,并对调费相关的系统性风险进行预测,制定可供调费参考的行业指标或标准,主要包括基于标准责任的医疗费用通胀率、保单年度经营恶化趋势、区分产品责任及调费驱动因素的行业指导费率调整幅度等。

(二)政企合作创新模式

1. 城市定制型保险:惠民保

(1) 发展背景

城市定制型商业医疗保险(以下简称"惠民保")是由地方政府、保险公司与第三方平台共同推动的新型健康险发展模式,以普惠为主要设计原则。2015 年 11 月,在深圳市政府指导下,平安养老推出重特大疾病补充医疗保险,这是首款针对特定城市定制的医疗保险,也是惠民保的雏形。2018 年,平安健康在南京推出了一款针对基本医保居民的城市型保险,对医保内住院医疗费用进行补偿,而后在广州市推出惠民保产品,保障医保内住院医疗费用和 15 种特定高额药品。自此,惠民保逐步在各个城市试点落地。

2020 年可谓是惠民保的市场元年,各地产品呈现井喷式增长态势,共有 23 个省份 82 个地区上线了 111 款产品,累计超过 4000 万人参保,保费收入超 50 亿元。2021 年上半年全国共有 20 个省份 63 个地区 149 个地级市推出了 78 款产品,参保总人数超过了 5300 万人,产品布局也逐渐从一线城市向二、三线城市拓展。

一方面,得益于政策的鼓励和支持,2020 年 2 月,中共中央、国务院发布《意见》,要求到 2030 年,全面建成以基本医疗保险为主体,医疗救助为托底，补充医疗保险、商业健康保险、慈善捐赠、医疗互助共同发展的多层次医疗保障制度体系，明确了商业健康保险的定位，提出要促进各类医疗保障互补衔接。惠民保作为一种新业态的商业健康险，是社商融合的一次重要尝试，也是完善多层次保障体系的重要探索。

另一方面，人民生活水平不断提升，医疗需求不断增加，但基本医保的保障水平有限，尤其是价格昂贵的癌症靶向药、罕见病用药等都不在医保目录覆盖范围内，且国家医保基金结余率下降趋势明显，面临很大的赔付压力，亟须采取商业健康险等其他保障方式来弥补基本医保的赔付缺口。而新冠疫情更是使人们对于健康保险的需求增加。

（2）发展特征

与普通商业医疗险相比，惠民保的定位为衔接基本医保的补充型普惠险种，有特殊的运营模式和产品特征，覆盖人群更为广泛，能够对医疗费用中个人自付部分提供更全面的补充，在满足人民群众更高层次的保障需求、健康管理需求等方面具有重要的意义。

①运营模式

惠民保的重要特征是有各级政府部门的参与。参与惠民保的地方政府部门包括医保局、卫健委、银保监局、民政局、金融办、总工会、社保基金管理中心等，其中，医保局与银保监局参与度最高。政府部门参与的深度会在很大程度上影响惠民保产品的覆盖面和运营稳健度。由政府部门主导且深度参与的地区，可以为产品设计提供部分数据支持，使定价和风控更精准，部分地区还会出台相关政策文件，甚至支持此类产品的保费从个人医保账户直接划款（如深圳）。浅层参与的政府部门，一般仅起到信用"背书"的作用，大部分地区是由参保居民自主缴费而非个账划扣。

保险公司是惠民保的业务主体。随着惠民保市场竞争愈发激烈，陆续出现了多家保司共同承保的"共保体"模式，如京惠保、津惠保、渝惠保、齐惠保等。共保是一种类似协作联营的模式，通过签署共保协议来约束参与公司的责权利。大部分情况下，由一家主承保公司负责出具保单，统一收取保费和赔付保险金，各参与方再按照比例分摊。另外，惠民保属于短期健康险种，目前大部分惠民保产品的参与主体是财产险公司。通常来说，财产险公司的经营灵活性较高，其次是养老险公司、寿险公司，部分产品的再保由健康险公司负责。

第三方平台也是惠民保业务中的重要参与方。第三方平台主要参与产品设计、宣传推广、运营服务等环节。第三方平台可以充分发挥多渠道优势，畅通各类宣传通道，为产品引流；同时有些第三方平台还依托自身在健康管理方面的资源优势，为保险产品提供医疗支持、特药等附加服务。

②产品特征

作为定位于普惠性质的政策型产品，惠民保的主要特征包括低保费、低门槛、高保额、附加服务等。

低保费：由于惠民保产品大多由政府背书，统筹方式与普通商业健康险产品不同，覆盖人群较广，保费通常较低，年交保费一般在几十元至二三百元不等。普遍是一个城市针对所有参保人实行统一价格，也有个别城市采取分年龄段定价策略。

低门槛：惠民保的普惠特征也体现为较低的投保门槛，无年龄、职业限制，无须健康告知，凡是有当地基本医保的居民都可投保，也可以带病投保。部分地区不保障既往症，但2021年上市的多款惠民保产品（如西湖益联保等）将既往症纳入了理赔范围。

高保额：大部分惠民保产品的住院医疗和特药保障额度高达几百万元，主要补偿医保内的住院医疗费用，部分产品还补偿医保外的住院医疗以及普通门诊费用。

附加服务：目前绝大多数产品提供多项健康服务，包括重疾绿通、体检、药品等服务。

（3）风险分析

惠民保快速发展的同时，也出现了很多持续性经营能力不足、用户理赔体验感一般、虚假不实宣传等问题。2020年11月，银保监会人身险部向各地银保监局、保险公司及行业协会下发《关于规范保险公司城市定制型商业医疗保险业务的通知（征求意见稿）》（以下简称为《通知》），要求产品设计开发应基于基本医保和大病保险等有关数据,每年 3 月底要向当地监管机构报送上一年度项目运行情况报告。同时,规定明确重点查处恶意低价、夸大宣传、冒用政府名义等违规行为,对惠民保产品加大监管力度。

作为一款福利性产品,惠民保的保费通常不能太高,要确保绝大部分居民可负担。为了控制保费水平,保险公司在设计惠民保产品时,通常会设置一个较高的免赔额,通常在 2 万元左右(也有少部分地区产品没有免赔额),大部分小额医疗费用累计起来很难达到理赔门槛;多数产品的保险责任主要涵盖的还是医保目录内的住院医疗费用(主流赔付比例为 80%~100%)和特定药品费用,对于医保外的住院医疗费用的赔付比例通常低一些(主流赔付比例为 60%);大多数地区的惠民保不赔付既往症,带病人群无法就已患疾病获得赔付;虽然很多惠民保产品包含特定药品保障,但主要集中为癌症等重特大疾病,许多常见的门诊、慢性疾病、手术、化疗等费用一般不在赔付范围内。

但即便设置了较高的免赔额和赔付责任限制,惠民保产品的支出与保费收入也不成正比。理论上来说,惠民保产品为了实现低保费和高保障程度的平衡,有效降低逆向选择风险,必须保证当地参保人群覆盖率处于有效的区间(根据中国银行保险报的数据,惠民保的参保人群覆盖率达到 70%~80% 才能有效降低风险),但目前大多数地区的参保率并不达标(1/3 的城市参保率在 10%以下,市场平均参保率仅为 15%),影响了惠民保产品的可持续性。低门槛带来了高逆向选择风险,许多不能购买普通商业健康险产品的带病人群都可以参与惠民保,目前参与惠民保的人员平均年龄在 45 周岁左右,部分地区 50 周岁以上的占比近一半,高龄、带病人群的风险集中。在运营时间最长的深圳市,重特大疾病补充医疗保险自上线以来一直处于亏损状态,赔付率一度高达 136%,其长期盈利面临较大压力。

从客户体验感角度,惠民保产品也无法尽如人意,一方面是惠民保产品的高免赔额和较严格的赔付责任限制;另一方面是健康险类产品条款普遍较复杂,目前大部分用户接受的保险教育都较少,对各类保障条款的理解并不充分,加之产品在推广普及过程中存在一些信息不对称情况,为后续的理赔工作带来了隐患。陆续出现了许多客户反映在出险理赔的过程中，理赔金额达不到其预期的情况。这也将间接导致一部分健康体、次健康体客户的流失，进一步加剧逆向选择风险和死亡螺旋，不利于长期稳健经营。

此外，惠民保发展迅猛，各公司"圈地跑马"的情况非常严重。为了使产品快速落地，许多地区的产品设计并未获得当地医保数据的精算支持，而是盲目定价和设计产品责任，导致产品同质化现象明显。有些热点城市也出现了一市多产品的情况，参保门槛、保费、责任雷同，这不单单会促成激烈的行业竞争，也使各个产品的覆盖面、可持续性存在隐忧。

部分地区还存在惠民保产品过度宣传情况，据统计，有近20%的产品并未明确指明由哪个政府部门指导，但在宣传中仍可能会表示该产品由某政府部门背书，而事实上仅仅是邀请了该政府部门代表参与产品发布会等，并没有获得任何的数据或政策支持。这种宣传策略在误导用户的同时，反而也会对产品所属公司的信誉造成损害。

（4）对策建议

惠民保本质上还是一款商业健康险产品，应符合保险产品的设计原理和运营规则。为了将"惠民"落到实处，保险公司应从多方面进行完善，切实依托于经营主体的专业能力，严控风险，保证产品的持续稳定运行。

①加强社商合作

从各地惠民保的运营经验来看，政府部门参与度越深，产品推广的难度越小、成本越低，当地居民参保率就越高，这有利于大幅提升产品经营的稳健性。政府部门一方面可以发挥强大的组织动员能力，另一方面基于数据合作，深度参与制定产品定价方案，使产品充分体现普惠性特征。对于保险公司而言，与医保等深度对接，也将有效缓解当前数据风控不足的痛点，获得更全面的消费者健康数据、动态行为数据等，如果能实现与医保账户的对接，甚至可以使用医保个账来购买惠民保产品，将大幅提升参保率以及理赔的便利性。建议各地政府应继续加强管控，严格筛选入场的保险公司，并参与产品的设计、宣传、运营过程，强化监督。而保险公司应做好充分的前期准备，尤其是在数据层面，对医保目录内外的各类成本和风险予以充分的调研度量,做好长期风险管理工作。

②坚持保本微利原则

惠民保产品的本质是惠及大部分居民,在运营过程中必须要坚持保本微利的原则,合理定价,保证持续经营,这需要地方医保数据的支持,也对保险公司的精算和风控能力提出了非常高的要求。未来在产品保障责任设计层面,尽力满足当地的医疗保障需求,尽可能降低相关产品条款的理解难度;加大产品的推广力度,尽可能扩大保费规模,提升风险池的稳定性;充分依托互联网等渠道,大力推动产品宣传;应用人工智能、大数据、云计算等技术,加强流程管理,帮助降本增效,有效控制风险,保障可持续经营。

③加强资源整合能力

惠民保产品是结合政府、保险、医疗、医药等多个环节的一次重要尝试。在许多城市围绕惠民保产品,第三方科技公司、健康管理公司、医疗医药公司等也参与其中,提供健康管理、系统建设、产品服务设计、运营营销等服务。参与主体的多元化对强化产业联结、增强健康管理网络的稳定性有非常重要的助力作用;同时,建立贯穿预防、诊断、治疗、康复各阶段的健康管理服务体系,有助于更好地控制风险和降低赔付支出,从长远来看,也将促使居民的健康意识和保险意识提升,对推进全民健康水平的提升有非常积极的意义。

2. 整合式医疗

(1) 门诊慢性病服务

①我国门诊慢性病保障情况

随着顶层设计的不断完善,各地加快推进门诊共济保障制度建立工作。截至2019年,我国50%以上的职工医保统筹地区建立了慢性病门诊医疗保障制度,将恶性肿瘤、慢性肾衰竭、器官移植后的抗排异治疗、糖尿病等疾病纳入大病保险保障范围。保障人群中"糖高冠"患者占比较高,通常占各地慢性病人群的70%以上。门诊慢性病由各地统筹,在地方层面,各地在执行国家"两病"最低标准的基础上,结合本地慢性病特点和医保基金的承受能力,对常见的慢性病病种进行增补,但总体保障范围和保障程度由各地方决定。在实践中,各地区的制度设计存在较大差异。目前,绝大多数地区的门诊慢性病都是采用按病种管理的方式，病种多少不一，以江苏为例，最多的南京有 42 个，最少的常州有 6 个。报销政策方面，自付比例、支付限额、起付标准等也根据各地情况自行确定，地域差异较大。目前门诊慢性病制度在一定程度上减轻了慢性病患者的疾病费用负担，同时提高了慢性病医药服务的可及性，提升了民众的健康水平。同时，门诊慢性病政策积极引导患者到门诊就医，有效减少了住院治疗慢性病的情况，提高了医疗资源利用效率和医保基金使用效率，为建立多层次医疗保障制度发挥了重要的作用。

②存在的问题

一是慢性病患者和费用过快增长，加大基金收不抵支风险。第七次全国人口普查数据显示，我国 65 岁以上人口占比 13.5%，正加速从老龄化社会进入深度老龄社会。随着老年人口的不断增加，我国产生了庞大的慢性病人群。据统计，60 岁以上的老年人群高血压患病率高达 58.3%、糖尿病患病率高达 19.4%，75% 以上的老年人都至少患有 1 种慢性病。同时，随着医疗技术的进步，部分恶性疾病正逐步向慢性病转变。近年来慢性病在中青年群体中逐年增加，调查显示，30~50 岁人群中"三高"比例处于较高水平，我国中青年群体中高血压病例占比高达 67.5%。随着各地门诊慢性病政策红利的释放，门诊慢特病患者逐渐增多，叠加不断进步的医药技术影响，医保基金支付额度逐年增加，基金超支压力增大。据统计，慢性病导致的疾病负担占总疾病负担的近 70%。世界银行预测，到 2030 年，人口迅速老龄化还可能使慢性病负担增加 40%。与此同时，我国经济从高速增长转入中高速增长，医保收入提升空间日渐缩小，一些医保基金统筹地区已经出现当期收不抵支的情况，累计结余支撑能力日渐偏离安全范围，收不抵支风险增加，医保制度面临的挑战日益增大。

二是准入认定烦琐，服务效率和质量不高。传统门诊慢性病准入认定，一般需要患者到医院医保服务台领取慢性病认定表，由医生填写认定病种及确诊依据，开具疾病诊断书，再由医保办工作人员收取材料后录入市医保中心系统。医保中心的慢性病申报审核工作，多为人工线下作业，认定流程烦琐、耗时长，且现场申报及审核易受人为因素影响，标准化程度不高，难以规避人情鉴定、诱导鉴定等问题。同时，随着病种数量的增加，享受慢性病保障待遇的人数越来越多，医保经办机构、经办人员不足，很难在短时间内完成资格审查，以及资料的接收、整理、录入等工作，管理难度日益增大，经办管理效果不理想。

三是费用管理难度高，基金监管难度大。与住院费用受限于床日费用和总床位数不同，门诊发生频繁更高、可及性更强，门诊慢性病监管的范围广、服务人群多、难度大。如存在部分定点医疗机构为获得更多的收入，给患者开具额外的检查项目，鼓励患者反复就医、频繁开药，通过小病大治、单病种变为多病种、开大处方等手段违规套费、欺诈骗保；有的患者为获得慢性病报销资格违反政策法规，提供虚假病历骗取医保基金等，受限于当前经办机构的人员等配备水平，难以实行有效的监管。

四是未引入健康管理，慢性病防治"两张皮"。慢性病的病程长且难以治愈，患者的自我管理对提高慢性病控制效果具有重要意义。而我国现有的医保制度均是对参保人就医费用进行事后补偿，只能起到治病付账的作用，对于慢性病患者的疾病认知提升、生活方式管理、用药管理以及诊疗服务协助等健康管理中"防"的工作没有跟进。家庭医生与慢性病管理尚未实现有效贯通，患者的行为和用药没有基于现有的家庭医生模式实现专业的健康管控，对于患者而言，疾病的发展难以得到有效控制，生活质量不高；对于国家而言，医疗资源浪费现象严重。可以说，目前，我国慢性病管理中的"防"和"治"之间缺乏有效的纽带和机制，尚未形成正向激励，无法形成医生监督指导、患者自我管理的疾病管理模式，从而达到控制慢性病、节约医保资金的目的。

③商业保险机构经办门诊慢特病创新实践案例：人保健康宝鸡慢特病管理模式

为解决当前门诊慢特病管理问题，提升经办服务能力、提高智能管理水平、加强医保基金管控，人保健康依托于多年来在社保业务领域积累的项目承办经验，引入保险保障机制，摸索出一条商业保险机构提供基本医保门诊慢特病服务的新路子。2012年以来，人保健康创新合作模式，与政府开展合作，协助宝鸡市政府管理城镇职工基本医疗保险门诊慢特病项目。经过不断的迭代升级、优化技术与服务，通过"保险+健管+科技"有效控制了医保基金费用的增长，实现了宝鸡市门诊慢特病经办管理效率和服务质量的同步提升，促进了慢特病分级诊疗的落地实施。2012~2021年人保健康经办管理慢特病种类从17种增加到37种，服务人数从4548人增长到2.65万人，慢特病资质申报审核时长从平均120天缩短到5天以内，日常购药和报销实现了"一站式"即时结算，为广大参保群众特别是慢特病患者提供了全流程的线上服务。一是建立准入和复审制度。人保健康针对门诊慢特病保障待遇申请者实行资格准入审核，每两年进行资格复审，通过复审制度及时排查不符合服务条件的人群。2012~2019年，人保健康累计组织完成资质审核2.51万人次，审核通过率为73%左右，资质复审3.09万人次，其间通过复审退出3072人。二是融入健康管理服务。人保健康持续加强慢特病健康教育，每月发布健康提示信息，定期走进社区举办高血压、糖尿病预防和治疗相关健康讲座。依托于门诊慢特病管理系统，为每名慢特病患者建立电子健康档案，实现体检、诊疗信息的实时更新。针对行动不便慢特病患者，聘请慢特病专家提供上门体检和资质鉴定服务。三是科技赋能服务。依托于微信公众号服务平台，开发慢特病申报小程序，实现待遇申请在线申报办理；依托"人民健康"App，实现慢特病处方自由流转、慢特病患者在线下单、就近购药和一站式即时结算，在提升服务质量和效率的同时，推动门诊慢特病从上级医院向基层医疗机构、药店下沉。目前，宝鸡市门诊慢特病服务网点从最初的14处扩展到750余处，90%以上的门诊慢特病患者（2万余人）可以持卡就近取药，并开通患者网上送药程序，联合药店为门诊慢特病患者提供上门送药服务。

（2）长期护理保险

①我国长期护理保险制度试点情况

随着我国人口老龄化加速，为了满足失能人口养老照护的巨大需求，2006年出台的《关于加快发展养老服务业的意见》（国办发〔2006〕6号）提出发展老年护理业务，开启了对长期护理保险的探索。2012年，青岛市率先开展长期护理保险政策试点，随后南通、长春、上海等其他城市纷纷启动试点，为国家长期护理保险的顶层设计提供支撑。

2016年6月，人社部办公厅发布《关于开展长期护理保险制度试点的指导意见》，确定承德等15个试点城市和山东、吉林2个重点联系省份开展长期护理保险制度试点（见表1）。各地在试点政策指引下积极开展长期护理保险制度试点。截至2019年6月，全国22个省份的52个地市开展了长期护理保险制度试点，除上海、青岛、南通等15个国家试点城市和吉林、山东2个重点联系省均已经开展试点外，北京石景山区，辽宁本溪，山西临汾，内蒙古满洲里，湖南衡阳，广西贺州，甘肃甘南州，河北邢台、秦皇岛、石家庄，浙江杭州、嘉兴、温州、舟山、义乌，江苏无锡、扬州、泰州、常州，新疆昌吉、乌鲁木齐、克拉玛依等地市州也启动了长期护理保险试点工作。

表1 长期护理保险制度试点地区

单位：个

省份	试点地市数	试点地市
北京	1	石景山
河北	4	**承德**、邢台、石家庄、秦皇岛
山西	1	临汾
内蒙古	1	满洲里
辽宁	1	本溪
吉林	6	**长春**、吉林、松原等
黑龙江	1	**齐齐哈尔**
上海	1	**上海**
江苏	6	**南通**、苏州、常州、无锡、扬州、泰州
浙江	6	**宁波**、杭州、嘉兴、温州、舟山、义乌
安徽	1	**安庆**
福建	1	晋江
江西	1	上饶
山东	10	**青岛**、济南、滨州、德州、东营、菏泽、临沂、烟台、枣庄、淄博
湖北	1	荆门
湖南	1	衡阳
广东	1	广州

续表

省份	试点地市数	试点地市
广西	1	贺州
四川	1	**成都**
重庆	1	**重庆**(巴南区、大渡口区、石柱县、垫江县)
甘肃	1	甘南州
新疆	4	**石河子**、乌鲁木齐、昌吉、克拉玛依

注：黑色加粗为国家试点城市。

2019 年李克强总理在政府工作报告中明确提出要进一步扩大长期护理保险试点范围。2020 年 5 月，国家医疗保障局发布《关于扩大长期护理保险制度试点的指导意见（征求意见稿）》（以下简称《征求意见稿》），提出计划在原有 15 个试点城市基础上新增 14 个试点城市，即在全国 29 个城市和 2 个重点联系省份展开试点，试点期限为 2 年（见表 2）。

表 2　长期护理保险制度试点城市及新增试点城市

原试点地市(15 个)	新增试点地市(14 个)
河北省承德市	北京市石景山区
吉林省长春市	天津市
黑龙江省齐齐哈尔市	山西省晋城市
上海市	内蒙古自治区呼和浩特市
江苏省南通市	辽宁省盘锦市
江苏省苏州市	福建省福州市
浙江省宁波市	河南省开封市
安徽省安庆市	湖南省湘潭市
江西省上饶市	广西壮族自治区南宁市
山东省青岛市	贵州省黔西南布依族苗族自治州
湖北省荆门市	云南省昆明市
广东省广州市	陕西省汉中市
重庆市	甘肃省甘南藏族自治州
四川省成都市	新疆维吾尔自治区乌鲁木齐市
新疆生产建设兵团石河子市	

②我国长期护理保险制度试点成效

一是制度政策框架逐步成形。各试点城市不断探索，在保障范围、参保缴费、待遇支付、护理需求认定和管理等方面形成了各具特色的做法和经验，为建立全国统一的长期护理保险制度奠定了基础。目前，坚持互助共济的社会保险模式，坚持重度失能起步、"生活照料+医疗护理"统筹兼顾和第三方专业经办模式已经达成制度共识。

保障范围：大部分试点城市将生活照料、基本生活相关的医疗护理纳入保障范围，如青岛市最初的保障范围是与基本生活相关医疗护理，2017年扩展到失能失智人员的生活照料及其相关医疗护理。

筹资机制：各试点城市都致力于建立个人、单位、地方财政、医保基金结余划转、福彩及社会捐助等多渠道的筹资机制，但实际执行中主要依托医保基金筹资，单位和个人缴费分别从医保统筹基金单位缴费和医保个人账户中划转，部分试点地区如青岛、南通等地方财政额外给予补助资金，青岛、苏州等还将福利彩票、社会捐助纳入筹资范围。

筹资标准：由于经济发展水平和人口结构的差异，各地筹资标准略有不同，在首批15个城市中，按比例筹资和固定金额筹资各占一半。此外，荆门、南通等地还将筹资比例或筹资金额与居民人均可支配收入挂钩。

服务形式：从首批15个试点城市来看，各地都提供了定点机构护理服务，绝大多数地区（除长春、承德外）提供了服务机构上门服务，南通、上饶、石河子3个地区将护理对象的配偶、子女、亲属等提供的家庭照护服务也纳入了保障范围。各地定点的服务机构普遍涵盖医院、护理院、养老服务机构。

待遇支付：从支付范围来看，各地着重解决失能人员的基本生活照料和与之密切相关的医疗护理等所需费用问题，具体付费项目包含护理床位费、护理设备使用费、护理耗材费、护理服务费（人工费）等。从保障标准来看，绝大多数地区明确了基金补偿比例，根据保障人群、护理服务方式、长期护理保险基金补偿比例而各有差异，为50%~90%，整体上保障水平维持在70%左右。

评估认定：认定标准方面，目前试点阶段各地普遍使用"日常生活活动能力评定量表"（Barthel 指数评定量表，以下简称"巴氏量表"）作为失能评估认定的主要依据，部分试点地区如上海、青岛、成都、苏州等在巴氏量表基础上结合其他量表和地方实际，制定了当地鉴定标准。评估认定形式上，各地普遍采用二级认定模式，初评机构多是委托定点服务机构和经办机构认可的专业第三方机构，复评机构以医保经办机构和政府相关的失能鉴定机构（如司法鉴定所、劳动能力鉴定委员会）为主。参与医保经办的商业保险机构主要负责协助政府部门开展失能评定工作。

经办服务：主要有社保机构和商业保险公司经办两种模式。首批 15 个试点城市中，除长春和上海由政府部门自办外，其余城市均招标采购商业保险公司服务，委托商业保险公司经办管理长期护理保险。其中，青岛、南通、上饶、承德、苏州、安庆、成都、齐齐哈尔采取风险保障模式，商业保险机构承担赔付风险；荆门、广州、宁波、重庆、石河子以受托基金形式委托商业保险机构经办管理，商业保险机构不承担赔付风险。

二是参保群众基本护理需求得到有效满足。从参保人群看，试点地区将城镇职工纳入保障范围，青岛、南通、苏州、石河子、荆门、长春、上饶等保障范围覆盖了本市城乡居民，上海保障范围为本市试点区的城镇职工和 60 岁及以上的城乡居民。此外，湖南衡阳、河北石家庄等个别试点地区以农村五保户、城乡特困人员为主要参保对象，探索建立长期护理保险制度。从被保障对象看，试点地区都优先保障重度失能人员，在此基础上青岛、南通、苏州、广州、成都将重度失智人员（部分纳入中度失智）也纳入保障范围，青岛、南通、苏州、上海将被保障的失能人群扩展到中度失能人群，长春将癌症晚期患者纳入保障范围。

截至 2019 年底全国已有 42.6 万人享受到实际待遇，赔付护理保险基金近 40 亿元，基金支付比例达到 70% 以上，年均基金支付 9200 多元/人，有效满足了失能人员护理需求，减轻了失能人员及其家庭的经济和事务性负担，受到群众的普遍欢迎。

三是对医疗保险的正向替代效应开始显现。

以往需要长期护理服务的失能人群很多滞留在医院，消耗了巨额医保基金，试点实践显示，长期护理保险能够有效遏制社会性住院等不合理现象，提高医疗资源配置效率，降低社会医疗费用支出。如青岛市长期护理保险试点统计数据显示，同一护理病人在护理机构的人均床日费用仅为二、三级医院护理费用的1/20，每日个人支付负担费用仅为二、三级医院护理费用的1/77，大幅减少了社会医疗费用支出。

四是有力推进了养老护理事业发展。

从试点地区的实践看，长期护理保险有效撬动了社会资本投向医养康养服务产业，促进了养老机构、护理机构的发展，有利于培养具备医疗护理和生活照料技能的高素质健康照护人才队伍。截至2019年6月，首批15个试点城市新增协议护理定点机构2400余家，从业人员增至8.2万人，共吸引近百亿元社会资本进入相关产业，有力推动了试点地区经济发展。

③我国长期护理保险面临的问题

一是试点范围小、覆盖人群少，制度建设滞后于社会老龄化进程。截至2019年底，我国60岁以上老人已经达到2.54亿人，占总人口的18.1%，其中65岁及以上人口1.76亿人，占总人口的12.6%，分别较试点前（2015年底）增长3188万人和3217万人。面对不断加速的老龄化进程，我国长期护理保险仍处于小范围试点阶段，覆盖人群仅8500多万人，实际覆盖老人约1500万人，仅占老人总数的6%左右。目前，国家针对长期护理保险尚没有明确的定位和制度设计，相关制度文件还停留在人社部办公厅印发的试点指导意见层面，亟待对现有试点经验进行总结，研究制定统一的方案，尽快形成与中国特色社会主义保障体系相适应的长期护理保险制度。

二是制度设计上，各地政策不统一、城乡不同步问题亟待解决。在参保范围上，半数试点地区覆盖城镇职工，半数覆盖全体居民；在保障范围上，有的仅保障重度失能人员，有的保障中重度失能人员，有的保障失智老年人；在支付比例上，为50%~90%，各有不同，同时职工与居民两者差异明显。

三是筹资机制上，过度依赖医疗保险基金，可持续发展面临较大困难。承德、长春、齐齐哈尔、安庆、上饶、青岛等试点地区基金筹集主要或者全部源自医保基金（医保统筹基金、个人账户划转或者历年结余划转），个人缴费机制缺乏可持续性。

四是服务和经办管理上，缺乏统一的权威技术标准。在失能鉴定方面，上海、成都、广东等制定了各自的鉴定标准，有的采用通用的"日常生活活动能力评定量表"；护理服务、护理机构和人员准入等技术标准方面各地缺乏统一的标准。

五是护理服务能力不足，难以满足实际需要。一方面，养老服务设施不足，2018年全国每千人口养老床位数29.9张，与发达国家50~70张的标准差距明显。另一方面，专业护理人员十分短缺，按照国际上养老护理1：3配置标准，目前国内专业养老护理人员存在近千万人的缺口，严重影响了长期护理保险制度的实施。

④我国长期护理保险发展建议

一是不断完善国家长期护理保险制度。在提供护理服务保障的基础上，多部门联合，统筹推进失能失智预防、辅具租赁、适老化改造等试点，建立长期护理需求等级评估职业体系，加大养老护理产业的人才培养力度，构建完善的护理服务制度和产业体系。

二是进一步规范长期护理保险经办管理。在国家或行业层面制定商业保险机构参与政策性长期护理保险经办管理的制度和标准，规范长期护理保险业务市场。一方面，进一步明确商业保险机构经办服务内容，鼓励和允许商业保险机构承担失能评定、护理服务机构协议管理等职能，构建长期护理服务风险管控闭环。另一方面，参照大病保险管理相关制度，完善长期护理保险招投标机制，明确"竞标不竞价"投标导向，避免恶性低价竞争，促进经办服务专业化发展。此外，研究制定国家或行业统一的经办服务制度标准，包括评定服务、经办服务、护理服务、考核评价流程和标准，长期护理服务机构及从业人员准入、评级考核等相关制度和标准。

3. 税收优惠型健康保险

（1）发展历程和现状

税收优惠是国际上常用的政策工具，不仅能直接推动商业健康保险市场整体发展，还能减轻医疗或公共保障体系的资金压力。作为国家首个税收政策支持的个人商业保险产品，税优健康险的意义重大。该政策的推出，一方面能通过给予一定的财政补贴和避税优惠吸引投保人参保，提升商业健康险的市场价值；另一方面也是通过政府政策背书提升消费者对商业健康险的信心，进而增加需求。

①制度背景

作为我国第一个面向居民的税收优惠型商业险种，税优健康险自2016年1月1日试点运行以来，发展平稳有序，保障效果逐步显现。在进行了一年半的试运营之后，2017年7月健康保险税收优惠政策在我国全面推广。

2019年1月，新修订的《中华人民共和国个人所得税法实施条例》正式实施，个人所得税起征点提高到5000元，个人购买税优健康险产品的，允许在当年（月）计算应纳税所得额时予以税前扣除，扣除限额为2400元/年（200元/月），即购买税优健康险后每月纳税起征点提高到5200元。

2020年，《意见》提出要"用足用好商业健康保险个人所得税政策，研究扩大保险产品范围"。

②产品监管政策背景

2015年，财政部、国家税务总局、保监会联合印发了《关于开展商业健康保险个人所得税政策试点工作的通知》，2017年发布了《关于将商业健康保险个人所得税试点政策推广到全国范围实施的通知》，对符合税优条件的保险产品开展系统严格的管理，大大促进了市场的有序发展。

税优健康险是行业首个体现"保证续保"概念的产品，实现了重大创新，同时附带其他优惠条款，以保本微利为主要设计原则。产品形态方面，具有保障功能并设置有最低保证收益账户的万能险方式，包含医疗保险和个人账户积累两项责任；保险公司不得因被保险人既往病史而拒保，并保证续保。但可依据被保险人的不同情况设置不同的调整保额。医疗保险保障责任方面，范围包括被保险人医保所在地基本医疗保险基金支付范围内的自付费用及部分基本医疗保险基金支付范围外的费用，费用的报销范围、比例和额度由各保险公司根据具体产品特点而自行确定。投保要求方面，被保险人为16周岁以上、未满法定退休年龄的纳税人群。保险公司不得因被保险人既往病史而拒保，并保证续保。保障及赔付要求：年保障额度不低于20万元，累计保障额度不少于80万元，每年医疗保险简单赔付率不得低于80%；如低于80%的，差额部分返还至所有被保险人的个人账户。

③发展现状

商业健康保险个人所得税优惠政策在推广之初，不仅得到广泛的社会好评，而且市场预期十分乐观。东吴基金曾经按照全国3000万实际纳税人口测算，估计税优健康险有望撬动700亿元左右的增量保费。通过实证研究预测全国潜在市场规模高达4200亿元。但截至2020年12月底，累计销售保单仅51.15万件，累计保费21.75亿元。税优健康险一直处于"叫好不叫座"状态。

从承保人数和保费来看，其中，2020年有效保单36.45万件，实收保费5.4亿元（年化保费5.7亿元），占行业健康保险保费的比例低于0.1%。从开展该业务的公司来看，31家获得资质的保险公司中，26家公司实际开展业务。从地区来看，31个省份都开展了税优健康险业务。从产品形态来看，保险公司共开发税优健康险产品47款，其中保障程度高的隶属示范条款A的产品32种，累计生效保单47.18万件；隶属示范条款B的产品15种，累计生效保单3.97万件。从保险公司披露的部分赔付案例看，投保税优健康险客户出险后，个人自付比例一般从40%左右下降到2%~5%，较大程度地减轻了客户医疗费用负担。从缴费方式来看，年缴保费的保单件数38.23万件，占比75%；月缴保费的保单件数12.91万件，占比25%。从销售渠道看，保险公司通过"团险直销"获得的保单件数占比83%，综合开拓、其他相互代理、互联网渠道等销售方式较少。从个税征收方式看，代扣代缴（适合工薪阶层）占绝大多数，占比94%，自行申报（适合自由职业者）占比6%。

（2）现存问题和风险分析

税优健康险运行近三年来，覆盖面越来越广，但也面临着税优额度低、无法满足市场需求等困难，业务发展缓慢。

①税优制度层面

一是税收优惠力度不足。对中低收入纳税人群而言，每年最高2400元的税前抵扣额度的吸引力不足。尤其是在超额累进预扣的新税制下，中低收入纳税人群上半年基本不需纳税，或者仅按3%税率纳税，绝大多数人税优额度在72元/年和240元/年这两档。从客户主观感受度来说，税优政策吸引力较小。

2018年10月新税制改革进一步削弱了税优力度。根据新制度，个税起征点提升至5000元，纳税人口占城镇就业人口的比例从44%降至15%。以上海地区为例，加上五险一金、专项扣除等免予征税的额度，月税前收入9000元及以上的人群才需缴纳个税。可以预见，随着个税改革的深入推进，税优政策覆盖的人群范围将缩减，绝大部分纳税人每年最高可享受的税收优惠额度也会有所减小。

二是操作流程过于复杂。为享受税优，投保人需提供由当地税务机关或其供职单位开具的相关纳税证明材料，承保后需由扣缴义务人协助办理个人所得税税前抵扣手续，抵税操作复杂，如果是采取单位代扣代缴的方式，企业配合支持度也不高。如果发生退保，对补缴已减免税额的，还要提供完税证明，较大的操作难度致使客户对于该类产品的兴趣不足。

②产品政策层面

一是产品设计内含较大逆向选择风险。对比传统健康险，税优健康险作为政策型保险，无核保、无观察期、既往症不可拒保，客户逆向选择风险较大，公司赔付率较高，同时成本定价也随之提高，抑制了健康人群购买积极性。

逆向选择风险的主要后果是税优产品的定价不具有市场竞争力。保险公司在定价时必须考虑逆向选择带来的赔付风险，导致税优产品的价格远高于以百万医疗险为代表的低价医疗保障产品，对许多投保人来说其吸引力较小。此外，据行业调研，许多公司为控制风险并未大规模向市场销售税优健康险产品，而是集中面向本公司员工，目前大部分投保人也是公司员工，大大限制了该产品的覆盖面。

二是产品责任范围不具竞争优势。目前产品的责任和形态与社保及百万医疗、重疾险等许多商保产品重复，无法满足市场多元化需求。此外，新的个税专项扣除项包括"大病医疗支出"，已涵盖了税优健康险的住院医疗保险责任。同一人因大病医疗支出进行了专项扣除后，可再享受税优健康险的税优政策，出现因一次医疗支出而享受两次税收优惠的情况。

三是产品内容复杂，普通消费者很难准确理解全部条款内容。在医疗保险的赔付责任方面，目前在售的44款产品中有36个正面清单，药品最多的清单目录包含58种可赔付药品，涉及药品中文商品名、药品中文通用名、抗肿瘤靶向药、抗肿瘤非靶向化疗药、非肿瘤用药等专业的药品信息。目前对这类信息的解读和释义并不充分，大部分消费者很难理解。

四是个人账户的作用未得到充分发挥。首先，个人万能账户在功能上与社保个人账户存在重复。其次，个人账户每年不高于2400元现金流的规定，以及资金仅可用于被保险人退休后购买商业健康保险和个人自付医疗费用支出的规定，不仅扼制了对资金储值增值有需求的人群的购买积极性，更减小了个人账户资金的应用范围。

五是经营可持续性受相关医保政策变化影响。基本医保的保障范围持续扩大，以及生育保险、工伤保险等逐步被纳入医保基金统一管理等，使得税优健康险产品的保障范围不断扩大，其经营可持续性面临挑战。

③公司经营层面

一是产品销售费用偏少，营销员缺乏积极性。税优健康险产品的万能账户不收取任何费用，产品收益不高，产品条款却相对复杂，营销员缺乏销售积极性，因此前端销售费用不足以支付实际的展业成本。

二是在公司销售架构中定位尴尬。由于逆向选择、操作流程复杂、销售成本高等，税优健康险在许多公司实行团体而非个人的销售。然而，许多企业，特别是有能力为职工购买健康保险的大中型企业，已投保了商业补充医疗保险，税优健康保险的保障范围对其吸引力不大。

④跨部门合作宣传层面

跨部门宣传层面，对税优政策的宣传力度不足。国家和行业开展的系统性、持续性、成规模的宣传较少，大部分纳税人对税收优惠政策、产品保障范围、个税抵扣流程等信息不了解。

（3）相关发展建议

①外部政策建议

为优化税收优惠申报和管理流程，建议由银保监会牵头，在以下几个方面争取外部政策支持。

第一，建议加大税优健康保险政策的税收优惠力度，提高其对纳税人群的吸引力。可以根据经济发展水平和医疗费用上涨情况，参照一定标准，定期调整税优健康保险税前抵扣额度，或将购买税优健康保险的支出一次性进行税前抵扣。借鉴发达国家经验，一般来说商业健康保险个人所得税税前列支限额与人均工资收入的比例为10%左右。同时，也可以根据经济发展水平、人均收入增长、医疗费用增长等动态调整税优额度。

第二，建议加强各部门之间的信息对接和流程整合，实现三个"简化"。一是简化投保与理赔流程，客户可自行在手机App上完成税优健康保险个人所得税税前抵扣，并填写相关信息和上传相关资料。二是简化保险公司对投保人身份和纳税情况的验证流程。三是简化代扣代缴义务人的工作流程。通过系统对接方式向企业客户端自动推送抵税信息，降低企业经办部门的工作负担。

第三，建议相关部门合作加大对税优政策的宣传力度。从国家和监管层面，充分利用网络、电视、报纸等加强税优健康保险政策的宣传，提升税优政策的影响力，深化纳税人群对税优健康保险的认知。

②内部政策建议

在行业内部，建议完善产品监管政策。

第一，丰富产品形态。作为普惠型政策，税优健康险应通过丰富产品形态来扩大人群覆盖范围，将给付型、津贴型等健康保险产品都纳入税收优惠范围。比如，银保监会可以确定产品范围或基本条件，各公司自主申报，符合条件的产品都可以享受税优政策。此外,建议加入健康管理和无赔款优待等条款,发挥保险行业资源整合优势,推进国民健康管理。

第二,适当调整产品责任范围。税优健康险保证续保期较长,面临医疗技术进步、医疗费用上涨等风险。为便于防控赔付风险,建议监管部门制定相关产品责任调整规则或规范,定期调整既往症定义、正/负面清单、特定门诊治疗手段、慢性病定义等内容,并建立费率调节机制,允许保险公司在约定范围内,根据赔付情况定期调整费率。

第三,调整承保条件,探索差异化风险管控。允许保险公司对患重大疾病的投保人开展核保处理,或对保险期内患重大疾病的投保人采取有条件的保证续保,或允许保险公司适当降低既往症人群的保障内容、保障额度、赔付比例等,或允许针对既往症人群采用不同的产品费率,以促进税优健康保险业务健康、可持续发展。

第四,放宽个人账户的使用限制。建议在投保满足一定要求的情况下,允许在退休前使用个人账户购买商业健康保险和支付个人自付医疗费用,或允许为本人及其家庭成员购买商业健康保险和支付医疗费用,或允许客户多缴纳保费,增加万能账户资金,增加退休医疗储蓄,以提高投保人的参保积极性。

(三)产业链整合创新模式

1."保险+医疗"

随着中国全面进入小康社会,民众的医疗健康服务需求快速增加,实行"保险+医疗"的商业模式是保险公司提升客户黏性的必要手段。当前我国商业保险公司意识到构建医疗健康生态圈的必要性,并结合自身资源禀赋及战略定位进行适当的医疗健康产业布局,有以下三种典型医疗产业布局模式。

(1)大型保险集团多选择重资产方式布局

通过自建医疗健康体系或利用资本运作谋求与医疗健康服务业务的整合。以平安、泰康为代表的大型保险集团通过延长产业链,构建涵盖健康保障、健康服务、医疗护理、养老社区等的"大健康"产业链、服务链和生态圈,有效拓展健康险服务空间、产业空间和投资空间。此类保险公司既可以促进主业发展、丰富服务内涵、强化风险管控,也可以延长投资链条、实现多元盈利、增强竞争优势。实现健康保险与健康服务的融合,构建"大健康"生态圈,已经成为众多大型保险公司巩固竞争优势的重要战略选择。

(2)部分保险公司选择与互联网医院、体检中心、公立医院、护理院等医疗健康服务机构合作,采用轻资产方式延长产业链

一方面基于我国现有医疗体系,保险公司当前合作的医疗健康机构以互联网医院、体检中心等机构为主,提供的服务类型集中为就诊辅助,如预约挂号、在线问诊、重疾绿通等,也涉及部分预防环节,如提供免费体检、健康评估、计步活动等。此类合作无法深入核心的医疗环节,因此对于保险公司而言控费效果有限,更多的是起到提升客户体验感及获客的作用。另一方面,保险公司的健康产业合作伙伴多元化。在医改纵深推动,尤其是医保谈判和支付方式改革的背景下,跨国药企和创新药企都开始更加积极地探索与商业健康保险的合作,如制药企业与 PBM、保险公司合作推出的赔付与疗效挂钩的疗效保险,针对癌症患者的特药险,以及对城市补充医疗保险的探索,都是近年来此类合作关系的成果。

(3)通过采购第三方服务机构(Third Party Administrator,TPA)服务快速切入医疗服务网络,提升医疗健康服务能力是众多中小保险公司的首选

TPA 诞生于海外成熟的健康保险市场,是指在一个健康保险计划中,保险公司仅保留风险赔付责任这一最核心的义务,而将部分或全部非核心的管理服务性工作委托给其他擅长管理的实体经营。我国商业健康险行业起步较晚,TPA 处于发展期,其传统业务主要包括处理理赔、安排医疗费用结算服务、报销经办等。近年来由健康险行业发展需求牵引,TPA 的业务也逐渐向医疗服务网络搭建、健康管理服务等拓展。TPA 正在快速搭建线上线下相结合的医疗服务网络以满足保险公司发展健康服务的需求,从而赋能保险公司服务端的专业能力。在线上,TPA 为参保人提供疾病预防、饮食运动、养生保健等健康管理服务;在线下,通过搭建体检中心、健康管理中

心等实体服务网络，TPA 可进一步为参保人提供风险筛查、健康评估、疾病干预和慢性病管理等服务。

2. "保险+健康管理"

作为医疗保障体系的重要组成部分，商业健康保险不仅为消费者提供风险保障和经济补偿，同时也应成为健康服务产业链的重要整合者，推动"健康中国 2030"目标的达成。近年来，国家多次发文鼓励商业健康保险公司开展健康管理业务，推动健康保险与健康管理融合发展，满足人民群众多层次、多样化的健康保障需求。同时，借鉴国际成熟市场经验，商业保险公司的健康险专业化经营能力来源于对医疗服务资源的深度把控。因此，无论是出自外部监管的要求还是自身经营的需要，我国的商业保险公司均需从自身资源禀赋出发，选择合适的方式积极构建"保险+健康管理"生态，促进健康险产品与医疗健康服务深度融合。

当前我国消费者对于健康管理服务的支付意愿较高。在一项针对消费者健康管理需求的调研中，80%以上的消费者表示愿意为大部分的健康服务支付溢价，其中 20~60 岁的人群以及家庭收入 10 万~100 万元的人群支付意愿最高。20~40 岁的人群对健康生活、疾病预防等健康管理的认知与关注度较高，该类需求较强烈；而 40~60 岁的人群，对医疗与健康管理服务的需求较强烈。

可参考国外成功案例，健康保险公司积极参与医疗资源协调，包括组建医疗健康管家团队（Care Coordinator/Concierge）、建立健康管理平台等。医疗健康管家通常由护士来担任，负责病人的全程诊疗和长期随访，一方面病人由此在复杂的医疗系统中获得了"引路人"，保证投保人可及时获得所需的医疗服务；另一方面，可对高风险参保人（具有药物依赖、需要用药安全指导或者疾病预防教育的患者）主动给予指导。不少健康保险公司正在建立自己的健康管理平台，针对高赔付风险人群提供整合式医疗服务。以美国的健康险巨头哈门那（Humana）为例，该公司 2016 年收购了健康管理公司 Kindred at Home，为患有多种慢性病、残疾和年老的参保人提供整合式家庭医疗保险协调服务，使参保人可在家中进行慢性病治疗和康复，减少其在医疗机构的治疗时间。

3."保险+医药"

在医改纵深推动与药品目录谈判的背景下，险企与药企在初期阶段主要探索肿瘤特药险与城市补充型医疗保险。但是随着人口老龄化与疾病图谱的变化，双方合作的广度与深度仍然有待深化。

（1）险药合作背景

一方面，在城镇化进程中社会高速发展、生存环境与人口结构加快演变，人们生活方式与生活态度随之发生了巨大变化，老年人口占比逐年攀升。这直接导致疾病谱发生改变，慢性病发病率显著增加，催生了用药需求，叠加近年来在商业健康保险教育下保险用户的消费模式升级，险药合作面临良好的契机。另一方面，基本医疗保障制度一直起到的是"保基本"的作用，其规定的药品目录清单中甲类药品全部报销、乙类药品部分报销。患者所需用药不属于医保药品目录的现象屡见不鲜，或医保报销对于患者支出高昂的药品费用而言只是杯水车薪。同时，近年来我国药品研发活跃，不断吸引优质外资药企进驻，不断推出疗效显著的药品。

商业健康保险是除医保外的最大支付方，药企是供药源头方，二者联动可提升患者在医保目录外的用药可及性，通过保险方式减轻患者用药负担，提高患者对高价值创新型药物的支付能力。

（2）险药合作新模式

保险公司提供疾病保险保障，药企保证药品供应与管理患者用药。

现阶段，二者正在探索如何细分覆盖人群，从仅承保健康体拓展至带病体。如镁信健康与阿斯利康联合推出的"心享未来"保险，为心血管疾病患者提供保险保障，并且联合阿斯利康对患者进行用药管理，保障患者用药。泰康在线财险推出的"护肝保"将保障人群扩展至肝功能异常群体，保障乙肝用药润众恩替卡韦药品费用与最高30万元罹患肝部特定疾病赔付，并且将患者的用药依从性纳入保障范围，用户定期服药，保额可实现10%的增长。

平安健康险也在高血压、糖尿病等现代都市高发疾病领域积极探索。根据这些慢性病人群的日常用药、就医需求，实行"药+险"的创新产品模式。

针对患者长期用药需求，对30余种社保目录外药品提供折扣。同时，考虑到购药的便捷性，支持基于特定药房网络的就近购药服务。针对患者担心的并发症风险，根据不同客户需求推出了给付型和报销型两种产品。提供慢性病管理的相关服务，满足客户日常指标监控、健康管理等需求。

从以上合作模式可以看出，保险公司为患者提供疾病相关的保险保障，填补了带病体领域的空白，实现保费增长。药企保证药品供应，并且通过协助患者规范用药，引导用户更加规范化地根据医嘱接受治疗，合理控制疾病恶化率，达到风控效果。

险药合作建立行业标准，实现行业可持续发展。商业健康保险市场的很多标准还有待建立，如统一的药品商保目录，目前市场上的特药险中的特药目录多是由险企与药企商议决定。险企与药企应从患者需求、疾病谱发展、新药上市、风险控制等多角度考量，建立起行业统一的动态商保药品目录。实时对医保目录进行有效补充，引导商业健康保险市场可持续发展。

（3）险药合作面临的挑战

险药合作大力推动了商业健康保险产品创新，是应对疾病谱变化带来的健康需求变化的有效工具。但是在为细分人群提供保障的同时，商业健康险公司也面临两大困境，一是细分客户群体的定位尚不清晰；二是缺乏相关数据支撑，难以进行合理的风险控制。

险药合作仍然面临较高的专业壁垒，尚未建立内部资源和知识共享机制。因此商业健康保险公司对于细分客群划分尚处于探索阶段，且由于缺乏专业的专病数据、用药数据等支撑，难以精算评估相关风险从而达到风控效果。

三 商业健康险新兴模式面临的挑战

（一）健康险险种结构不平衡，新兴模式发展备受压力

2019年，健康险保费7066亿元，其中疾病险占比64.4%，医疗险占比34.6%，护理险、失能险占比约1%（见图3）。受限于现有产品开发数据基

础、定价基础等，健康险内部发展呈现不平衡态势，疾病险是健康险中的主力险种，医疗险其次，护理险、失能险尚处于起步阶段。当前健康险的新兴模式大多属于医疗保险创新模式，或与医疗健康服务紧密结合，要打破定式、突破传统，就必然在发展中面临较大的压力。

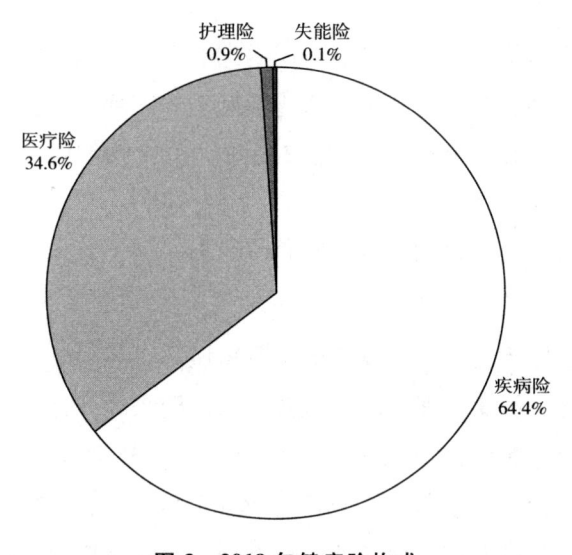

图 3　2019 年健康险构成

（疾病险 64.4%，医疗险 34.6%，护理险 0.9%，失能险 0.1%）

在寿险公司，寿险保费大大超过健康险保费，健康险中疾病险保费一般超过医疗险保费。疾病险的财务保障属性强于健康保障属性，件均费用高、缴费周期长，风控相对简单，对寿险公司而言价值更高。此外，长期医疗保险的持续经营对寿险公司的专业能力提出了更高的要求，寿险公司需要加大在医疗管理、健康管理等方面的投入，从而推升了寿险公司的综合费用率。因此，基于业务价值和综合费用的考虑，寿险公司对寿险、疾病险的重视程度远超医疗险。

按照监管规定，财险公司只能经营短期健康险业务，但财险公司在短期医疗险赛道上的实力也不容小觑。2020 年短期健康险保费规模已达 2800 亿元，其中来自财险公司的保费为 1114 亿元。财险公司实行健康险新兴模式也面临以下压力：当前长期医疗保险的问世，对财险公司的第二大险种短期健康险造成一定的冲击；根据保险公司公布的 2020 年度个人短期健康保险业务整体综合赔付率，财险公司因较高的综合成本率而赔付率偏高，这将使财险公司发展健康险面临潜在的风险。

（二）新兴模式发展缺乏医疗健康大数据及其相关应用支持

目前保险公司的主要数据包括公司内部的运营数据、客户提供的个人信息和特定医疗机构的对接资源等，这些数据呈现碎片化特征，难以形成系统的支持。个人信息大多由客户提供，不如实告知的情况较多，保险公司难以识别出高风险客户，造成客户风险难控、赔付压力大。由于缺乏客户的医疗健康数据，保险公司针对创新产品的开发能力较弱，无法进行精准化的费率厘定、产品设计和风险控制。

无论是基于保障责任的精算定价、费率调整、风险管控，还是基于增值服务的医疗服务、健康管理、医药服务，都需要来源多样、精准明细、更新及时、完整全面的医疗健康保险数据。但当前内部数据未完全实现互联互通，信息化、结构化程度不高，而外部数据来源多样，保险公司无法实现低成本获取。医疗健康数据的缺乏致使险企缺乏实际医疗费用的估算能力、医疗健康服务的风险管控能力，从而限制了健康险的发展。

开放共享是充分利用商业健康险大数据的关键。健康险包含的健康医疗大数据涉及居民个人的健康状况、疾病诊断、体检数据、就诊信息等，属于个人健康隐私问题，其开放共享所面临的个人信息泄露风险较大，需要采取更为严格的数据保护措施。法律针对医疗数据主体的隐私权设置了极为严格的保护机制，因此商业健康险数据的安全性要求高，且要求合规使用。

准确性是数据问题的关键。健康险大数据来源多样，形式丰富，格式不统一，质量参差不齐。目前我国商业健康险大数据标准尚未统一，执行程度也不一，导致数据治理难度较大。数据本身也存在不完整、不一致、错误、不及时等问题，主要表现为数据记录缺失、数据类型错误、人员操作不规范等，相较于其他数据库，由数据质量问题所造成的信息冗余、信息缺失等现象更为严重。

除数据本身的问题外，保险产品的数据应用也存在困难。健康险大数据产业链的上游是数据供应商（医疗机构等）或存储计算服务（云服务商）；中游为产业链技术企业，多为影像识别、深度学习、自然语义分析等技术型企业；下游为保险公司的应用场景。目前我国健康险大数据的发展仍集中在产业链的上游，而保险业处于产业链的下游，两者的数据连接尚未完全实现。保险公司对相关医保和医疗健康数据缺乏有效获取和解读能力，难以精准开发设计保险产品。

（三）对逆向选择与死亡螺旋的长期风险认识不足

从海外经验来看，逆向选择与死亡螺旋是医疗险经营中的最大风险。逆向选择是指在信息不对称的前提下，高风险群体更愿意购买保险，使得保险人的赔付额增加，保险人不得不增加保费，而较高的保费又阻碍了低风险投保人购买保险，使得保险人的风险进一步增加，不得不进一步增加保费，从而形成高风险群体对低风险群体的挤出效应。实证研究显示，逆向选择存在于我国商业健康保险市场，有保险的群体比没有保险的群体使用更多的医疗服务，保险公司的赔付支出因此增加，逆向选择的经济效应较为明显。逆向选择问题使得健康保险市场很容易出现劣币驱逐良币现象，从而影响健康险经营绩效，甚至出现亏损。

医疗保险一般采用分年龄段的自然费率定价，以突出性价比，但其劣势在于随着年龄的增加，特别是在年龄段升级时客户对保费上涨的感知尤为明显，再加上逆向选择效应累积、医疗保险无退保惩罚，健康群体中的参保人将越来越少，非健康人群中的参保人则持续增加，赔付率走高；健康人群的退保引起客户结构的改变，推动医疗险保费上涨，进一步增强了健康群体的退保意愿，从而引起新一轮的恶化，极端情况下业务将陷入"死亡螺旋"。如果缺少引导客户续保的机制，客户的续保稳定性将较差。

对单一封闭的长期医疗险业务而言，成本上升导致选择性退保是必然现象，这将形成死亡螺旋。但是死亡螺旋的形成可以被延缓，核心就在于减小调费幅度，以缓和对退保行为的刺激。而死亡螺旋引发的亏损，应由新业务的利润来弥补,这是医疗险经营的客观规律。由此可见,健康险面临着开展健康险新业务、吸引并留存健康群体、掌握调费节奏等挑战。

(四) 健康险产品同质化严重,不能有效满足需求

近年来健康险的保费增长迅速,但创新型产品仍然不足,这与保险产品缺乏完善的专利保护机制有关。保险产品在开发前期需经过复杂的市场考察,并综合考虑内外部经济环境、成本收益、市场需求等因素,需要精算师进行精密计算,健康险产品还需要整合医疗、健康服务,才能促成一款新型健康保险产品的面世。保险产品实质上是开发人员的劳动成果,理应受到法律的保护。虽然理论上保险公司开发的保险产品可以通过申请专利的方式获得法律保护,但是在我国现行法律体系下,保险产品获得专利保护的难度较大;另外在现实中由于保险的公开性,市场上的竞争者可以迅速模仿甚至抄袭新型产品,严重挫伤开发者的积极性,减弱了创新的原动力。加强对保险产品的专利保护,是鼓励保险公司开展产品和服务创新、推动保险业可持续发展的客观要求。

当前,新兴模式下的健康险产品也存在严重的同质化问题,难以实现差异化供给。这种同质化主要体现在保险产品的主要条款雷同、创新性不足、险种抄袭等方面。如当前互联网健康险中保费占比最高的百万医疗险,保险金额基本超过 100 万元、免赔额 1 万元左右、就医需要在二级或二级以上公立医院普通部、药品报销不限社保用药、等待期 30 天、保费价格相差不多等几乎是百万医疗险的标配。同质化保险产品的大肆宣传、快速迭代,加大了客户选择适宜健康险产品的难度。保险公司需要在低价竞争的环境下抢占市场份额,压缩了业务的盈利空间,长期来看也将影响健康险的经营与发展。

一方面是供给侧产品同质化,另一方面却是需求侧需求多样化。随着人口老龄化和医疗技术的发展,人群的健康保障需求不断增加,并呈现多层次、多样化的特点。当前健康险产品多样化不足,特别是门诊、老年和慢性病等较少涉及。商业健康险需要围绕民众更加丰富多元的需求,覆盖更多需

求未被满足的人群如老年人、带病体等，提供多渠道、多层次、高品质的差异化产品。但由于老年人群、带病人群的患病率高、医疗费用高，保险公司难以承担；对于老年人的相关费率数据较少，难以进行保费的有效厘定；保险公司的医疗专业化经营水平不高，无法向老年人群、慢性病人群提供有效且经济的健康服务。

此外，虽然较多健康险产品并未明确保障责任覆盖的具体报销药品、耗材清单或诊疗项目目录，但在实际中存在部分药品、耗材和诊疗项目无法理赔的情况，如外购药品、创新药品、昂贵耗材等。根据国家政策和商业健康险的发展趋势，商业健康险应尽量把医保目录外合理的医疗费用纳入保障责任范围。但当前缺乏相应的商保目录标准，各家公司根据自身产品设计、核保理赔的实际情况等制定正面和负面清单，难以满足大众对高新医疗技术或医保外药品、耗材的多层次需求。

（五）新兴模式需要强化服务链的管理和整合能力

健康保险作为个人、家庭健康风险的管理工具，要求保险公司具备全生命周期的医疗健康服务能力。立足保障本原，保险公司应提升服务覆盖度，拓展风险管理、生态发展的空间，进行资源整合与服务链延伸。这也为保险公司的生态化发展奠定了基础，以提升服务整合能力。保险公司需要具备强有力的资源整合能力，增加风险管理市场份额。

中国的医疗体系以公立医院为主，而公立医院的收入以医保付费为筹资的主要来源，商业保险公司的理赔支出不占主导地位。商业保险公司在公立医疗体系中的话语权较弱，医药定价权、药品耗材管控等更无从谈起。商业保险公司的赔付大多仍然是直接向客户进行理赔，并不与医疗机构联系，因而也无法直接采集客户的医疗数据进行直付报销、提供后续健康管理服务。当前公立医疗机构虽然有规模和品牌，但由于保险公司无法触及医疗机构的核心需求，医疗机构与保险公司的合作动机不足。

而医药/器械企业或整合商与保险公司的合作主要有两种形式：一是特药险或惠民保中的特药责任，虽与医药企业合作，但由于大多只面向健康人群投保，实际赔付有限，支付体量尚不足以支撑其成为社保外议价支付方。因此在这类合作中保险公司对药械的主导权较弱，且需要较专门的销售渠道进行推广，需要较高的渠道费用。二是类似疗效险，主要客户是患病人群，销售渠道直接依托于药械销售渠道，但对于患者来说经济保障需求较小，且保险公司需要有效识别客户的疾病风险以控制实际赔付。从这两个角度分析，保险公司与医药/器械企业合作风险较大，用户规模受限，无法风险共担；双方的利益诉求存在一定程度的错配，如在前一类合作中药械企业希望药械卖得更多而保险公司希望药械卖得更少。

（六）新兴模式缺乏创新与差异化的整合服务

越来越多的保险公司除了为消费者提供互联网医院、绿色通道等线上线下相结合的多样化健康险增值服务外，还积极拓展服务范围，如与医疗机构合作，实现双向转诊、远程医疗、专家会诊；与药械企业或供应商、第三方健康管理机构合作，为消费者提供涵盖药事服务及疾病筛查、慢性病管理等多元化健康管理服务，从"被动管理"向"主动健康"转变。

但与健康险产品类似，当前健康管理服务也存在严重的同质化问题，缺乏创新。在提供增值服务时并未对客群进行细分，难以根据客户的不同需求提供定制化服务。由于缺乏客户的健康数据，保险公司还无法做到先主动管理，以维持被保人的健康状态，减少理赔风险。如惠民保产品，虽然根据城市级数据确定产品形态，但提供的增值服务基本类似，如就医绿色通道、住院医疗垫付、就医咨询、在线问诊等，并未根据城市级医疗健康特征定制当地化的医疗健康服务。

另外，保险公司与多家健康管理公司或健康服务供应商进行合作，服务流程条块化，难以实现对患病群体的全流程、全周期健康管理，包括疾病前的一级预防、确诊前的二级预防、确诊后的三级预防。保险公司缺乏提供或整合健康服务的能力，只能参与提供服务的部分环节，难以针对客户的需求有效匹配相应的健康服务。

四 国际成熟市场健康险发展模式对我国的启示

(一)世界主要保险市场的健康险经营模式与典型案例

1. 各国医疗保障体系模式

目前,全球医疗保障体系从广义上分为四种模式,包含全民医疗保障模式、社会医疗保障模式、商业健康保险模式、自费医疗模式(见表3)。不论各国采用哪种医疗保障模式,商业健康保险均形成了适合各自国情的发展模式并实现了较快发展,以美国为代表的一些国家也采取多模式混合形式。

表3 主要医疗保障体系

医疗保障体系	商业健康保险作用	代表国家/地区
全民医疗保障模式	主要聚焦高端市场,提供更优质和更高效的医疗健康服务	英国、中国香港、西班牙、新西兰、美国(老兵计划)
社会医疗保障模式	作为政府法定保险的补充或替代,提供更高质量的医疗服务及就医选择	德国、法国、比利时、日本、美国(老年保险计划)
商业健康保险模式	商业健康险是获得健康保障的主要途径,政府只针对弱势群体提供公共医疗保障服务	美国65岁以下个人及雇主保险
自费医疗模式	无商业健康险,患者需自费就医	欠发达地区、美国无保险人群

(1)全民医疗保障模式

全民医疗保障模式起源于1948年的英国,政府作为单一支付方建立统一的医疗保障体系。通过避免市场竞争,维持低成本的标准化福利。多数医院和诊所为国有。作为单一支付方,政府部门直接管理医疗机构的服务项目及收费标准。筹资来源为财政收入,患者无须支付医疗费用。

此模式面临免费医疗资源的过度使用及就医效率不高等挑战。在国家出现财政危机时,医疗体系的正常运转也会受到影响。此模式的代表性国家和地区包含英国、中国香港、西班牙、新西兰、美国（老兵医疗计划）等。

由于政府的全民医保覆盖，商业健康险主要聚焦高端市场，为中高产家庭提供更高效和更优质的医疗健康服务。

（2）社会医疗保障模式

社会医疗保障模式起源于19世纪德国统一时建立的福利体系，采取工资扣减方式由雇主和雇员共同缴费，配之国家补贴，建立保险资金池。医院等医疗供应方多为私立，一些国家只有单一保险支付方，一些国家有多家保险公司展开竞争。政府会监管医疗费用及保险价格。

商业健康险作为政府法定保险的补充，为参保人提供更高质量的医疗服务及就医选择。此模式的代表国家为德国、法国、比利时、日本及美国（老年保险计划）等。

（3）商业健康保险模式

此模式以美国为代表，民众获取健康保障的主要渠道为雇主团险或个人及家庭购买商业健康险，政府只为部分弱势群体提供公共医疗保障。商业健康险对大多数人而言是刚需，其商业化发展有利于行业创新和医疗技术提升，但同时也面临挑战，普通人可能难以了解复杂的医疗系统并制定适合自己的保障计划，也会出现不同人群可获得的保障水平差异较大（如以雇主团险计划为主时，各公司所提供的保险选项不同）或保费超过其承受能力等问题。

（4）自费医疗模式

全球200余个国家中，只有部分国家建立了医疗保障体系，欠发达地区由于财政匮乏或缺乏统一管理能力，还未建立上述医疗系统。为此患者需自费就医，可见医疗资源的获得性与收入水平直接相关，如印度、非洲的乡村地区等，以及美国的无保险人群。

2.世界主要保险市场健康险经营模式及典型案例

（1）美国

在美国商业健康险发展初期，传统费用报销型保险产品占主导地位，保险与健康服务处于相对割裂的状态，两者缺乏深度融合，导致患者、医生、医疗机构都缺乏降低医疗费用的动力，医疗成本急剧上升。为了遏制持续上涨的医疗费用，1973年美国发布《健康维护组织法》，提出保险保障和健康管理相结合以遏制医疗费用的上涨。自此，健康管理兴起，健康管理服务也逐步融入健康险。通过改革支付方式、分级诊疗、医疗网络等，管理式医疗改革逐步深入。

现阶段美国的制度设计遵循市场优先和政府有限参与的原则，医疗保障以商业健康保险为主、公共医疗保障为辅，保险公司是医疗服务的主要付费方。商业健康保覆盖约56%的人口，主要是雇主资助型保险。医疗保障、健康管理、健康医疗数据共享等相关政策体系非常完善，促进了商业健康保险的发展，培育了以联合健康为代表的一批世界领先的专业健康险公司。

随着健康产业链日益成熟，健康险在整个医疗健康产业链中起到重要的桥梁作用，对上游，整合产业链中健康服务资源、医疗服务资源、药品信息等；对下游，对接患者健康需求、提供整合式服务。美国在商业健康险创新方面一直走在世界前列。

①用户主导的保险计划（Consumer-Driven Health Plan，CDHP）：行业内生创新

CDHP起源于20世纪90年代，设计初衷是通过为客户提供更透明的保险产品费用和质量信息，让客户更直接参与保险选购及医疗资源使用决策。21世纪初，税优医疗储蓄账户（Health Savings Account）仅允许购买高免赔额医疗险（High Deductible Health Plan）的用户免个税存入HSA，并用于符合条件的医疗费用支出。

在医疗费用增加及雇主用于员工福利的经费增加的压力下，高免赔额搭配税优医疗账户的CDHP逐步兴起，其在雇主商业健康险中的市场占有率从2006年的5%增长到当前的近1/3。国家每年会对产品的最低免赔额、最高自付额、最高医疗账户存入金额等进行调整，保证产品仍为高免赔额产品而非滥用税优资质，并鼓励用户尽早建立储蓄医疗基金。

此类产品的主要优势包括：一是高免赔额有效提升了保费杠杆水平，与百万医疗险的基本思路相似，在医疗费用较高的美国，对很多用户来说此类

产品的低保费最重要，保险产品会根据每年医疗费用上涨情况增加免赔额，从而限制保费过快增长。二是税优个人医疗账户是除低保费外的最大亮点。个人可以通过提前储蓄的方式，减轻患病后因高免赔额而产生的经济负担，且可享受免税优惠。国家通过对账户可报销项目的严格限制，管控其不会被滥用于非医疗相关内容。此产品对中低收入人群的吸引力大，部分高收入人群也会因税优政策而选择高免赔额产品。三是针对预防性医疗及药品的支出，无须先满足高免赔额，而是由保险全部支付。此设计鼓励用户每年进行例行体检，并依据美国预防医疗工作组的专业建议针对不同年龄和性别进行其所需的癌症筛查，从而维持身体健康状况，降低未来疾病发生率及医疗费用支出，并降低保险池的整体风险。

随着 CDHP 的普及，相关争议也不断。主要的争议集中在以下几个方面：一是虽然高免赔额有助于降低用户对医疗资源的非必要过度使用，但也有同步减少必要的治疗的风险，尤其是对于低收入人群而言，可能在病情恶化到需住院治疗时才会选择就医，导致保险支付和用户自付费用大幅增加。虽然在产品设计中免费提供预防性医疗，但对病前预防意识是否有所提升、延迟医疗现象是否存在等一直争议不断。二是高免赔额本身也导致杠杆效应下的通胀现象凸显。为了维持一定的费用上涨幅度，免赔额逐年增长，用户愈发难以承受财务风险。这种通过高免赔额高杠杆方式维持费率增长的模式，对用户满意度和风险承受能力都带来了很大挑战。

②奥巴马平价医疗法案（The Affordable Care Act）：政企合作创新

尽管美国管理式医疗模式有效遏制了医疗费用的通胀，但保险赔付率仍居高不下，保险公司控费需求不断缩减，民众只能被动接受保费上涨，且非退休人口中仍有 18% 没有医疗保险。为了改变这种状况，奥巴马政府于 2011 年进行了大刀阔斧的改革，发布平价医疗法案并于 2014 年开始实施。该法案从政府、保险公司、雇主、个人等角度，对医疗保障内容进行拓展，同时采取一系列措施以维持其稳定性。以往保险公司对患有既往症的亚健康人群通常采取拒保或加费态度，导致多数人无法购买。奥巴马政府的医改要求保险公司不得以既往症为由，拒绝被保险人投保或收取更高保费，实现了保证承保且既往症不影响费率。无保险人群比重从 2010 年的 18% 降低到 2019 年的 10.9%。即便后续执政党对奥巴马政府的医改政策进行了调整，对既往症人群的投保保护至今仍是民众最为看重的。以各州为单位建立保险市场交易平台，为个人及小团体提供保险购买渠道。按保障程度分为白金、金、银、铜四档标准化产品，旨在同一地区同一产品由多家保险公司提供，使用户有更多的选择。通过为低收入人群提供补贴，鼓励之前无医保人群购买保险。政策最初实施的几年中，由于新增无保险人群风险及市场竞争等问题，保费大幅波动，部分公司因大额亏损而退出市场，部分地区交易平台仅剩一家保险公司等。但随着经验积累，近些年市场趋于稳定。

责任保障方面，法案实施前后的保险保障程度差异较大，部分保险仅针对灾难性风险，且保额上限不足以覆盖日渐增长的医疗费用。针对此现象，国家要求所有保险产品都应包含十项基础保障，即住院、门诊、预防性医疗、检验检查、急诊急救、处方药品、精神健康、康复治疗、母婴及儿童齿眼科。其中免费提供预防性医疗服务，且取消保额上限。

无保险人群和带病体的大幅增加，势必会带来风险的大幅增加及不确定性，整个系统的稳定性则需要依靠完善的制度来维持。对于无保险个人及未能给员工提供符合条件的医保产品的雇主，予以罚款。同时针对低收入人群，政府提供保费补贴或税收优惠，以此鼓励全民参保，从而扩大风险池中健康体人群规模，维护整体稳定性。同时，对州立保险市场交易平台设立统一的投保窗口期，降低生病再投保的逆向选择风险。遗憾的是，后续执政党取消了个人无保险罚款规定，从根本上影响了风险池的稳定性。

全民医保政策下，只有客户可以选保险公司，保险公司无法选择客户或根据个体的健康状况予以区别定价，这为保险公司的业务风险评估带来了很大挑战。为了减轻单一保险公司的经营风险，美国制定了保费稳定机制，包含过渡性再保险机制（Reinsurance Program）和风险走廊机制（Risk-Corridor Program）以及永久性风险调整机制（Risk Adjustment Program）。为维持保费稳定，在个险市场，各保险公司对承保人群的风险进行量化，使风险较高的产品从风险较低的产品处获得补贴，避免有些公司因承保人群优质而获得高利润，另一些公司因承保较多带病体而出现超额亏损的情形，从而使保险公司主动落实承保非健康体政策，致力于提高产品的价值和保障效率。

难以避免的是，由于保费包含风险补贴，仍存在健康体补贴带病体的逆向选择风险，且在法案实施初期，仍有大量公司因风险判断问题而出现大额亏损甚至退出市场。

法案同时规定了一系列全行业标准化的定价和调费原则与方法细则。为避免前期通过优惠价格吸引新客户、后续对老客户大幅涨价，法案要求各保险公司在一个州内的所有同质业务仅有一个风险池，定价时需兼顾新老客户。为保证定价合理，要求定价时预计赔付率不得低于80%，实际赔付率若更低，低出部分保险公司需退还客户。同时对于定价细则和调费审核也有详细要求。这一系列政策导致产品的精确度高但实操复杂，需要监管系统具有强大的专业性。

药品福利管理（PBM）是美国医疗保障体系下的产物，其目标是提高保险资金的利用率，减少医疗费用支出。PBM下的医疗控费主要通过介于患者、医院、药房、制药商和保险公司之间的PBM企业来实现。一方面，PBM企业与医院/诊所签订合作协议，依据大量临床数据和患者的用药史来对医生开具的处方进行审核，对医疗服务过程进行监管。另一方面，PBM企业作为代表保险公司或参保人的第三方，与制药商、连锁药店商定药品价格，基于自身用户规模效应相对于制药商和药房有较强的议价权，从而有效控制处方药成本，在为制药商、药房开拓销售渠道的同时，大幅降低保险公司赔付支出。

③健康维护组织（HMO）和责任医疗组织（Accountable Care Organization）：产业链整合创新

健康维护组织早在1910年在美国便有雏形，但主要是在1973年《健康维护组织法案》实施后逐渐发展起来，从管理式医疗角度，与优选机构组织（PPO）形成对比，是美国健康险的典型类型之一。HMO通常要求用户选择一名家庭医生（Primary Care Physician），负责跟进用户的整体健康状况，起到守门人的作用，如用户需看专科医生，由家庭医生判定为医学必要后授权转诊，用户不能随意就诊。就医费用的报销，除紧急医疗外，也仅限于医疗网络内的报销，保证签约医疗机构有足够会员体量支撑议价，同时避免对网络外缺乏把控能力的机构的滥用。支付模式上，不同于传统按项目付费的报销型产品，HMO 产品按人头向会员收取固定预付费，由医疗服务供应方管理会员医疗就诊，并承担就医费用风险。此类管理式医疗的重点为疾病预防和基础检查，进而维护用户的长期健康。对于复杂的治疗，考虑到风险较高且费用波动幅度大，多采取项目付费制。根据保险机构和医院医生的签约方式，HMO 有多种形式，如 HMO 自有全部医院和医生资源的雇佣模式、与独立第三方医疗机构合作的开放模式。凯撒模式便为其中之一，大部分地区在自有保险机构的基础上，自建医生集团和医院集团，但这种重资产模式也限制了扩张能力，因而部分地区也采取收并购或网络租赁的形式予以补充。相较于用户就医自由度更高的 PPO，HMO 依托守门人和人头费等制度拥有强大的控费能力，也更易实施统一的医疗标准，客户黏性强，但劣势在于用户可就医的网络有限，且需通过家庭医生转诊，因而很多地区用户仍无法接受此种模式，用户接受度两极化。对于医疗机构收取人头费并承担超支风险的机制，是否会导致医生尽量减少就诊病人数量而影响医疗效果也一直存在争议。

责任医疗组织（ACO）与 HMO 有很多相似之处，都是依赖于医疗网络对会员的健康状况和医疗资源使用进行把控，并包括人头预付费制。但与 HMO 不同的是，ACO 主体并非保险公司，而是医疗机构间自愿组成的组织，通过医疗服务协同，共同提升医疗质量和控费。ACO 会员可以自由选择机构内的医生就诊，无守门人制。在满足医疗质量标准的前提下，政府或保险公司会对控费效果好的机构进行奖励，对未达标的机构进行罚款。

但对于 ACO 创新模式的投入是否带来了相应的控费效果则存在一定争议。一方面，ACO 组织的初始投资和维护费用较高，各机构间系统对接、架构建设和服务项目等需要人力资源支撑和固定成本支出。另一方面，各医疗机构间因系统和电子病历等差异而协同效果不佳，难以有效支持控费。已有足够规模的单一医疗机构团体自建的 ACO 组织在纵向整合、系统打通、统筹运营管理等方面的能力较强，往往能取得更好的效果。但对于由多家中小医疗机构组成的 ACO，横向协同及整合难度较大，可能面临较大挑战。

(2) 德国

德国是世界上首个建立社会医疗保障体系的国家，在发展过程中形成了法定医疗保险和商业医疗保险相结合的双轨制度。从 2009 年起，德国要求全民参保，目前市场情况为 90% 分别参保 108 家法定医疗保险基金组织（非营利性疾病保险基金）、9% 左右参加商业健康险，基本实现全民覆盖。

德国商业健康险以对法定医疗险的替代型综合医疗保险及补充型医疗保险为主，为客户提供更广泛、更优质的服务。法定医疗险的保障内容有限，且只能在定点医疗机构就医拿药，而商业健康险赋予客户自由选择医院和医生的权利，并提供单间病床、牙科眼科等额外保障。但鉴于法定医疗保险已实现广覆盖，除公务员和自由职业者外，政府仅允许收入达到一定标准的雇员转投商业医疗险，商业医疗险市场接近饱和，市场集中度高，前 11 家健康险公司拥有 75% 左右的市场份额。

雇主医疗计划：德国医疗改革重点是国家层面的医保制度，相较于美国等国家，德国商业健康险创新较少。近年商业健康险的一项创新为推出雇主医疗计划。传统获取保险途径多限于由雇主与员工共同筹资的法定医疗险，或高收入人群购买的个人商业险两种模式。雇主医疗计划提供了另一种获得保障的途径，由公司为员工提供定制化补充型或综合型保险，投保人为公司，被保险人为员工。此模式对雇主和员工都有一定吸引力。从雇主角度，为员工提供保险的费用可按经营支出计并享受免税优惠，提升公司在人才市场的竞争力，更好的健康保障也有助于提高员工生产力。从员工角度，可在免体检、免等待期的条件下获得保险，且离职时可免体检转保个险，往往能以更优惠的价格获得更优质的保险，省去了自己调研市场上诸多个人商业险的麻烦。

出于以上优势，雇主医疗计划相应的市场规模近几年增长迅速，但目前覆盖人群仍有限，截至 2019 年约有 1 万家公司的 80 万名员工参保。健康险公司也陆续推出相关产品和解决方案，但全行业层面的创新有限，主要是在增加额外保障、调整离职转保政策、降低最低团体人数要求等方面进行优化。但随着雇主计划对预防性管理和诊疗的重视度提升，今后或能从团体层面进行人群健康管理模式创新。

（3）中国香港

中国香港的医疗体系是公立与私立并行。衍生于英国的全民医疗保障体系，中国香港为所有市民提供全覆盖、低价格的基础医疗保障，筹资来源主要是税收收入，通过财政预算拨款为公立医院提供经费支持。同时，由于公立医疗资源日趋紧张、等待时间过长、资金来源单一等问题，有支付能力的香港市民对私立医疗体系和商业医疗险的需求也很强烈。私立医疗体系可提供更优质的医疗资源及服务，但也伴随着更高的价格。

香港目前有 1/3 的居民拥有商业医疗保险，产品类型因保障范围、病房类别、限额等差别而各有不同。大众医疗保险通常只保障香港辖内大型病房，并设置限额，而高端医疗保险保障范围为亚洲乃至全球的私立医疗，保额可高达数千万港币，市民根据自己的支付能力选择合适的产品。

随着人口老龄化和医疗费用通胀，香港公立医疗资源压力日益加大。香港大力促进保险行业可持续发展，通过出台税优等一系列政策，鼓励有支付能力的个人购买商业医疗险，为市民提供更多的选择。在此背景下，2019年4月1日香港推出了自愿医保计划（Voluntary Health Insurance Scheme，VHIS）。VHIS 分为标准计划和灵活计划，保险公司和消费者均自愿参与，但产品需满足特定要求，才能成为"认可产品"，让消费者可以"Choose with Confidence"。一是标准计划需按政府要求提供标准化的基本住院保障。由于产品责任统一，消费者更易横向比价。实践中，各家保险公司定价方式差异较大，且消费者并非只选择最低价产品，而是综合考量保险公司的品牌、服务、申请流程等因素。二是灵活计划需在整体上保证标准计划的前提下，提供额外保障。由于标准计划需兼顾保障水平和可负担性，以基本保障为主，难以满足多元化需求，灵活计划更受欢迎。三是要求保证续保至100岁，不受被保险人健康状况影响，逐年放开未知既往症保障限制，且不设终身限额。这有助于为被保险人提供有效的保障，但对保险公司的风控管理能力有较高要求。四是保险公司需遵守从销售推广到理赔售后等一系列实务守则。比如，为保证客户能获取最清晰、准确、非误导性的产品宣传资料，政府对于资料准确性、公示内容、获取渠道等都有明确要求。以上要求对消费者而言，从产品选择的透明度到医疗服务的规范性都提供了保障。对保险公司而言，虽然政府通过免税优惠政策鼓励其参与，但监管要求严格，业务拓展风险较高等。目前 VHIS 的保险公司参与度有限，多数公司仍较为保守。政企双方就此模式的平衡点不断沟通，或可提升整体行业规范性及商业健康险普及度等。

（二）对我国商业健康险发展的启示

各国商业健康险的发展都与其公共社会保障体系密不可分，结合国情、社保体系、医疗制度等，形成了各自不同的发展模式。相对于社保以公平为核心，商业健康险的重心是效率与资源高效配置，为兼顾公平与效率，各国构建了符合自身国情的社保和商保合作关系。商业健康险更是将医疗服务和药品供应方，以及健康管理服务融入保险保障，对公立和私立医疗服务体系形成补充，并通过丰富的保险产品和服务来满足多样化、多层次的健康保障需求。在参考各国或地区发展经验的同时，也应充分考虑到各国或地区的差异，因地制宜地予以借鉴。

1. 产业链整合

从成熟市场的发展历程来看，健康险市场的持续发展动力则需依靠规模效应，除少数公司通过独特优势在细分市场发挥价值外，主流参与主体则通过横向和垂直整合，逐步形成规模经营。这与健康险的业务模式密不可分，与寿险等其他险种不同，健康险由于与医疗体系紧密挂钩，无论从控费还是服务角度，都需要有足够的市场规模，才能提升相对于医疗供应方的话语权，通过专业精细的运营管理来保持长期的市场竞争力。

美国作为商业健康险发展最早且规模最大的市场之一，早期以横向整合方式为主，逐步形成了市场占有率高度集中的几家头部健康保险公司以及第三方药品福利管理公司（PBM）。随着医疗通胀加剧、市场竞争压力加大，以及现有产业模式创新不足，近些年保险公司在与医、药、服务等上游产业链的垂直整合趋势愈发凸显。2017年底，美国最大的药品福利管理公司CVS以690亿美元的价格收购了头部健康险公司之一的安泰（Aetna），是最近十年来最大的医疗并购案。两家公司通过并购，意图突破安泰此前由业务模式单一遭遇的发展瓶颈，并通过安泰存量的大批保险业务提升CVS对上游制药商的议价能力。同时，CVS拥有大批线下零售药房及简易诊所（Minute Clinic），通过安泰的保险板块加持，开拓"医+药+险"结合模式。CVS线下机构可为客户提供基本健康服务，如预防接种、医疗咨询、开具处方、购药等，通过这类相较于传统门诊更便捷的方式，促进分级诊疗，加强对社区慢性病人群用药依从性的管理，从而降低整体医疗费用和保费。2018年底，头部健康险公司信诺（Cigna）以670亿美元收购PBM巨头之一的快捷药方公司（Express Scripts），进一步强化"险+药"的垂直整合。出于提升市场竞争力和防御性等考量，传统保险公司近几年开始探索类似整合模式。

垂直整合模式从理论而言，通过打通产业链上下游，有助于促进信息共享、提升服务质量与效率、降低成本。实践中，对于寡头垄断型公司是否会为提高自身利润率而损害消费者利益仍存在争议，需实施更严格的反垄断监督。但不可否认的是，在整体医疗费用上涨过快、参与主体各为孤岛的市场环境下，垂直整合或许是打破僵局、创建新型医疗与支付模式的最有效的方式之一。

2. 产品可持续性

健康险产品的逆向选择和死亡螺旋风险在各国市场都是影响产品可持续发展的重大风险点，尤其对于保证续保的长期医疗类产品，随着风险池的健康人群比例减少，如何保证整体风险池的稳定性和可持续性，是各国健康险发展中面临的挑战。

美国、中国香港、新加坡等国家或地区都对产品形态标准化有所探索。通过赋予主流保险产品标准化的设计要求，一方面助力产品的统一推广和销售，让大众熟知和方便购买，另一方面通过监管，防止虚假保障责任，提高群众对标准化产品的信任度。商业健康险的产品标准化在规范市场的同时，也扩大了整体市场规模，进而维持保险池的足够体量和稳定性。在奥巴马政府医改中，美国市场推出了白金、金、银、铜四档标准化产品，降低不熟悉保险设计的普通人群的选择门槛。各保险公司就相同责任进行定价，更加考验各公司的运营效率和成本控制能力，而大众在投保时，除价格外还会综合考虑保险公司的品牌、服务、网络等因素。新加坡的个人综合医疗保障计划要求所有经营长期医疗险的公司至少开发一款保障标准相同的长期医疗产品，在标准版基础上，各家公司可进行升级。中国香港的自愿医保计划也有类似设计，分为标准计划和灵活计划。灵活计划需在保证不低于标准计划保障水平的前提下提供额外保障，既可使大众对产品的最低保障水平有所了解，又可通过差异化更好匹配客户的不同需求。

值得一提的是，当产品设计标准化后，因承保群体本身风险不同而导致的赔付率差异，在无干预的情况下会因吸引了高风险人群而使产品赔付率逐渐提升，健康人群退保，费率加速上涨，逐渐形成死亡螺旋，因而设置配套的风险调节机制是维持保费稳定性的重要方式之一。以奥巴马政府医改为例，参与州立保险市场交易平台的保险公司，根据承保人群的年龄、性别、诊断等信息计算出每一年度的整体风险分数，风险分数高的公司从风险分数低的公司处获得差额补贴，以此机制缓解因风险池差异而导致的赔付率差异，鼓励保险公司根据总参保人群，而非自有客户的特征定价，突出各自运营效率及服务能力的差异。针对各保险公司内部业务，也要求各公司在同一州内的所有同质业务需按同一风险池定价，以缓解不同产品间或新老客户间的价格波动。风险调节机制的实操较为复杂，对风险量化方法、标准化数据收集和报送、监管，以及各参与公司间的协同配合都有着较高要求。

3. 数据共享

随着健康险市场从传统报销型向管理式医疗的发展，医疗体系参与方增多，医疗健康保险数据的精细化、多样化、完整性对支持市场的进一步发展而言变得愈发重要。政策制定者、保险支付方、医疗供应方等均希望通过数据及时了解成本动因，分析特定疾病的成本和发生率，评估临床医疗手段的有效性等，从而更及时和有效地控制医疗通胀和实施医疗创新。为消除数据孤岛，实现数据共享，美国市场在医疗大数据方面积极探索，以下从公立及私立数据资源两个方面予以探讨。

（1）老年医保数据抽样库（Centers for Medicare & Medicaid Services，CMS）

美国的社会医疗保障主要集中在老年市场（Medicare），由医疗保险和医疗补助服务中心负责管理。作为老年人群医疗保险数据的最大集合体，CMS向符合要求的申请者开放抽样库并定期更新5%的老年保险数据。申请者需提交数据使用协议并在申请中明确研究目的。研究目的需服务于美国医疗保障制度的完善，包含增进医保覆盖人群的福利或优化医疗系统，如与医疗支付相关的项目或疾病研究报告的撰写等。

数据样本涉及较多维度，包含住院及门诊的诊断、操作、设备、药品、时间、金额、医疗机构等理赔信息，以及投保人群的性别、年龄、种族等人口信息。通过统计方法抽样5%的参保人，并提供样本人群参保以来的全部年份数据。由于老年人群参保的持续率非常稳定，数据样本可提供的年份跨度对于研究疾病发展和治疗手段、支付创新方式的影响有着重要意义。传统保险公司在参与联邦医疗保险优势计划（Medicare Advantage，为传统Medicare的商保替代方案）的业务竞标时，也常需依赖此数据补充自有数据的缺失，作为产品开发和定价的基础。

由于此数据涉及参保人个体层面多年度多维度的数据，CMS对数据的安全保密性也有严格要求。首先，通过提供数据库的少量抽样样本，且个人身份识别信息全部脱敏，有效避免了个体识别和信息泄露风险，同时兼顾数据的群体性和分析价值。另外，对于数据的传输、存储、保管、复制等均有具体的规章制度要求。

（2）MarketScan商保数据库

由于美国商保覆盖大半人群，高质量、成规模的商保数据有巨大研究价值。IBM 旗下的 Truven 公司提供的 MarketScan 数据库是最具代表性的商保数据库之一。此数据库收集了自 1995 年起 2 亿多名患者的投保、就医、理赔、药品等数据。数据库使用者同时也是数据供应方，从而形成庞大的数据体量。Truven 负责对各数据源的脱敏、标化、连通、质检、数据质量提升等工作，同时也提出了高于美国医疗数据安全标准的要求以确保个人信息的保密性，并由独立第三方机构进行统计分析，验证数据符合完全脱敏标准。

中国健康险市场正在向精细化、专业化转型，由于市场发展迅速，且参与主体较多，目前还未形成统一的数据标准及互通机制，单一主体很难对群体风险有更全面的认识，一定程度上限制了健康险的发展。上述在数据共享方面的国外实践，或可为中国提供借鉴和参考，探索出兼顾共享和安全的解决方案。

五　对我国健康险行业的发展建议

（一）建立医疗大数据的共享机制

健康医疗数据共享是健康险突破产品单一化困局、实现产品服务创新、作出智能风控决策、实施客户精准营销的行业核心资源。在共享政策方面，针对健康医疗数据应用尚无专项细化政策，共享流程的标准化管理和科学监管机制尚待形成；在共享机制方面，健康医疗数据的价值变现周期仍较长，关键主体参与热情不高，导致跨行业健康医疗数据共享依然面临诸多壁垒。市场上部分保险公司也在探索与医疗机构、医疗信息平台开展健康医疗数据合作，优化智能两核风控及医疗数据直连快赔等服务，但相对而言单家险企投入较大，数据资源覆盖范围有限，无法真正发挥健康医疗数据价值，为产品研发、服务提升提供全面的数据支持。

针对健康医疗大数据共享难的现状，建议推动相关法律法规体系建设，并在客户授权、隐私保护、数据归属、数据收集、共享范围等方面建立行业标准。以此促进健康医疗基础数据共享，消除信息孤岛，推动大数据技术与健康医疗服务的深度融合应用，助力商业健康险产品及服务升级。

（二）开展专业健康险公司分类监管，调整专业健康险公司经营业务范围

我国保险公司商业健康险的专业化程度不高。2020年市场上经营健康险的保险主体达180家，已开展健康险业务的公司有158家，受车险和寿险市场增速放缓影响，人寿险公司和财产险公司对健康险业务的重视程度和理解程度不断提高。大多保险机构将短期健康险定位为黏客、获客的配套险种而非核心盈利业务，造成健康险市场的竞争激烈。专业健康险公司普遍成立时间较短，在已形成市场寡头格局的情况下，业务开拓与经营管理都面临巨大的压力，一方面需要面临高额的客户获取成本，另一方面受经验数据与风险标的总量的局限性影响，专业健康险公司在提升经营效率、专业化能力方面，缺乏有效的抓手，需要在监管的支持下，不断探索创新发展模式。

另外，专业健康保险公司是所有保险公司中唯一聚焦"保险+健康管理"专业化经营的持牌机构，然而目前健康管理服务却不是健康险公司的主营业务之一。健康管理强调病前对健康危险因素的干预，通过对个体或群体健康进行全面监测、分析、评估，提供健康咨询、指导和干预，以求达到降低疾病发生率、提升人民健康水平的目的。然而，目前体检服务、健康筛查等的价格较高，远远超出了健康保险产品净保费20%的承载范围。虽然专业健康险公司可通过单独计价方式提供相关服务，但专业的健康干预和筛查服务，区别于经营范围中的"与健康保险有关的咨询服务业务及代理业务"，存在经营范围不符的风险。

监管方面，当前将专业健康险公司归入人身险公司一并监管，在制定政策过程中很难顾及专业健康险公司经营和发展特征，建议建立专门针对专业健康险公司的监管体系和制度，并制定有针对性的扶持政策。经营业务范围方面，建议适当调整专业健康保险的经营范围，将"与健康保险有关的咨

询服务业务及代理业务"调整为"与健康保险有关的咨询服务业务及代理业务及接受合法委托，提供医疗管理及健康管理服务"，将健康管理服务收入纳入保险业务收入范围。此外，对专业健康险公司及其旗下的子公司获得医药流通、社区诊所等相关牌照提供政策支持。从政策层面，鼓励健康险公司帮助客户养成良好的生活习惯，降低疾病发生率，优化健康保险赔付服务，实现从以治病为中心转向以健康为中心的目标，响应党中央、国务院关于实施"健康中国战略"的号召和习近平总书记"以人民健康为中心"的国家发展理念。

（三）重视产品结构化创新，满足全民健康需求

虽然健康险发展加快，但市场中产品同质化，结构单一，保障内容、额度、条款责任等相差无几。大部分产品面向标准体和次标准体客户，而对一老一小、带病和慢性病人群的保障力度显著不足，实际上此类人群的保险需求大，但相关产品创新滞后。

导致产品同质化的原因是多方面的，首先是相关数据支撑不足，产品的精算建模面临一定的困难，在公立医疗服务体系下，保险公司实施控费的操作空间不大。其次，保险公司开发针对慢性病带病人群的产品的动力不足，在一定程度上此类人群可能健康管理意识和依从性不高，保险公司控费较为被动，同时扩大带病保障范围会显著影响保险产品的赔付率，对保险公司的风控能力提出了极高的要求，也会增加保险公司的运营成本；主流保险公司还停留在粗放式寿险经营策略上，而健康险对于专业化和产业链整合能力的要求更高，保险公司亟须加速改革进程，加快渠道转型，在产品、营销、运营管理、风控等方面实现全方位布局。

为了尽快解决健康险产品同质化问题，推动健康险个性化、多元化发展，在政策层面，监管部门着重引导和支持保险机构开发按人群细分的保险产品，鼓励保险公司发挥民生保障作用。更重要的是，保险公司要有创新意识，结合基本医保的定位，转变当前过度围绕健康体人群开展产品设计与营销的策略，增强社会责任感。

（四）强化产业链整合，促进与医疗、医药、健康行业的融通合作

随着健康险的发展和风控技术的创新，保险公司越来越重视健康管理，健康险行业不断探索从事后向事前转型。通过服务前移，保险公司可以减少不确定性大额赔付风险，取而代之的是较为确定的持续支出，有效减少资金风险，增强稳定性；客户层面能有较强的获得感，通过早发现、早诊断、早治疗，减小突发意外概率，也强化了保险公司与客户之间的互动。

当前，保险公司提供的健康服务较为初级，如重疾绿通、在线问诊、挂号预约等。很多保险公司提供健康管理服务只是为了拉动营销，而非健全后端风控体系，此类健康管理服务仍然是碎片化的、低频次的、被动的，客户也只会在患病时有使用附加服务的意识。部分头部企业对主动健康管理服务的探索较为深入，包括构建闭环式的全生命周期健康服务体系，或者广泛联动一些健康管理中心、公立医疗机构、体检机构、医药企业等，从而打造全链条式保险风控体系。

未来商业健康险的发展中，保险服务与产业融合是必然。一方面，应更多布局健康产业，在投资稳健性方面，此类健康项目与保险资金投资周期长、规模大等特点高度匹配；保险公司也可以借此将服务拓展至医疗健康产业，构建生态体系，实现场景创新。另一方面，保险企业也可以与医疗健康领域的政府机构、行业组织等合作，在行业层面加强保险与医疗、医药等的"多对多"沟通交流，助力商保目录、医疗服务指引等的研究。

（五）加强科技应用和人才培养

在数字化转型的大环境下，保险公司也应重视科技赋能，加强大数据、区块链、人工智能、云计算等现代信息技术的应用，优化业务流程，降本增效；推动互联网等新型渠道的对接，提升保险服务的触达性和服务多层次人群的能力，扩大被保障人群，破解逆向选择困境。

此外，保险业务的转型升级及其与医疗健康行业的互联互通，也对保险公司的人才培养提出了新要求。由于健康险的复杂性，对产品设计精算、两核风控等人才的吸纳和培养要求也更高，新时代的健康保险人才不仅要具备保险、法律、统计等领域的知识，还应当对医疗、健康、科技、互联网等创新维度的知识体系有深刻的认知，并能与实务有机融合。

专题二　商业健康保险新兴模式的需求研究

魏丽　戴稳胜　何林　李时宇　陈泽
郑家昆　任禹凡　赵家琦　曲荣华

一　绪论

（一）我国商业健康保险界定及分类

商业健康保险是指以被保险人的身体为保险标的，对被保险人因疾病或意外事故所致伤害时发生的费用或损失进行补偿的一种人身保险，以营利为目的，由专门的保险机构经营。

根据不同的分类标准，可以对商业健康保险进行不同的分类。

1. 按保障范围分类

按保障范围，商业健康保险可分为疾病保险、医疗保险、失能收入损失保险和长期护理保险。

疾病保险（Disease Insurance）是指以发生保险合同约定的疾病为给付保险金条件的健康保险。疾病保险的给付方式一般是在被保险人被确诊为承保范围内的疾病后，保险公司立即一次性支付保险金额。在疾病保险实务中，重大疾病保险在国内保险市场比较流行，其保障的疾病一般有心肌梗死、冠状动脉搭桥手术、癌症、脑卒中、尿毒症、严重烧伤、爆发性肝炎等。

医疗保险（Medical Insurance）是指以发生保险合同约定的医疗行为为给付保险金条件，为被保险人接受诊疗期间的医疗费用支出提供保障的健康保险。医疗保险可以补偿的医疗费用主要包括门诊费用、药费、住院费用、护理费、医院杂费、手术费用和各种检查治疗费用等。不同的医疗保险所保障的费用项目和补偿内容有所不同。常见的医疗保险包括普通医疗保险、综合医疗保险、特种医疗保险（例如牙科费用保险、眼科保健保险等）。

失能收入损失保险（Disability Income Insurance）是指以保险合同约定疾病或者意外伤害导致工作能力丧失为保险金给付条件，对被保险人在一定时期内收入减少或者中断提供保障的健康保险。失能收入损失保险分为短期失能收入损失保险和长期失能收入损失保险两种。

长期护理保险（Long-term Care Insurance）是指以因保险合同约定的日常生活能力障碍引发护理需要为保险金给付条件，对被保险人的护理支出提供保障的健康保险。长期护理保险保障的护理项目一般包括照顾被保险人的吃饭、穿衣、沐浴、如厕等。长期护理保险是相对较新的一种健康保险。在欧美等保险业发达的国家或地区，长期护理保险发展非常迅速。随着我国人口老龄化进程加快和商业健康保险市场的发展，长期护理保险作为健康保险的一部分已在全国多个城市积累了多年的试点经验，在我国的发展潜力是非常大的，被称为社保"第六险"。

2. 按合同形态分类

按合同形态，商业健康保险可以分为普通健康保险、简易健康保险、保证更新健康保险、不可撤销及保证更新健康保险和特殊健康保险。

普通健康保险类似于普通个人寿险，所不同的是其缴费方式只能采取年缴而不能月缴和趸缴。另外，保险人在保险合同期满时有权拒绝续保；在保单有效期内保险人可以随时终止保险合同，但需提前30天通知被保险人。

简易健康保险是一种保险人可以为被保险人提供低额的保险保障，但也可以任意终止的健康保险。

保证更新健康保险与普通健康保险基本类似，但有以下三点不同：①保险人不得拒绝投保人的续保请求，也不得任意终止保单；②在更新保单时，保险人可以调整该险种全部被保险人的保单费率，但不得只调整某一份保单的费率；③缴费方式可以月缴。

不可撤销及保证更新健康保险是指在保单有效期内如果被保险人的健康状况发生变化，只要投保人不提出退保，保险人就不能终止保险合同并保证每年予以续保和不得调整保费率。

特殊健康保险是一种针对特殊群体提供保险保障的健康保险，如老年健康保险、特种风险健康保险和弱体健康保险等。

3. 按给付方式分类

按给付方式，商业健康保险可分为定额给付健康保险、费用给付健康保险（补偿型）和提供服务健康保险。

定额给付健康保险，即不考虑保险事故实际发生的费用多少，保险人按照约定的保险金额给付保险金，如失能收入损失保险等。

费用给付健康保险，即保险人在约定的保险金额内支付实际发生的、合理的费用，如医疗保险等。

提供服务健康保险，即保险人向为被保险人提供医疗服务的医疗机构和医生支付费用。

（二）商业健康保险参与者类型及规模

从投保人角度来看，商业健康险也可以按投保人的数量分为个人健康保险和团体健康保险，我国商业健康险投保者类型以个人为主。2020年，我国团体健康险保费收入为2475亿元，在健康险保费收入中占比27.26%，同比提高1.76个百分点（见图1）。[①]

---

① 数据来源：原中国银保监会。

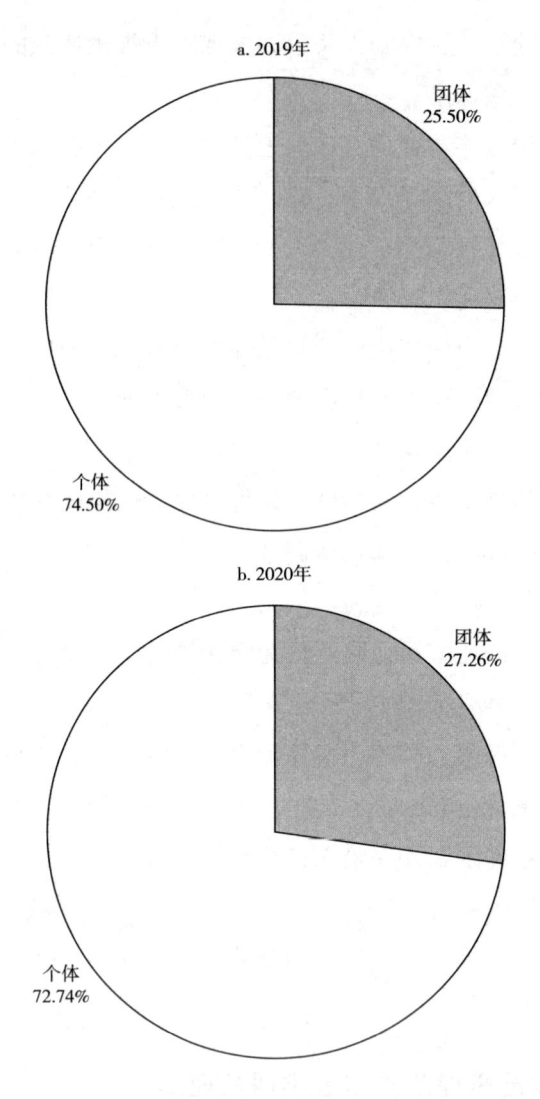

a. 2019年
团体 25.50%
个体 74.50%

b. 2020年
团体 27.26%
个体 72.74%

图1　2019~2020年我国健康险保费收入团体与个体占比

  从保险人角度来看，商业健康险既可以由专业健康险公司经营也可以由非专业健康险公司经营，包括寿险公司和财险公司。从保险金额来看，2020年我国健康险的保险金额达到1833.1万亿元，同比增长50.26%，保单件数为145.8亿件，其中，人身保险公司健康险保单件数为36787万件，财产保险公司健康险保单件数为1421188万件

(见表1)。从保费收入来看,2020年我国健康险业务原保费收入为8173亿元,其中,人身保险公司的健康险原保费收入为7059亿元,财产保险公司的健康险原保费收入为1114亿元(见表2)。①

表1 2019~2020年中国健康险保险金额及保单细分情况

单位:亿元,万件

年份	人身保险公司		财产保险公司	
	健康险保险金额	健康险保单件数	健康险保险金额	健康险保单件数
2019	5903183	30638	6296213	1097403
2020	7456766	36787	10874300	1421188

表2 2019~2020年中国健康险原保费收入分类

单位:亿元

年份	人身保险公司健康险原保费收入	财产保险公司健康险原保费收入
2019	6225.68	840.29
2020	7059	1114

(三)商业健康保险收入及赔付情况

在政策的支持下,我国健康险市场虽起步晚、初始规模较小,但是近年来发展势头迅猛,前景广阔。2019年保险行业健康险原保费收入达7066亿元,同比大幅增长29.7%,远高于行业12.2%的平均增速,健康险占人身险的比重也增至22.8%。2020年我国健康险业务原保费收入从2011年的691.7亿元增长到8173亿元,增幅达到1081.6%,健康险业务成为保险公司新的保费增长点(见图2)。②

随着重疾险定义修订完成,健康险保障范围有所调整,健康险保费

---

① 数据来源:原中国银保监会。
② 数据来源:原中国银保监会。

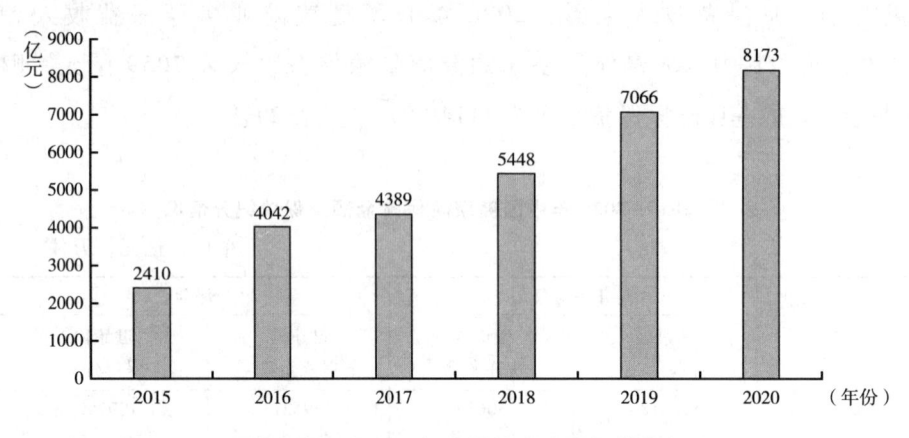

图 2　2015~2020 年我国健康险原保费收入

增长提速。2020 年 11 月 5 日，中国保险行业协会与中国医师协会发布《重大疾病保险的疾病定义使用规范（2020 年修订版）》，2021 年 2 月 1 日起正式实施。较之于修订的旧规，本次重疾定义修订的主要内容包括：一是优化分类，建立重大疾病分级体系；二是增加病种数量，适度扩大保障范围；三是扩大疾病定义范围，丰富其内涵。新规范具有保障范围进一步扩大、赔付条件更为合理、引用标准更加客观、描述更加统一等特点。

近年来，随着健康险保费逐渐增加，赔付支出也呈现上升趋势，2020年健康险赔付支出达到 2921 亿元（见图 3）。①

（四）商业健康保险新兴模式界定和分类

"保险+互联网""保险+政府""保险+医药""保险+第三方（数据公司、健康管理公司等）"等各类跨界合作新模式纷纷涌现，原有的大病险、税优险也面临新一轮的改革（见图 4）。各界对于商业健康保险的认同度不断提升。但同时，不同的利益相关方对新兴模式的影响也存在疑虑，各界对其可持续性保持关注。

---

① 数据来源：原中国银保监会。

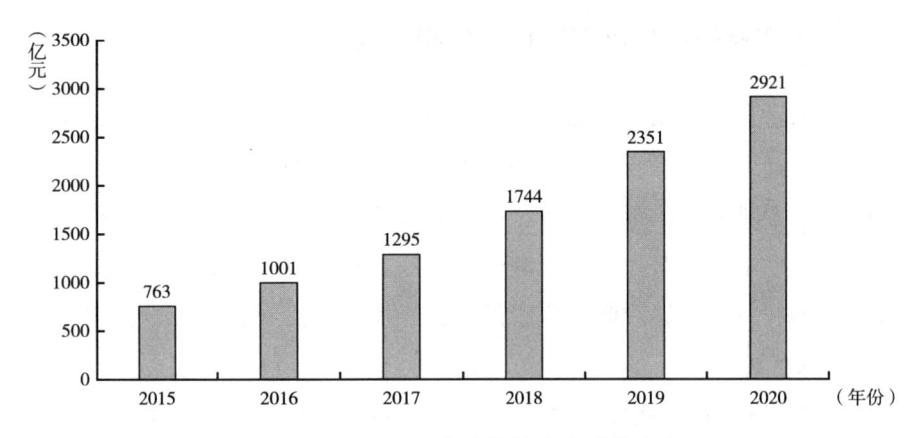

图 3 2015~2020 年我国健康险赔付支出

在新业态下，商业健康险的盈利模式、与社保的关系、营销渠道等都会发生改变，催生出新的商业模式。基于互联网保险、政府主导型保险、税优险、团体健康险和长期护理险等都会形成相应的新兴模式，其中以政府主导型保险——惠民保为典型代表。惠民保作为一款衔接医保与社保的商业医疗补充保险，可以很好地满足政府部门的需求，尤其是医保部门的需要，在基本保障之上为民众提供额外保护，完善我国多层次医疗保障体系，是近年来具有重要意义的商业健康险模式创新。

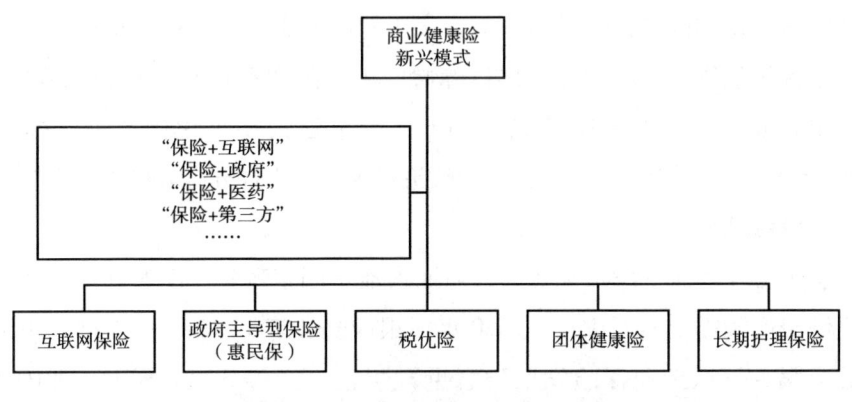

图 4 商业健康保险新兴模式分类

（五）商业健康保险新兴模式的相关政策分析

近年来，我国健康保险需求不断增长。然而，我国健康保险需求较之国际平均水平仍存在较大差距，商业健康保险的发展还不够充分。在宏观方面，国外学者研究了政策、供给、中介方服务等对健康险需求的影响。

近年来，国家政策大力支持健康险发展，在税收优惠、惠民保、个账产品等政策影响下消费者对商业健康保险新兴模式的需求有望进一步增加。

1. 税收优惠

近年来国家出台多项政策提升国民保险意识，促进商业健康保险融入医疗保障体系。2017年以来全国推广商业健康险个人所得税优惠政策，税优险作为该政策的配套产品，是首个获得国家税收优惠政策支持的金融产品。商业健康保险个人所得税优惠政策在推广之初，不仅得到社会好评，而且市场预期十分乐观。东吴基金曾经按照全国3000万实际纳税人口测算估计税优险有望撬动700亿元左右的增量保费。国内学者通过实证研究预测全国潜在市场规模高达4200亿元，但中国银行保险报显示，税优险推广三年来实际保费增量不到10亿元，陷入"叫好不叫座"的困境。

现有文献对税优险"叫好不叫座"的原因分析，归纳起来主要指向税制、供给和需求三个方面：①税制方面，基于外部环境，制约税优险发展的主要障碍是税制因素；②供给方面，基于对内蒙古等地区的专项调研，专家发现在税优险推广过程中存在操作障碍、市场阻力和产品设计缺陷等问题；③需求方面，政策的激励效果不明显，专家建议将个税优惠幅度提高至6000元/年。综合来看，现有文献的政策建议倾向于提升个人税收优惠幅度。

2. 惠民保

全国各地惠民保发展火热，一方面得益于国家政策层面的助推，另一方面是健康保障需求不断增长。2020年，银保监会等13部门发布的《关于促进社会服务领域商业保险发展的意见》提出，完善健康保险产品和服务。力争到2025年，健康险市场规模超过2万亿元。支持商业保险机构参与医保服务和医保控费，完善大病保险运行监管机制等。2020年3月，中共中央、国务院发布《关于深化医疗保障制度改革的意见》，明确到 2030 年底，全国将建成以基本医疗保险为主体，医疗救助为托底，补充医疗保险、商业健康保险、慈善捐赠、医疗互助共同发展的医疗保障制度体系。同时，随着人口老龄化速度加快，基本医保基金的压力越来越大，亟待通过建立多层次医疗保障制度来缓解，为此商业健康险愈加重要。

此外，新冠疫情下人们的健康保障意识增强，健康险需求空前增加。从参保人数看，全国惠民保产品参保人数超过 2000 万人，广东、四川、浙江、江苏 4 省份 27 地合计参保人数近 1900 万人，占全国参保人数的 80%以上。其中深圳、成都、淄博、北京 4 个城市的参保人数达百万级。

惠民保最大的意义是政府与市场合作，运用市场机制提高保障效率和保障水平。过去的医保管理体制下商业保险和社会保险难以对接，惠民保的价值是基于市场机制完善医疗保障体系，使其更加多元化和更富弹性。

3. 个账产品

全国多个城市推出了医保个人账户资金自愿购买商业医疗保险的相关政策（以下简称"个账产品"）。这既可以盘活个人账户上的资金，提高资金利用效率，进一步扩大商业医疗保险的受益面，覆盖更多职工医保参保人群，也可以与社会基本医保形成合力，"医保+商保"互融互通，提高医疗保障水平、满足多层次健康保障需求、抵御因病致贫返贫等风险，同时也体现了保险作为社会稳定器，服务民生、积极参与社会治理的功能。

苏州市在商业健康保险领域积极创新，较早推行医保个人账户资金购买商保，并开展长护险试点。根据苏州市人力资源和社会保障局《关于调整苏州市区 2012 年度医疗保险和生育保险政策的通知》（苏人保规〔2012〕2号），参保人员往年账户余额在 3000 元以上的，按照自愿原则可将个人账户资金划转购买商业保险。

2017 年初上海市就推出职工可自愿使用医保个人账户资金购买商业医疗保险的相关政策，2021 年 4 月上线的上海城市定制型商业补充医疗险"沪惠保"也归入个账产品范围。

杭州市的惠民保产品"西湖益联保"允许职工医保参保人员利用个人

历年账户余额为本人和已参加杭州医保（含省直医保）的直系亲属（父母、配偶、子女）缴纳"西湖益联保"保费。

此外，南京市"宁惠保"也推出了个人账户可为家人购买商业补充医疗保险的举措。

（六）商业健康保险新兴模式的供给分析

商业健康保险新兴模式受很多因素影响，包括供给主体的数量和质量、保险人的管理水平、保险产品的成本和价格、市场竞争程度等。商业健康保险新兴模式既受制于保险机构的供给愿望，也受制于其供给能力。当前的商业健康保险新兴模式既有企业自发提供的，如很多"互联网+保险"产品，也有政府引导供给的，如很多城市的惠民保产品。

1. 健康险供给主体的数量和质量

保险供给主体的数量和质量直接决定健康保险的供给。供给主体的数量越多，市场上健康保险产品类型就越多；供给主体的质量越高，其开发的产品对投保人不断变化的需求的满足程度就越高，从而实现健康保险产品的有效供给。2003年我国向财险公司开放短期健康保险市场以来，有8家财险公司进入健康保险市场，同时，专业健康险公司也增至7家，健康保险市场供给不断增加。

2. 健康险供给方的风险管理水平

在健康保险市场上，如何在医疗费用不断增加的情况下，对长期医疗费用变动风险进行预测是保险公司面对的首要难题。这需要保险供给者具有非常高的风险管理水平。

2019年11月银保监会发布了新修订的《健康保险管理办法》，其中第九条规定，除健康保险公司外，经营健康保险业务应成立专门的健康保险事业部，且明确了事业部需具备单独核算制度、保险精算制度、风险管理制度、核保制度和理赔制度等7项条件。可见，健康险供给方面对经营能力和风险管理能力的要求是相对较高的。

3. 健康险产品的价格

如果产品价格较高，对于保险公司而言赢利的可能性就会增大，从而刺激保险供给人向市场提供产品。如果一味压低产品价格,保险公司可能会面临较大亏损,从而影响保险供给人向市场提供产品的意愿,最终导致市场供给减少。例如,当前的政策规定保险公司在满足一定条件下,可以对长期医疗保险产品费率进行调整,这有利于激发保险公司开发相关产品的动力。

4. 健康险产品的成本

健康保险产品的成本主要取决于赔付率。如果健康保险产品的赔付率过高,甚至有赔穿风险,会过度缩减保险公司的利润空间,导致市场供给减少。当然,如果赔付率过低会伤害参保人的获得感,影响其长期参保情况,最终会反过来对市场供给产生负面影响。

为了实现降低健康风险从而降低赔付成本的目标,保险公司需要加强与医疗机构、健康管理机构、康复服务机构等的合作,为被保险人提供优质的医疗服务,这也是政策所鼓励的。关于健康保险产品提供健康管理服务的成本也由原来的"合计不得超过12%"调整为"不得超过净保费的20%",以鼓励保险公司将健康险产品与健康管理服务相结合。

5. 支持健康险发展的政策

除上述影响因素以外,相关金融产品的价格、保险公司的市场预期和保险公司的资金运营和投资情况等也会影响健康保险市场的供给,而政府政策对健康保险市场的供给有直接和决定性的影响。

"健康中国"战略为健康保险的发展提供了难得的机遇,《"健康中国2030"规划纲要》明确提出,要健全以基本医保为主体、其他多种形式补充保险和商业保险为补充的多层次医疗保障体系,商业健康保险是深化医改的持续动力,是医疗保障体系的重要组成部分,是健康服务产业链条的重要整合者。健康险对于构建多层次医疗保障体系具有重要价值。

(七)小结

商业健康保险是指以被保险人的身体为保险标的,对被保险人因疾病或意外事故所致伤害时发生的费用或损失进行补偿的一种人身保险,以营利为目的,由专门的保险机构经营。

"保险+互联网""保险+政府""保险+医药""保险+第三方（数据公司、健康管理公司等）"等各类跨界合作新模式纷纷涌现，原有的大病险、税优险也面临新一轮的改革。

现有关于商业健康保险的研究很少是基于新兴模式视角的。本文正是基于此，希望在把握我国商业健康保险市场整体状况的条件下，对商业健康保险各种类型的新兴模式展开供需分析，填补已有研究的空白，有针对性地对各类商业健康保险新兴模式的发展提出建议（见图5）。

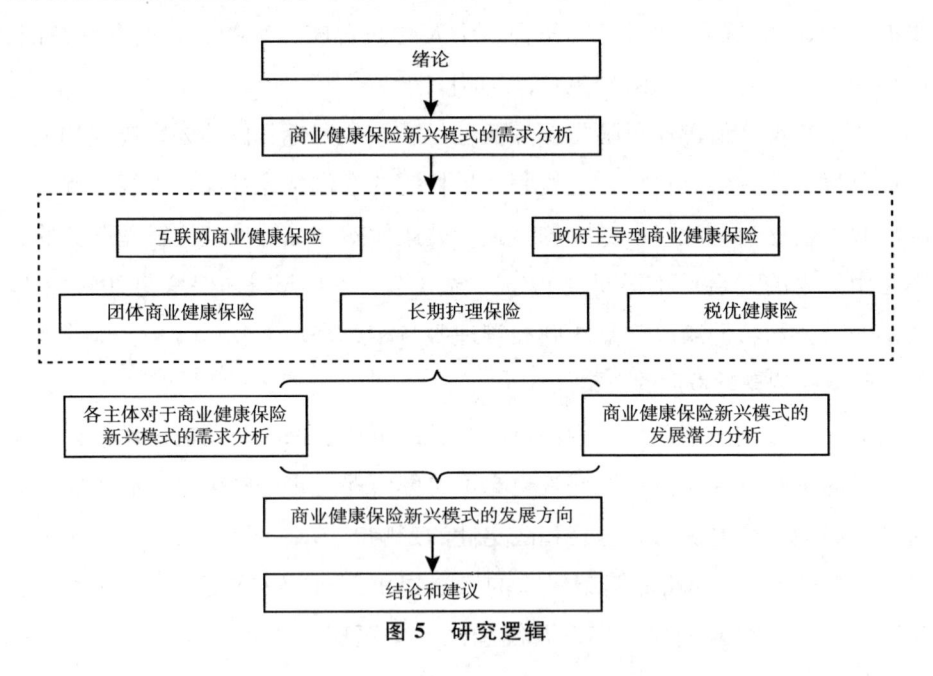

图 5 研究逻辑

二 商业健康保险新兴模式的需求分析

（一）总体需求情况

1. 人口老龄化和风险复杂化等趋势导致健康保障需求持续增长

健康是促进人全面发展的重要基础，也是广大人民群众的共同追求。当前工业化、城镇化加快推进的同时，人口老龄化速度加快，我国面临多重疾病威胁并存、多种健康影响因素交织的复杂局面。慢性病的迅速发展不仅使得人民的健康保障需求大幅增加，也使得医疗费用快速增长。老年人生理机能衰退和抵抗能力下降，患病率和发病率升高，对医疗服务的需求显著增加。

根据国际上对于人口老龄化的通行看法：当一个国家或地区60岁以上老人占总人口数的10%或65岁以上的老人占总人口数的7%时，该国家或地区就进入了老龄化社会。结合2000年11月全国第五次人口普查的结果，早在2000年我国就已经迈入了老龄化社会。而且，21世纪中叶前后不是中国人口老龄化的高峰值，而是进入老龄化社会的起始时期。

2018年，中国保险行业协会按照科学的数据采集要求，在全国31个省会城市（自治区首府和直辖市）和5个计划单列市，对商业健康保险进行为期两个月的线下抽样调研及数据分析。结果显示，商业健康保险在受调查人群中的覆盖率很低，仅为6.56%。对于社会养老保险部分，从辽宁省个人账户的情况来看，中国养老金投资于银行协议借款和国债的回报率低于2.5%，远远低于中国社会平均工资增长率。

在人口老龄化背景下，医保基金支出逐年递增，呈现不堪重负的趋势。此外，随着国民生活水平的提高，中等收入群体规模扩大，人们对于就医、健康管理、养老等与健康相关的服务需求快速增长，社会医疗资源供给难以匹配，需要社会加大对健康的整体投入。

2. 发展商业健康保险可以满足多层次多样化的健康保障需求

发展商业健康保险可以对健康和医疗的社会投资形成有效的补充，通过提供丰富的商业健康保险产品和服务来满足多样化、多层次的健康保障需求，提升社会医疗服务质量，进而推动医疗供给侧改革。

健康中国战略是近年来我国的一项重要战略安排，它基于人民对美好生活的需求，把人民健康放在优先发展的战略地位，为新时代建设健康中国明确了具体落实方案。2016年10月，中共中央、国务院印发了《"健康中国2030"规划纲要》，商业健康保险作为我国医疗保障体系的重要补充，对实现健康中国目标而言至关重要。2019年11月出台的《健康保险管理办法》明确规定，鼓励保险公司开发医疗保险产品，对新药品、新医疗器械和新诊疗方法在医疗服务中的应用支出进行保障,鼓励保险公司提供创新型健康保险产品,满足人民群众多层次多样化的健康保障需求。从市场现状来看,目前我国以给付型重疾险为主,而对创新医疗支出给予保障的费用补偿型保险还处于发展初期,仍然有很大的提升空间。

(二)影响消费者需求的因素

人口老龄化和风险复杂化等趋势导致健康保障需求持续增长,消费者对于基本医疗保险不能完全覆盖的风险自然也存在防御需求,发展新兴模式下的商业健康险可以满足多层次、多样化的健康保障需求。

影响消费者需求的因素概括来讲,可以分为经济层面、政策层面、技术层面、意识层面几个层次。

1. 经济因素

在经济层面,经济基础较好的地区,往往医保福利相对较好,民众的自我抗风险能力也相对更强,在现实中,商业健康险的产品数量与各地区经济发展程度基本呈正相关关系。从需求角度分析,有供给也说明这些地区的需求量较大,这也许是由于经济发展较快的地区,消费者在重大疾病的治疗方面的需求量会更大。

健康险需求具有明显的地域性,不同地区的保险市场中消费者对于健康险的购买态度、风险偏好、人均保费支出、人均拥有保单数量等都呈现不同的特点。在经济较为发达地区,消费者的保险意识较强,投保意愿较强,保费收入较高,体现出更大的实际保险需求量。

2. 政策因素

在政策层面,2020年2月,中共中央、国务院发布的《关于深化医疗保障制度改革的意见》明确提出,到2030年,全面建成以基本医疗保险为主体,医疗救助为托底,补充医疗保险、商业健康保险、慈善捐赠、医疗互助共同发展的医疗保障制度体系。该意见出台后,社商融合的补充医疗保险在多层次医疗保障体系中的定位进一步明确。

我国现行医疗保障体系可以分为功能相对清晰的四个层次,如图6所示。

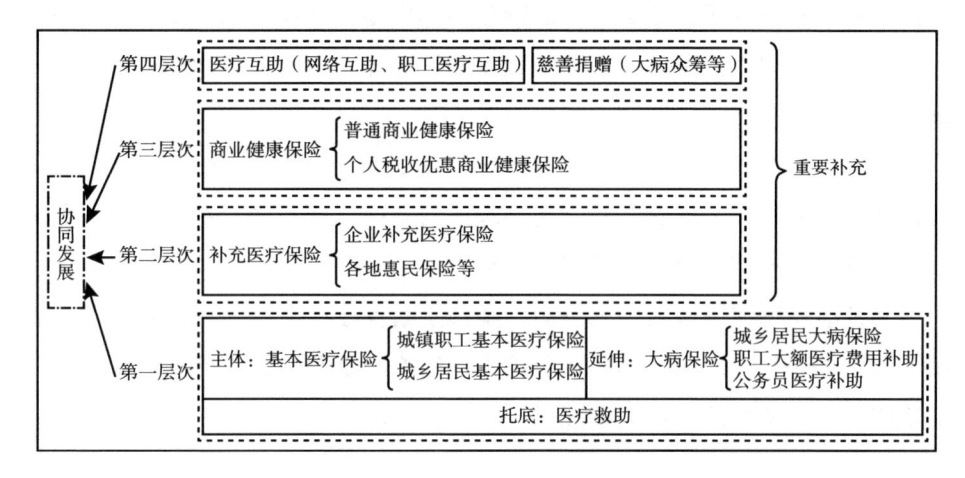

图 6 我国多层次医疗保障体系

各地的城市定制型补充医疗保险属于第二层次，是对基本医保以及大病保险、医疗救助的重要补充。当前，全国多地都开展了惠民保业务，但是政府参与度不同，采取的具体措施也有差异。惠民保以低价格和高包容性吸引了大量投保人，但是消费者的需求还有待政策拉动，并不是人人都了解惠民保产品，需要主动宣传，政策支持会提高消费者保险意识，从而挖掘民众潜在的需求。

其他商业健康保险属于第三层次，发展包括税优健康险、互联网健康险等在内的商业健康保险新兴模式，对于完善我国多层次医疗保障体系而言具有重要意义。其中，税优健康险的税收优惠政策、互联网健康险的平台监管政策等都会影响消费者的需求。

3. 技术因素

在技术层面，消费者需求受到的影响更加复杂，参保体验会影响其对产品的需求。以惠民保产品为例，医疗技术、金融技术等都是影响消费者感受进而影响其需求的重要因素。

医疗技术方面，当消费者能更便捷地获得高端医疗和先进药物时，会展现出对补充医疗保险的强烈需求。惠民保主要可以衔接医保制度，保障医所没有覆盖到的领域，如医保外的特药和罕见药，以及类似于质子重离子项目等先进医疗技术。医疗技术保障覆盖度的提升，将有效拉动消费者的保险需求。

结算技术方面，有关部门只有搭建起真正完善的一站式结算平台，消除异地结算等障碍，才能真正做到衔接医保与商保，为消费者带来更好的参保体验，从而拉动消费者对惠民保的需求。

其他涉及增值服务的技术方面，类似于远程在线会诊、重大疾病早筛等增值服务是提升参保人获得感、改善参保结构的重要内容，提供高技术含量的增值服务会激发消费者对惠民保产品的需求。

4. 意识因素

在意识层面，从有潜在需求到产生实际的需求，需要民众保险意识的觉醒。只有了解各类商业健康保险及其与基本医保的区别和联系、新兴模式下商业健康险的优点，才会对具体的产品产生实际的需求。反过来看，推广与宣传商业健康险产品的保险责任，对于民众来说也是一种风险教育，有利于在一定程度上调动居民参与基本医保的积极性和刺激对商业保险的消费。

（三）互联网商业健康保险需求分析

"互联网+健康险"主要依托于互联网渠道，其用户特征区别于传统的健康险用户，相应的需求结构和层次也有所差别。以互联网技术为代表的新一轮科技革命方兴未艾，随着时间的推移，信息技术的应用已融入人们生活的方方面面，由此引发人们生活方式、生活态度、风险意识等的变化。

不同群体情况的差异形成了不同的需求结构，"互联网+健康险"的主要影响因素如下。

1. 家庭状况

用户不同的婚姻状况、生育状况、家庭结构，使其在购买"互联网+健康险"时有着不同的考虑因素、优先程度和购买规划。家庭结构、生活压力的不同会对个人健康行为产生较显著的影响。整体来看，互联网健康险的购险人群中已婚人士居多；在购买对象上，用户通常优先考虑子女和父母，其次是自己和配偶；在险种的选择上，用户首要考虑的是更为日常和普适的医疗险，其次才是应对意外事件、突发状况的险种。

2. 经济水平

个人或家庭收入水平的不同决定了其对保险产品的不同预期支出、承受范围和对于健康的不同投入程度。收入水平与健康行为紧密相关，收入水平相对较高的人群，更加愿意且更具备能力为健康投入时间与金钱。艾瑞咨询的研究发现，收入为6000~20000元/月的人群购买健康险的TGI（目标群体指数）最高，为健康险业务的主要人群来源；52%的健康险购买者为普通职员，33%的购买者为高管及专业人士。

3. 信息渠道

由于年龄、文化水平、工作环境、生活环境等的不同，健康险的购险人群获取有关保险产品的信息渠道也有所差异。目前的互联网保险更多的是依托于第三方平台，并不断挖掘营销渠道，以吸引更多的购买者。年青一代对移动互联网等新兴传播方式的接受度较高，年长群体的主要接收渠道仍然是电视广播与亲友传播。另外，居民在所就职的工作单位获取保险服务及体检服务的便利性也是影响其获得包括健康险在内的健康服务的重要因素。

（四）政府主导型商业健康保险需求分析

从产品设计角度看，惠民保产品成功与否往往与当地政府部门密切相关。有了政府部门的背书，产品更容易获得用户信任，不仅推广成本大幅降低，覆盖率、投保人数也会相应提升，覆盖率和投保规模恰恰是这类产品能否维持长期运营的关键因素。

截至目前，全国范围内至少有112个地级及以上城市落地惠民保，基本只允许当地医保参保人员投保，保障范围大体相同，分为三部分：一是住院医疗，主要用于报销住院费用，大多限于社保范围内；二是门诊特病；三是特定药品费，通常是一些医保目录外的抗癌药、特效药，往往会限制种类报销。

惠民保以低价格和高包容性吸引了大量投保人，并且有政府背书，更易使用户产生天然的信任感。据原中国银行保险监督管理委员会的数据，2020

年全国共有 23 个省份 82 个地区 179 个地市推出了惠民保产品，累计覆盖逾 4000 万参保人，保费规模超 50 亿元。

（五）税优健康险需求分析

根据 2017 年 6 月财政部、税务总局、保监会联合印发的《关于将商业健康保险个人所得税试点政策推广到全国范围实施的通知》（财税〔2017〕39 号）规定，适用商业健康保险税收优惠政策的纳税人，是指取得工资薪金所得、连续性劳务报酬所得的个人，以及取得个体工商户生产经营所得、对企事业单位的承包承租经营所得的个体工商户业主、个人独资企业投资者、合伙企业合伙人和承包承租经营者。按照全国 3000 万实际纳税人口测算，税优健康险有望带来的增量保费在 700 亿元左右，但事实上，税优健康险推广三年后的实际保费增量不到 10 亿元。

刺激税优健康险的需求，需要多方发力。其一，要加大宣传力度，提高宣传广度和精准度，让更多人了解健康险的相关税收优惠政策和产品特点；其二，要完善税收优惠政策，提高健康险的税优额度，丰富税收优惠手段，例如，低收入人群的纳税额较低甚至不属于缴纳个人所得税的人群范围，但其更加迫切需要健康险的保障，为此，直接进行保费补贴更能刺激其需求；其三，要优化投保、减税和报销渠道，当前过于复杂的流程和手续"劝退"了不少潜在的税优健康险需求者。

（六）团体商业健康保险需求分析

团体健康险受团体保障与健康险市场影响，是保险行业中的蓝海，预计未来需求将有所增加。作为众多中小企业福利保障计划的团体健康险，已成为行业新的增长点。此外，"80 后""90 后"作为主力消费群体，消费习惯发生变化，年青一代大多有父母为其购买保险的经历，对互联网更信任，拥有更强的风险保障意识。同时，受人口老龄化现象、个人支付压力增加等现实因素影响，个人医疗保障投入逐年增长，团体健康险将成为平衡个人医疗卫生投入与健康保障的最优选择。

（七）长期护理保险需求分析

2016年6月，人社部办公厅印发《关于开展长期护理保险制度试点的指导意见》，提出开展长期护理保险制度试点工作的原则性要求，明确将河北省承德市、吉林省长春市、黑龙江省齐齐哈尔市等15个城市作为试点城市，标志着从国家层面推进全民护理保险制度建设。2020年5月，国家医疗保障局发布的《关于扩大长期护理保险制度试点的指导意见（征求意见稿）》提出扩大试点范围，拟在原来15个试点城市的基础上，按照每省1个试点城市的原则，将试点范围扩充为29个城市，试点期限两年。试点范围的扩大，意味着将减轻更多的拥有失能老人家庭的负担。随着我国老龄化程度的加深，慢性病管理、失能老人照料等问题愈加凸显。从保险角度看，在前期试点、积累经验的基础上，长期护理保险成为我国社会保险"第六险"是必然趋势。

应探索建立互助共济、责任共担的多渠道筹资机制，科学测算基本护理服务和资金需求，合理确定本统筹地区年度筹资总额。推动长期护理险与养老产业深度融合，既可为养老企业提供中长期、低成本的资金支持，也可为老人提供长期稳定的收益，提高居民对养老服务的消费能力。

（八）小结

人口老龄化和风险复杂化等趋势导致健康保障需求持续增长，发展商业健康保险可以满足多层次多样化的健康保障需求。影响消费者需求的因素概括来讲，可以分为经济层面、政策层面、技术层面、意识层面几个层次。

在经济层面，经济基础较好的地区需求量较大；在政策层面，政府的支持会让商业健康保险新兴模式的推行难度降低，拉动民众的需求；在技术层面，消费者需求受到的影响更加复杂，参保体验会影响其对产品的需求；在意识层面，从有潜在需求到产生实际的需求，需要民众的保险意识的觉醒，同时保险宣传和风险教育也必不可少。

从具体产品的角度来看，社会存在对商业健康保险新兴模式的强烈需求，如何扩大供给、引导需求很重要。

三 各主体对于商业健康保险新兴模式的需求分析

（一）政府部门

根据《2020年全国医疗保障事业发展统计公报》，全国基本医保参保人数已达13.6亿人，全国基本医保基金（含生育保险）总收入是2.48万亿元，总支出2.10万亿元，累计结存3.15万亿元，其中职工基本医疗保险个人账户累计结存10096亿元，用好、管好医保基金，关系到每个参保人的利益。

虽然从全国范围看医保基金有大量结余，但存在较为严重的结构性不平衡。一方面，个人账户与统筹账户不平衡，尽管目前滚存结余额比较大，但其中1/3是个人账户，统筹基金结余2万亿元左右；另一方面，地区分布不平衡，医保基金结余集中在部分人口流入省份，集中程度仍在不断提高。随着经济增长由高速粗放型转向结构转换型、人口老龄化不断加剧、医疗技术不断进步等，医疗费用支出不断增长，医保基金收入增速放缓成为常态，基金管理在中长期将面临较大压力。

为了盘活医保基金，应拓宽个人账户使用范围，允许家庭成员共济，可用于支付在定点医疗机构就医以及在定点零售药店购买药品、医疗器械和医用耗材发生的由个人负担的费用，探索覆盖家庭成员参加城乡居民基本医保等个人缴费。许多地区已经允许职工医保参保人员利用个人历年账户余额，为本人和已参加本地医保的直系亲属缴纳当地惠民保产品的保费。苏州2012年就允许参保人员往年账户余额在3000元以上的按照自愿原则可将个人账户资金划转购买商业保险，上海从2017年1月1日起推出个账产品。

惠民保作为一款衔接医保与社保的商业医疗补充保险，如果运行平稳，长期来看，可以起到以下作用：①减少因病致贫、因病返贫现象，减轻扶贫工作压力；②对参保人群进行精细化管理，进行健康管理，防未病，从而减轻医保负担；③对接医保工作，加强一站式结算工作，优化医保基金统筹管理；④盘活医保基金个人账户，提高基金利用效率。

从这些角度来看，惠民保产品可以很好地满足政府部门的需求，尤其是医保部门的需要，在基础保障之外为民众提供另一重保护，完善我国多层次医疗保障体系。

（二）消费者

对于消费者来说，基本医保提供基本保障，无论是否为健康体都能参保，并且保障续保长期有效，这是和一般的商业健康险最明显的区别，能为职工和居民提供长期、稳定的基本保障。

但是基本医保能提供的保障有限，医保有"药品、诊疗、服务设施"三大目录，只有目录内的医疗费用才能报销，很多特效药、高新技术检查等是无法报销的，有免赔额、最高赔付额、报销比例的限制，且异地就医不便，手续复杂，报销比例也会更低。

商业性的百万医疗险可以对基本医保形成补充，保额达数百万元，保障范围包括自费药和自费检查。但是，百万医疗险往往有一些投保限制，包括年龄、职业、既往病史等，而且对于一些年龄较大、经济收入不高的人群来说，不一定能负担得起可能要上千元的百万医疗险。

从这些角度来看，惠民保产品可以很好地满足消费者对于低保费、高保额、报销范围相对基本医保更广、投保门槛低的补充性商业医疗险的需要，并提高民众抵抗重大疾病风险的能力。而且，在能使用医保个人账户的地区，对于参保人来说，也可以将个人账户结余资金利用起来，花小钱撬动高保额。

（三）医疗机构和医药企业

发展惠民保可以促进商业健康保险与医药产业的融合发展，也可以赋能本地医疗医药大健康产业。医保部门在医保外的目录药品调整上，能够发挥赋能作用，及时将疗效确切的药企新增创新药品纳入，商保公司可以通过惠民保业务加强与医疗、医药等大健康产业的深度合作，推动医、药、险融合发展。

同时，强化健康管理、与医疗服务平台合作，可以为参保人员提供更合理化的用药建议，这样既能满足患者的多元化需求，也能够提供更有温度的健康服务，同时也有利于增加保险产品的吸引力。

惠民保产品在深化"三医联动""六医统筹"改革方面也能起到促进作用。例如，惠民保的医保外目录设置、一站式结算建设、在线问诊等增值服务，在深化公立医院改革、深化药品耗材集中采购改革、深化医保支付制度改革、深化医联体建设等方面起到助推作用。

从这些角度看，惠民保产品有利于赋能药企创新研发、推进健康服务产业发展，从而实现多方的互利共赢。

（四）保险机构

对于保险公司来说，惠民保业务利润较低，甚至会亏损，并且惠民保相对于保险公司本身在售的百万医疗保险来说是绝对的市场竞品。但是，保险公司对惠民保业务也存在一定的需求。

通过参与承办惠民保业务，保险公司可以畅通与政府部门的合作渠道，对于其他政策性保险业务有促进作用。从地方实践来看，即使惠民保单项业务赢利甚微，总体上来看是可以赢利的。并且参与惠民保业务对于公司品牌形象也有积极的作用，对其他保险业务产生正面溢出效应。

此外，通过一个到多个承保周期，保险公司可以加强数据量的采集和数据库的建设，建立各方信息共享机制，打通数据流，从而了解到当地民众的健康状况，挖掘相应的需求，丰富健康险的产品体系，并加大产品创新力度，助力开展保险业务，延长产业链，打造管理式医疗模式。

对于保险经纪公司来说，参与惠民保业务也可以加强与政府部门的合作，并且赚取一定的渠道费用。对于涉及公域和私域的产品来说，支付宝、微信等实际上扮演了保险经纪这样的角色，通过在平台宣传和推广惠民保产品，也可以为自身搭建的保险平台，如蚂蚁保、微保等，进行导流。

（五）第三方服务机构

第三方服务机构主要是提供增值服务的机构，其对惠民保也存在需求。一方面，惠民保的增值服务直接为第三方机构带来业务增量，提升了平台公司整合医疗健康全产业链资源的核心能力，有助于构建完善的医疗服务体系。另一方面，通过提供健康体检、重大疾病早筛等增值服务，参保者的健康管理意识也会增强，未来主动寻求第三方机构的健康管理服务的可能性就会提高，为第三方机构开拓需求市场。

（六）小结

总体来看，政府部门、消费者、医疗机构和医药企业、保险公司和保险经纪公司、第三方服务机构等都对惠民保业务存在潜在或直接的需求，开展惠民保业务符合各方期待。对于消费者来说，其对惠民保的需求是几乎可以确定的，如何将潜在需求转化为实际需求，则要多措并举，提升实际的参保率。唯有激发出真正的需求，有一定的参保量作支撑，这样产品才能走得更远，在中长期发挥保障作用。

四 商业健康保险新兴模式的发展潜力分析

《关于促进社会服务领域商业保险发展的意见》《关于深化医疗保障制度改革的意见》都表明了健康险大有可为。同时，随着人口老龄化加快，基本医保基金压力也越来越大，亟待多层次医疗保障制度作为补充，商业健康险成为不二之选。

（一）互联网商业健康保险

信息技术的快速发展推动移动互联网的普及，网络购物深度融入我国居民的日常生活，随之，大众对通过互联网购买保险的接受度也越来越高。

新冠疫情全球蔓延影响和改变了人们，尤其是年青一代群体对健康的认知，同时人们的保险意识增强。不同收入水平、渠道使用习惯、家庭状况的用户群体呈现不同的健康险需求偏好。市场结构的变化和市场总量的上升也将倒逼供给侧变革，掀起又一轮的转型升级。

在政策的推动下，消费者对于互联网商业健康保险的需求有望进一步提升。在互联网商业健康保险方面，2021 年 1 月 6 日，银保监会人身险部向各人身险公司下发《关于进一步规范互联网人身保险业务有关事项的通知（征求意见稿）》，健康保险拟放开互联网销售。

（二）政府主导型商业健康保险

这种新兴模式的主要问题在于低保费、高保额、可带病投保的模式是否可长期运营。从控制风险的角度，保险公司应尽可能吸引一些年轻人、健康人，不能只是老年人参与这个保险，要吸引企事业单位职工加入，使年轻人与老年人、健康人与次标准体都在同一风险池，以平摊一部分风险。

惠民保没有年龄限制，没有职业限制，甚至患者也可以投保，这样的产品对于改善行业形象、开展用户教育有一定帮助。很多时候消费者没有机会接触保险，当消费者有机会去了解保险保障时，就会产生新的认知。对于居民来说，惠民保是一个能让不确定的医疗风险转化成较低水平的年交保费的产品。

（三）税优健康险

税优健康险是商业保险中与社会医疗保险联系紧密的医疗金融产品，在社会保障体系中承载着第三层次的重要功能，是解决"看病难、看病贵"的重要举措，是党的十八大以来国家实施的一项惠民制度。

从理论上讲，当普通健康保险"变成"税优健康保险后，其保费收入会出现较大变化，但令人始料未及的是税优健康保险远不如普通健康保险受欢迎。2018 年的全国数据显示，普通健康险中仅 60 岁及以上老人的保费收入就高达 179.2 亿元，同比增长 35.5%，在健康保险中占比为 3.3%，相比之下，税优健康险的保费收入还不到 10 亿元。

税优健康险在保险市场上之所以成为行业内部的"自我福利"项目，原因是多方面的，一是税优比例太低，激励程度太小，大部分人不感兴趣；二是税务操作手续过于复杂，客户体验很差，很多客户望而生畏；三是产品形态单一，难以满足市场多样性的需求，同质化特征十分明显；四是保险机构业务经营空间十分有限，积极性难以被调动；五是保险机构担心超赔风险，经历了从积极到消极的过程，尤其是对个体投保人的道德风险难以控制，只能通过团体承保的方式排除一部分潜在风险。

（四）团体健康保险

2008~2019 年，团体健康保险保费收入占总保费收入的比例不超过 2.55%，在健康险中的占比也偏低，仅为 25% 左右。对比美国的同期数据，美国健康险保费收入占总保费收入比例为 40% 左右，而美国一半以上是来自雇主提供的团体健康保险的保障。按照统计结果，与美国相比，我国健康险市场渗透率较低。

目前，我国团体健康险与发达国家相比尚有差距，这是行业未来发展的压力与动力。如果从发达国家的情况看，我国团体健康险市场还处于发展阶段，有巨大的潜力。

（五）长期护理保险

试点满 3 年的长护险制度仍处于探索阶段。目前开展长期护理险试点城市的大多数项目均由保险公司经办，不过在"一城一策"的现状下，作为长期护理保险体系中的重要参与方，商业保险公司对接政府项目时经办成本高、难度大，也降低了其积极性。现阶段权责不明，缺乏对失能的评估标准以及护理服务标准，对于保险公司来说，出售风险较大。与此同时，消费者对于这种险种的知晓程度低、销售难度大，因此设计这种产品对于保险公司来说并不划算。长期护理保险尚未完全独立筹资，目前各试点地区投资是以当地医保基金划拨和财政补贴为主，部分城市的筹资完全来自医保统筹基金。基本医保已经承载了较大的支出压力，这意味着未来长期护理险筹资渠道还要进一步拓展。

据中国保险行业协会测算，到2050年，我国老年长期护理费用为0.76万亿~4.15万亿元。长期护理险制度建设的重要性日益凸显。不过，长期护理险涉及养老、护理等一系列服务，而当前产品设计、护理员培训以及居家社区照护服务标准等还未形成完善的供给体系。

长期护理保险制度只能"保基本"，若要让更多人在失能后享受到优质护理服务，就需要构建多层次的护理保险制度，充分调动社会力量参与其中，推动商业长期护理保险的发展。民政部、卫健委、医保局等相关部门应当共同制定统一的长期护理等级标准，考虑收支平衡下的长期护理标准，以支持保险机构的长期护理产品开发。

（六）小结

随着人口老龄化速度加快，基本医保基金压力越来越大，亟待建立多层次医疗保障制度，商业健康险新兴模式有巨大的发展空间。

信息技术的快速发展为互联网保险的发展提供了条件，疫情改变了人们购买保险产品的习惯，互联网保险发展潜力大；惠民保产品的低保费、高保额、可带病投保的模式是其最大的吸引力，加上有政府公信力的背书，民众的接受度很高；税优健康险目前的发展瓶颈可能在于税优政策还不够完善，解决这一问题有利于拉动需求；团体健康险也可以与税优政策相结合，满足公司发展需求；而长期护理保险是缓解人口老龄化压力最为直接有效的措施，其未来的发展空间很大。

五 商业健康保险新兴模式的发展方向

关于健康险的发展方向，应使健康保险市场与由公共卫生威胁引起的与公共卫生相关的医疗保健融资需求相结合。商业健康保险新兴模式的发展也要满足社会需要和国家政策要求。

（一）互联网商业健康保险发展方向

从我国互联网保险的发展趋势来看，互联网保险在提高效率、节约成本方面具有明显优势，各类保险公司开拓互联网营销渠道将成为必然选择。

目前，互联网保险产品的智能化程度还有待进一步提升，保险消费需求朝着多元化的方向发展，国内的保险公司只有开拓保险消费新市场，探索保险服务新边界，才能尽可能满足众多客户的保险需求。

（二）政府定制型商业健康保险发展方向

惠民保衔接了基本医保与商业健康保险，是一种相对比较特殊的商业健康保险新兴模式。政府参与度是影响惠民保参与率的关键因素，政府和市场的边界值得探讨。

惠民保的定义是城市定制型商业医疗保险，应遵从商业保险经营规律，进行市场化运作。如果说惠民保的落脚点是商业化、市场化，那么政府参与程度应该如何把控？政府和市场的边界在哪里？作为一种衔接医保和社保的商业健康保险新兴模式，在惠民保运行过程中，商保和医保的边界在哪里？商保与第三方的边界在哪里？

政府的参与确实会大大降低惠民保产品的推广难度和成本，但是由政府公信力背书是存在风险的，如果惠民保产品后续出现因赔穿风险、经营风险而不能持续，或者因产品设计问题而引发大量投诉等情况，会对政府公信力造成伤害。除了要因地制宜、保障体现地域性特征外，也许还要对政府的参与方式和程度作出一些约束。

（三）税优健康险发展方向

加大税收优惠力度，一方面，政府的税优政策可以释放信号，引导居民购买行为；另一方面，税收优惠可以减轻个人和企业购买商业长护险的经济负担，提升其接受度。2020年2月，中共中央、国务院发布《关于深化医疗保障制度改革的意见》，明确要促进多层次医疗保障体系发展。加快发展商业健康保险，丰富健康保险产品供给，用足用好商业健康保险个人所得税政策，研究扩大保险产品范围。这或许是改变税优健康险"遇冷"、推动长护险纳入税优范围的一个契机。

2015年，健康险税优试点工作开启。在既有的税优政策下，税优健康险的保费规模尚未达到预期。除了加大政策力度，解决其他可能会影响税优政策顺利实施的问题也很重要，如简化免税流程、规范保险公司行为、加大宣传力度等。

（四）团体商业健康保险发展方向

团体健康险直付理赔服务模式是对传统理赔服务模式的一次创新，解决了客户垫资周期长和理赔流程烦琐的问题，并且有效地降低了保险公司的服务成本，为团体健康险的发展提供了新的思路。直付理赔服务模式在系统设计细节上还需要不断深化，特别是在风险防范方面，由于卫生机构分布广的特点，若要实现有效监控和实时数据采集，就需要建立强而有力的IT系统，这使保险公司推广该模式面临一定的门槛。

（五）长期护理保险发展方向

发展以居家护理为主、重视防未病的长护险制度，对于政府和民众而言负担最小。社区可以与医疗机构合作，起到优化居家护理服务的作用，共同构筑多层次长护服务体系的基础。

护理服务的专业人才培养也很关键，有关部门可以通过支持高等院校开设老年护理专业、颁发相应的国家职业资格证书等方式，培养长期护理专业人才，扩大高质量护理服务供给。

建立多元筹资机制。虽然我国针对长护险基金设立了专门账户，实行统一管理、专款专用，但是从实质上看，长护险从基金的划拨到参保人员的确定都并未脱离基本医保而成为独立筹资的险种，但在国际社会，长护险基本实现了在管理上和财政上的独立。长护险发展初期依托城镇职工基本医保，可以降低执行难度,是具有可行性的,但是长远来看,建立多渠道的独立筹资机制是十分必要的。

(六)小结

商业健康保险新兴模式下,不同产品有各自的发展方向,但总体而言,都是为了更好地在多层次医疗保障体系下发挥作用,共同完善我国的多层次医疗保障体系。

六 结论和建议

基于供给端品种的日益丰富和消费者需求的提振,未来中国商业健康险在产品设计、保险科技、商业模式等方面潜力较大。首先,数据推动保险产品设计,从多维度采集用户的信息并共享数据,利用数据量的跃升,设计更加定制化的健康险产品,从而满足广大用户更加个性化的保险需求。其次,科技赋能保险核赔理赔,大数据、区块链、云计算、人工智能等在保险中的应用可以极大地提高保险业整体运行效率。最后,实行管理式医疗模式,整合医疗资源可以极大地改变健康险模式,推动其发展;探索新兴模式,大力发展城市定制型惠民保险,发展网络互助/村民互助,减轻医疗支出负担。

(一)政策落实方面

商业健康保险新兴模式要因地制宜地发展,但是各地的开展情况不一,有必要在全国层面给予统一的指导意见,确保政策协调一致,从而优化补偿型健康险产品结构并提升其市场份额,加快创新性产品和服务发展,为实现满足人民群众多元化的健康需求的总体目标服务,如政府参与程度的界定、社商合作模式的规范、医保外目录的设置、一药一码制度的落实等。

(二)产品优化方面

大力发展保险技术,加强数据的采集和数据库的建设,畅通数据流,加大产品创新力度，在保险责任、保险费率、支付方式和服务内容等方面提供更便捷、更优惠的选择，满足参保者更高层次、更个性化的保险保障需求。

设计有针对性的长护险产品来丰富产品种类。不可否认的是，我国的长护险发展仍处于起步阶段，产品种类较匮乏，亟待丰富。但是，增加产品种类不是一蹴而就的，也需要充分考虑市场需求，有针对性地设计一些长护险产品，实现循序渐进地发展。

（三）主体对接方面

打造医疗健康服务网络，完善管理式医疗模式，打通产业链上下游，建立各方信息共享机制，提升整合医疗健康全产业链资源的核心能力，为参保者提供更全面的健康服务。

发展管理式医疗模式。管理式医疗保险是目前各方重点关注和积极布局的战略方向。积极打造管理式医疗保险，从保险公司、医疗服务和医疗大数据三个方面切入产业链。

（四）消费者需求方面

在经济、政策、技术、意识等层面拉动消费者需求，提升费用补偿型医疗保险的实际参保率，为消费者提供有效保障。

1. 加大宣传力度，普及保险知识

利用电视、网络等媒体大力宣传保险的保障本质及保障作用，同时宣传长期护理保险及相关的制度，使公众了解长期护理产品的重要性和必要性。

2. 发展保险义务教育，培养公民保险意识

建议将保险知识教育纳入义务教育体系，从小培养人们的风险保险意识，完善保险教材，从根本上纠正对长期护理保险的认知偏差。

3. 发展保险职业教育，培养保险专业人才，并让专业人才发挥专业能力普及相关知识

加强保险职业教育，为保险行业培养既有专业背景又有实践经验的复合

型人才，提高保险从业人员素质，高效地传播保险知识，纠正消费者认知偏差。

参考文献

葛延风、王列军、冯文猛、张冰子、刘胜兰、柯洋华：《我国健康老龄化的挑战与策略选择》，《管理世界》2020年第4期。

刘宏、王俊：《中国居民医疗保险购买行为研究——基于商业健康保险的角度》，《经济学》（季刊）2012年第4期。

锁凌燕、完颜瑞云、陈滔：《我国商业健康保险地区发展失衡现状及原因研究》，《保险研究》2015年第1期。

徐美芳：《中国健康保险需求决定因素分析——以2006年上海保险市场为例》，《世界经济文汇》2007年第5期。

朱铭来、于新亮：《税收优惠对商业健康保险购买意愿影响研究》，《保险研究》2015年第2期。

Ali N. S., "Long-term Care Insurance: Buy It or Not!" *Geriatric Nursing*, 2005, 26 (4).

Bíró A., Hellowell M., "Public-private Sector Interactions and the Demand for Supplementary Health Insurance in the United Kingdom," *Health Policy*, 2016, 120 (7).

Brown J. R., Finkelstein A., "Why is the Market for Long-term Care Insurance So Small?" *Journal of Public Economics*, 2007, 91 (10).

Dunn A., "Health Insurance and the Demand for Medical Care: Instrumental Variable Estimates Using Health Insurer Claims Data," *Journal of Health Economics*, 2016, (48).

Robson A., Paolucci F., "Private Health Insurance Incentives in Australia: The Effects of Recent Changes to Price Carrots and Income Sticks," *The Geneva Papers on Risk and Insurance-Issues and Practice*, 2012, 37 (4).

Rosenbaums, "New Directions for Health Insurance Design: Implications for Public Health Policy and Practice," *Journal of Law Medicine & Ethics*, 2010, 31 (S4).

Stavrunova O., Yerokhin O., "Tax Incentives and the Demand for Private Health Insurance," *Journal of Health Economics*, 2014, (34).

专题三　商业健康保险新兴模式的驱动因素研究

朱俊生　冯鹏程

2019年11月颁发的《健康保险管理办法》规定，鼓励保险公司开发医疗保险产品，对新药品、新医疗器械和新诊疗方法在医疗服务中的应用支出进行保障，鼓励保险公司提供创新型健康保险产品，满足人民群众多层次多样化的健康保障需求。《国务院办公厅关于印发"十四五"全民医疗保障规划的通知》（国办发〔2021〕36号）提出，逐步将医疗新技术、新药品、新器械应用纳入商业健康保险保障范围。

在市场需求推动与政策引导下，近年来商业健康保险不断创新，医疗保险新兴模式不断涌现，医疗保险与健康服务、健康管理不断融合，医疗服务机构、第三方专业机构等新的市场参与主体不断加入，跨界融合态势日趋明显，一些地方的医保局等政府机构也积极引导和推动商业健康保险新型模式的发展。本专题在课题整体研究背景下，着重探讨商业健康保险新兴模式的驱动因素、主要参与主体的探索及其面临的挑战，研究新模式发展的内在逻辑。

一　商业健康保险新兴模式发展及其特征

我国的商业健康险主要包括以定额赔付为特征的疾病险及以医疗费用报

销为特征的医疗险，失能和护理保险市场份额较小。2020年，疾病险保费收入占58.9%，医疗险占39.4%，失能和护理险仅占1.7%（见图1）。从补偿医疗费用的角度看，重疾险发挥的作用较为有限，医疗险则是近年来健康险市场的重大创新。

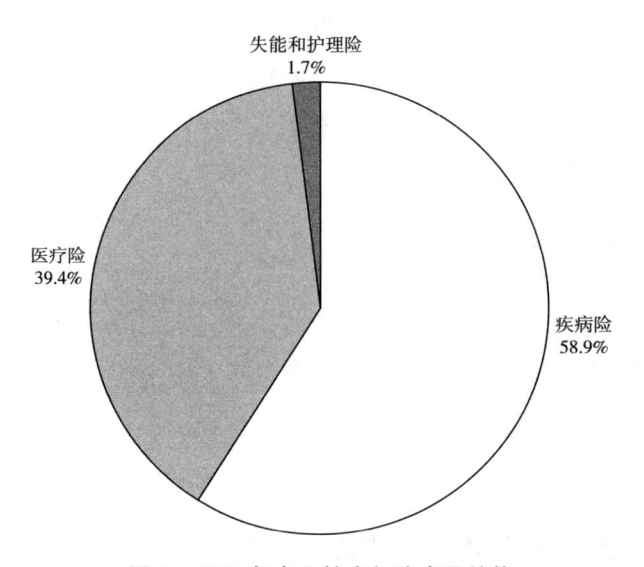

图1　2020年商业健康保险产品结构

资料来源：中国银保监会。

近年来，我国重疾险快速发展，已成为全球最大的重疾险市场。重疾险产品不断迭代升级，病种数量大幅拓展，从初期30~40种病种到如今的百余种，轻症责任、多次给付责任大幅增强。但重疾险寿险属性较强，件均保费较高，保险金额相对较低，且与医疗卫生产业没有连接，不直接影响医疗供方行为。总体来看，重疾险具有一定的"杠杆"保障属性，主要发挥了收入补偿作用，但杠杆率不高，对消费者的医疗费用补偿有限，且没有发挥健康险的服务属性。随着医疗保险与护理保险的发展，重疾险的医疗费用补偿、失能护理补偿功能将会被逐步取代，未来发展方向主要是提高保障水平，着重强化收入损失补偿功能。

医疗险需要连接医疗产业链，服务属性强，设计较为复杂，风险要求高、难度大，因而在 2016 年前发展缓慢。2016 年诞生的百万医疗险是近年来中国健康保险市场的重大创新。百万医疗险的设计机制类似于美国的高免赔额保险（High Deductible Health Plan，HDHP），通过较高免赔额进行风险控制，将资金集中用于大额医疗费用赔付，放大杠杆效应，大幅提高赔偿额度，从而使得百万医疗险具有免赔额较高、保额较高、保费较低以及保障范围较广等特点。总体来看，百万医疗险以较低的保费提供较高的保额，弥补了现有医保体系在高额医疗费用保障方面的不足，对于满足人民群众医疗保障需求、完善健康保险产品市场结构具有重要意义。

百万医疗险的实践也推动了 2020 年以来城市定制型商业医疗保险的快速发展。城市定制型商业医疗保险秉承了百万医疗险的风险控制理念，通过提高起付线为降低保费释放了巨大的空间，并对既往症开放投保，涵盖了目录外的医疗费用赔付，或是针对选定"特药"给予赔付，为罹患重大疾病、支付大额医疗费用的患者提供费用补偿，具有低门槛、高保额、高杠杆、价格惠民等特点。

（一）短期医疗保险快速成长

2020 年，医疗保险保费收入 3221.6 亿元，同比增长 31.9%，占比 39.4%。过去五年，医疗险一直保持 30% 左右的增长速度。近几年，城乡居民大病保险的全面覆盖及保费增加、百万医疗险和城市普惠保险的推出等都促进了医疗保险业务的快速发展。

第一，大病保险进一步创新发展。截至 2020 年末，18 家保险公司在全国 31 个省（区市）开展了大病保险业务，覆盖了 12.2 亿名城乡居民（包含部分城镇职工）。大病保险制度实施九年来，累计赔付 5535.88 万人，全国大病患者实际报销比例在基本医保的基础上平均提升了 10～15 个百分点，最高报销金额 111.6 万元，有效缓解了城乡居民因病致贫、因病返贫问题，对维护社会稳定、推动社会发展有积极意义。

一些地方不断探索大病保险创新发展模式，如浙江金华大病保险"选缴保费法"受到广泛关注。为了破解因病致贫、因病返贫问题，全面提升多层次医疗保障水平，从 2018 年开始，浙江金华市在原有的大病保险制度基础上，在全市统一实施"选缴保费法"大病保险制度。2021 年金华选缴人数突破 456.2 万，选缴率达 90%。通过扩大报销范围、降低起付线、提高报销比例、取消封顶线等举措，实现了大病保障选缴人数、筹资和待遇水平的大幅提升，大病综合报销平均水平从改革前的 62% 大幅提高到 80%，最高可达 95% 以上，已为 48.3 万名患者减轻费用负担 49.8 亿元，极大地化解了群众因患重特大疾病而增加家庭灾难性支出的风险。

第二，百万医疗险是近年来商业健康保险市场的重大创新。百万医疗险通过设定较高的自付金额（一般为 1 万元），提升杠杆率，提高保障额度，补齐了医疗保障体系中对高额医疗费用保障缺失的短板，以较低的保费提供较高的保额，对于满足人民群众医疗保障需求、完善健康保险产品市场结构具有重要意义。百万医疗险产品设计简单、责任清晰，主要通过互联网平台销售，符合互联网时代的消费习惯，这也是其快速发展的原因之一。2019 年百万医疗险参保人 6300 万，保费收入为 345 亿元，同比增长 102.9%。艾瑞咨询估计 2020 年参保人 9000 万人，规模达到 500 亿元。

第三，普惠补充医保全面兴起。从 2020 年开始，"一城一险"的普惠补充医保快速推广，截至 2021 年 10 月，已覆盖超过 100 多个地市，参保人数超 7000 万人。普惠补充医保以低保费、低投保门槛、高保额、广覆盖、互联网投保为特征，以降低高额医疗费用为目标，做好与基本医保的衔接，做到普惠适民。一是低保费、高保额。市场上大部分普惠补充医保产品价格都在百元以内。一些地方增加保险责任（特别是扩大目录外保障范围）后，产品价格也有一定程度的提高，比如，深圳专属医疗险 365 元/年，西湖益联保价格 150 元/年。整体而言，保费仍较低。根据保障责任不同而设定不同的保额，保额基本高达 100 万~300 万元。二是广覆盖、低门槛。针对当地基本医保参保人实现"三不限"，不限年龄，0 岁到 100 岁及以上者都能参保；不限健康，大部分地区不限制被保险人健康状况，仅针对部分特定既往疾病患者进行一定限制；不限职业，实现居民与职工、在职与退休同价同保障。通过科学的保险合约设计，一方面，吸引更多人参保；另一方面，将风险控制在合理范围内。三是互联网、数字化运作,包括互联网投保、移动支付、在线客服、电子保单等。移动支付的实名认证为线上快速投保提供了有力的支持。通过线上手段,仅需姓名、身份证号、手机号就能投保,实现投保流程便捷化。

普惠补充医保是对基本医保、大病保险(职工大额)及商业健康保险的有效补充,是多层次医疗保障体系的有机组成部分。从筹资来看,普惠补充医保区别于大病保险(职工大额),保费来源于投保人(少数城市允许从职工个账扣款),减轻了财政和基金负担。从参保人群看,普惠补充医保项目保障人群为当地基本医保参保人,不限年龄,实现职工与居民统一价格,体现了保障人群的共济。从产品责任看,普惠补充医保在产品责任上进一步拓展,针对基本医保、城乡居民大病保险(职工大额)报销的医疗费用进行一定比例的报销,提升整体的医疗保障水平。同时责任范围往往包含目录外特药、目录外住院费用等。由于具有普惠性质,普惠补充医保的保障程度相对门槛更高的百万医疗险而言仍稍显不足,如免赔额较高,无法报销部分高端仪器、靶向药、进口药等。同时,普惠补充医保为老百姓提供了了解商业健康保险产品的机会,有助于普及保险知识、拓展保险市场,同时进一步挖掘老百姓对更高层级商业健康保险的需求。目前,普惠补充医保对商业健康保险、百万医疗险的替代作用有限,三者面向的客群(高龄段人群、既往症及保险认知程度)存在差异,从长期看有利于整体促进商业健康保险发展(见表1)。

表1 普惠补充医保、大病保险和商业健康保险的区别

类别	居民大病/职工大额	普惠补充医保	商业健康保险
基金/保费	从基本医保划拨	个人付费(少数从职工个账支付)、统一保费	分年龄段
参保人群	不限年龄职业、基本医保参保人	不限年龄职业,基本医保参保人	年龄限制(高龄老人难以承保)
保障内容	医保目录内,不限既往症	以目录内"住院+特药"为主,一般对重大疾病患者可投保但不承担既往症赔付	核保条件严格,不承担既往症赔付

（二）长期医疗保险创新探索

一直以来，我国长期医疗保险产品较少，难以满足客户长期医疗保障和稳定续保需求。

2019年11月，中国银保监会发布《健康保险管理办法》，明确保险公司可以在保险产品中约定对长期医疗保险产品进行费率调整，不得约定在续保时保险公司有减少保险责任和增加责任免除范围的权利。2020年3月，中国银保监会办公厅下发《关于长期医疗保险产品费率调整有关问题的通知》，对长期医疗保险费率调整进行详细规定。2021年1月，中国银保监会办公厅下发《关于规范短期健康保险业务有关问题的通知》，要求短期健康保险产品明确表述"不保证续保"条款，不得使用"自动续保"、"承诺续保"和"终身保额"等易与长期健康保险混淆的词名。监管部门政策导向明确，希望"限短促长"，引导保险公司大力发展长期医疗保险，全面规范短期健康保险市场。

在市场需求推动与政策引导下，大型寿险公司、专业健康险公司开始推出保险期较长（15年以上）、费率可调整的长期医疗保险，如人保健康的"终身防癌医疗险"、太平洋寿险的"安享百万长期医疗险"、平安健康的"平安e生保长期医疗险"等（见表2）。

表2　三款长期医疗保险比较

产品	终身防癌医疗险	安享百万长期医疗险	平安e生保长期医疗险
公司	人保健康	太平洋寿险	平安健康
投保年龄	28天至70周岁	30天至65周岁	30天至55周岁
保证期间	终身	保证15年，产品未停售情况下最高续保至85岁	保证20年
等待期	90天	90天	90天
一般医疗保障	400万元（无理赔每年保额增加20万元，最高500万元）	100万元（无理赔每年保额增加20万元，最高200万元）	200万元（保证续保期总保额800万元）

续表

产品	终身防癌医疗险	安享百万长期医疗险	平安e生保长期医疗险
特定疾病医疗保障	指定84种特药（含医保目录内和目录外，定期更新特药清单）	200万元（55种特定疾病）、400万元（105种重大疾病），重症监护和ECMO的津贴（每天1000元，每年最高3万元）	120种疾病,200万元（保证续保期总保额800万元）
一般医疗保险免赔额	1万元（一般医疗和特药共用）	1万元	1万元
住院前后门急诊	前30天后30天	前7天后30天	前30天后30天
医院范围	二级及以上公立医院普通部，指定57家知名医院报销比例为100%，其他医院报销比例为90%	二级及以上公立医院普通部、上海市质子重离子医院	二级及以上公立医院普通部
报销比例	90%~100%报销，未经社保报销60%	100%报销，未经社保60%	100%报销，未经社保报销60%
续保优惠费率	无	无	超优体可享受8折
续保调费上限	30%	30%	30%

以上三款长期医疗保险都是在百万医疗险的基础上，延伸了长期保障功能，对长期医疗险做出了积极的探索。除了终身防癌医疗险外，其他两款分别提供15年和20年保证续保，在续保调费上都设计为最高30%的调价空间。

（三）商业健康保险与药企深入合作

近年来，部分保险公司与药企合作开发疗效险。药企付费购买，保险公司选择疗效较为稳定且慢性病为主的产品，患者在药品续方时通过扫码药盒等方式获得保障，一旦疗效失效，保险公司进行赔付。这带来了多赢的结果：药厂提高了患者的用药依从性，强化了产品的患者管理；保险公司获得了客户、数据；患者得到了保障，依从性提高，风险降低。

2019年以来特药险进一步发展。特药险往往针对癌症靶向药，覆盖常见癌症和非目录药品（社保外自费负担最重、最刚需），通常包含50~70种药品以及药店直付、药品供应保障等服务。特药险打通商保与医药行业，不再是单纯的事后报销，而是采用实物直付，直接与供应链议价结算，由商保制定药品目录，提供特定的医保目录外保障。商保与药品领域的融合，特别是完成对最刚需的高价院外癌症特药的支付，是商保撬动医保外费用管理、成功打通医药渠道的起点。

2020年以来，特药险在惠民保中得到进一步应用。从各地普惠补充医保的保障范围来看，普遍增加医保目录外药品保障责任，可以大致分为以下三类。

一是"医保内住院+特药"责任。典型产品包括广州"惠民保"等。早期的普惠补充医保产品多为此类责任形态。

二是"医保内住院+门慢门特费用+特药"责任。典型产品包括成都"蓉惠保"等，保障范围为医保范围内住院费用、门慢门特费用，加上恶性肿瘤特药责任。

三是"医保内住院+医保外住院+特药（可能有）"责任。目前，宁波、深圳、佛山、广州、杭州等突破医保目录，提供目录外的保障。

随着各地普惠补充医保项目持续落地，保险产品的责任范围也在不断拓展。从2021年新上线的项目来看，"医保内住院+医保外住院+特药"的产品责任逐步成为主流，部分地区普惠补充医保产品还将质子重离子费用等纳入保险责任范围。

（四）"大健康"融合不断推进

近年来国家政策积极支持健康保险与健康服务业的融合。《国务院关于加快发展现代保险服务业的若干意见》（也称"新国十条"）提出，支持保险机构参与健康服务业资源整合，探索运用股权投资、战略合作等方式，设立医疗机构，参与公立医院改制。2013年9月，国务院《关于促进健康服务业发展的若干意见》提出，鼓励企业、慈善机构、基金会、商业保险机构等以出资新建、参与改制、托管、公办民营等多种形式投资医疗服务业。2016年10月，中共中央、国务院发布的《"健康中国2030"规划纲要》提出，促进商业保险公司与医疗、体检、护理等机构合作，发展健康管理组织等新型组织形式。这些政策推动了健康保险与健康服务业的融合,近年来"大健康融合"呈现如下发展态势。

第一,"健康保险+健康服务"深度合作。保险公司进一步加强与医疗、体检、护理等机构的合作,一方面在健康产品中为参保人提供健康风险评估、健康体检、健康咨询等服务;另一方面通过发挥支付方管控力量,加强对医疗行为的监督和对医疗费用的控制,促进医疗服务行为规范化。

第二,"保险资金+健康产业"资本投资。大型保险集团多选择重资产投入,自建体系或利用资本运作,谋求与健康服务业的整合。尤其是一些大型保险集团通过延伸产业链条,构建涵盖健康保障、健康服务、医疗护理、养老社区等"大健康"的产业链、服务链和生态圈,有效延伸健康险服务空间、产业空间和投资空间,这既可以促进主业发展、丰富服务内涵、强化风险管控,也可以延伸投资链条、形成多元盈利,增强竞争优势。实现健康保险与健康服务业融合,构建"大健康"生态圈,已经成为部分保险公司巩固竞争优势的重要战略选择,如泰康集团搭建"大健康产业生态体系";中国人寿成立大健康产业基金,着手布局"保险+医疗"的健康格局;平安集团聚焦"大金融资产"和"大医疗健康"两大发展战略。

第三,"健康产业+健康保险"反向跨界。健康服务业巨头纷纷布局医疗大健康产业,如复星集团跨界进军健康险市场,取得专业健康险公司牌照;美年大健康等公司也积极申请健康险公司牌照。这些健康服务企业进入健康险市场,将健康管理与健康险等结合起来,发挥在医疗、制药以及健康管理方面的优势,形成协同效应。通过布局商业健康保险,与医保控费、慢性病管理和疾病预防等形成互动,从而可能催生新的商业模式。

二 商业健康保险新兴模式的主要驱动因素

(一)经济社会转型发展拉动商业健康保障需求

一是人口老龄化加剧。目前,我国以前所未有的速度步入老龄化社会。

截至2020年底，我国60岁及以上人口2.64亿人，占总人口的18.7%；65岁及以上人口1.9亿人，占总人口的13.5%（见图2、图3）。据预测，2050年，我国60岁及以上人口4.88亿人，占总人口的35.65%（见图4）；65岁及以上人口3.97亿人，占总人口的29%（见图5）。研究表明，老龄人口发病率尤其是慢性病发病率是社会平均水平的2~3倍，对健康服务的需求是一般群体的3~5倍。人口老龄化进程的加快，将使医疗、照护、健康保障等需求加速井喷。随着人口老龄化，劳动人口减少，缴纳基本医保基金的人口减少，社会医疗保险制度将面临较大挑战。

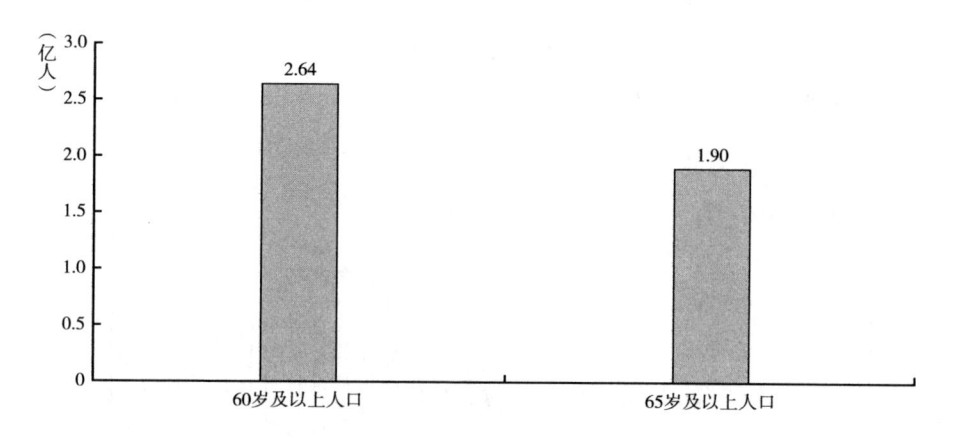

图2　2020年我国老年人口数量

资料来源：第七次全国人口普查数据。

二是疾病模式转变。随着城镇化的加速推进，人们生产生活方式改变，人口大规模快速流动，我国疾病模式发生重大转变，传染性疾病防控形势严峻，慢性非传染性疾病威胁上升，成为重大公共卫生问题。据统计，慢性病严重威胁我国居民健康，我国居民慢性病死亡人数占总死亡人数的比例高达86.6%，造成的疾病负担占总疾病负担的70%以上，已成为影响国家经济社会发展的重大公共卫生问题。国际经验表明，慢性病防控的成功策略是以健康教育和健康促进为主要手段，针对慢性病的共同危险因素，在全人群、高危人群和患者中开展主动的慢性病综合防治。而我国基层医疗卫生机构的服

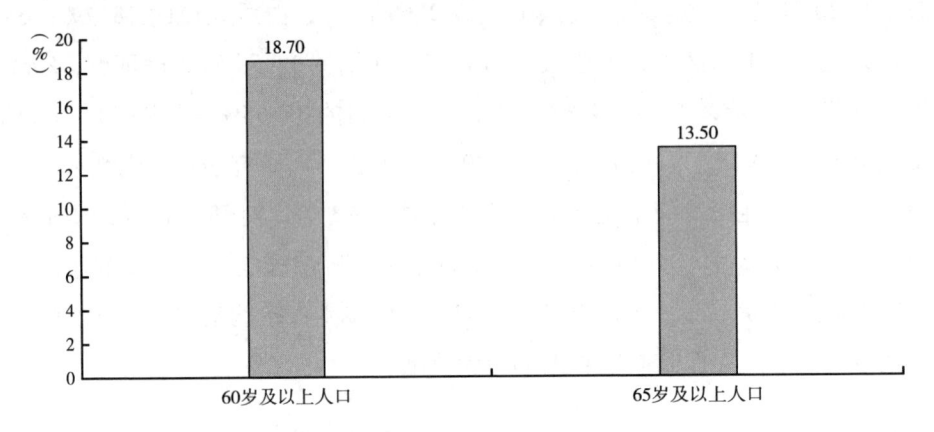

图3　2020年我国老年人口占比

资料来源：第七次全国人口普查数据。

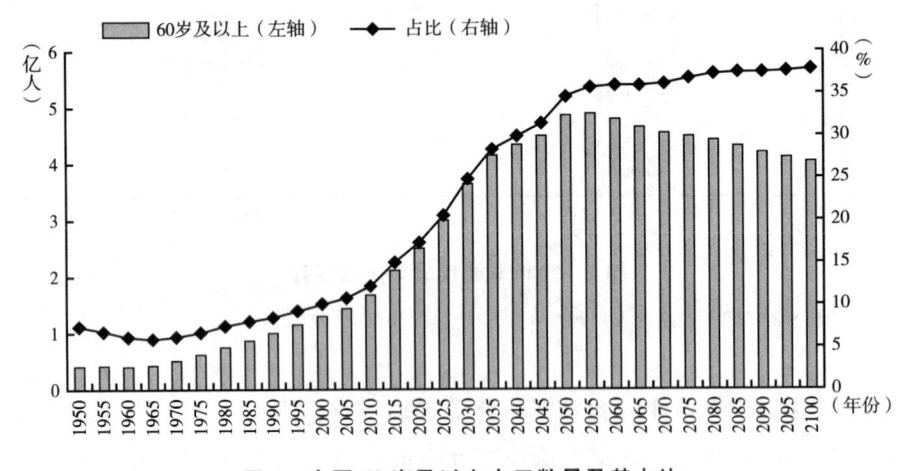

图4　中国60岁及以上人口数量及其占比

资料来源："The 2019 Revision of World Population Prospects"。

务能力并不能满足居民针对慢性病的卫生服务需求，对财政投入和医疗保险也提出了更高的要求。慢性病区别于传统传染性疾病的发病特点及治疗手段，要求诊疗方式由传统的疾病治疗向健康管理转变，这也要求我国医疗保障体系的重点由"医疗保障"转向"健康保障"。

图 5 中国 65 岁及以上人口数量及其占比

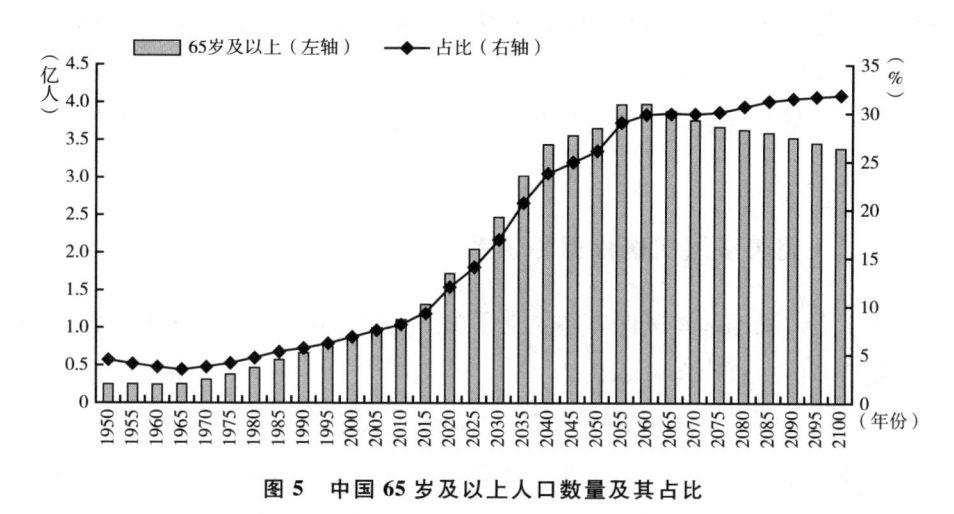

资料来源："The 2019 Revision of World Population Prospects"。

三是消费模式不断升级。一方面，城镇化进程带来消费结构升级，推高医保基金支出水平。第七次全国人口普查数据显示，2020 年我国常住人口城镇化率达到 63.89%，比 2010 年提高了 14.21 个百分点，与前一个 10 年提高 13.46 个百分点相比，常住人口城镇化率在近十年间提升速度有所加快。① 根据发达国家的城镇化经验，城镇化率为 30%~70% 是加速城镇化时期，发达国家的城镇化率在 80% 左右。城镇化推动经济发展，大量居民从农村转入城镇后，收入增加，医疗保障水平提高，就医意识增强，医疗需求不断增长，而收入增加和全民参保有利于释放居民的医疗需求，以前忽视的健康问题将得到积极防治。居民需求的增加将带动医疗消费，推动医疗费用攀升。调查显示，城镇化进程中居民医疗消费水平逐年提高，城镇次均门诊费用和住院率高于农村。另一方面，中产人群快速增加，对多层次医疗保障体系提出更高的要求。我国中等收入人群达 4 亿人，规模为全球最大。2020年，中等收入家庭人口占全国家庭总人口的比例达到 43%，2025 年达到

---

① 《我国人口发展呈现新特点与新趋势——第七次全国人口普查公报解读》，http://www.stats.gov.cn/tjsj/sjjd/202105/t20210513_ 1817394.html，2021 年 5 月 13 日。

50%。在健康方面，人们不再满足于看得起病、看得上病，而且希望看得好病，有差异化的就医选择和个性化的服务。基本医保难以满足中产阶层多样化的需求。覆盖高质量、多元化医疗保障资源的商业健康险产品将受到更多人的青睐。

（二）完善多层次医疗保障体系

近年来，我国基本医保体系收支平衡压力持续增大，应发展商业健康保险，完善多层次医疗保障体系。

第一，政府卫生费用支出增速快于财政收入增速。我国医疗卫生费用持续保持较快增长势头。卫生总费用从 2009 年的 17541.9 亿元增长至 2019 年的 65195.9 亿元，年均复合增长率 14%，同期卫生总费用占 GDP 比重由 5.1% 增长至 6.6%。与此同时，政府卫生费用支出大幅增加。我国政府卫生费用支出由 2009 年的 5625.5 亿元上升到 2019 年的 17428.5 亿元，年均复合增长率达 12%。我国财政收入由 2009 年的 68477 亿元增长到 2019 年的 190382 亿元，年均复合增长率为 10.8%。政府卫生费用支出增速快于财政收入增速，为我国财政带来压力。

第二，医保基金收支平衡压力持续增大。医疗消费在医保第三方支付下具有内在需求扩张冲动，加之医疗资源总体不足和结构失衡，预计医保基金还有一段高位增长期，医疗费用增长控制在 10% 左右是比较好的结果，但这也是 6% 左右的 GDP 增速难以覆盖的。国家医保局成立以来，迅速开展了带量采购、支付方式改革、基金监管等工作，但由于医疗福利的刚性和基金增长的惯性，2018~2019 年基本医保基金筹资增速持续低于支出增速。部分统筹地区已经收不抵支。2018 年职工医保统筹地区 657 个，其中 106 个地区出现当期赤字，10 个地区出现累计赤字；居民医保统筹地区 670 个，其中 183 个地区出现当期赤字，9 个地区出现累计赤字。

第三，个人支付医疗费用的比例仍然较高。2020 年，全国卫生总费用 7.23 万亿元，其中个人卫生现金支出超过 2 万亿元，占比 28%（见图 6）。虽然 2009 年以来新医改取得了很多成就，如实现全民医保，但中国居民灾难性医疗支出（居民的医疗支出占非食物性支出的比重超过40%）并没有显著减少。

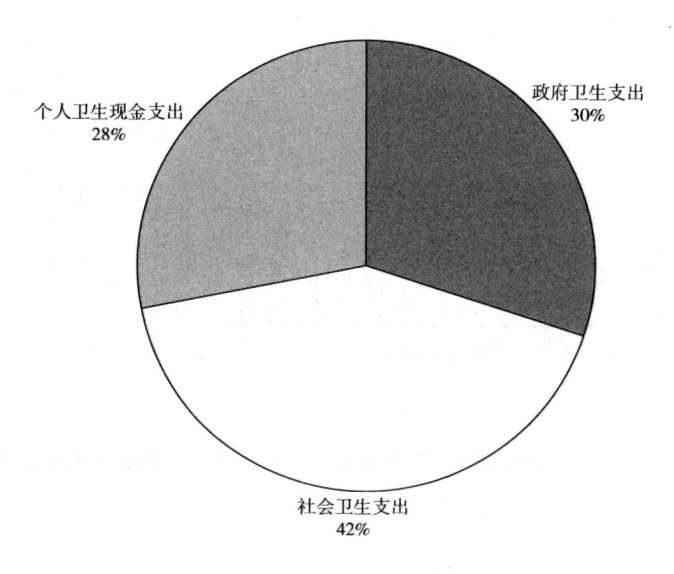

图6 2020年全国卫生总费用构成

资料来源：《2020年我国卫生健康事业发展统计公报》。

第四，商业健康保险发挥的作用仍然较为有限。近年来，我国商业健康保险发展迅速，2020年保费收入为8172.71亿元，占人身保险保费收入的比例呈增长趋势（见图7）。但赔款支出仅为2921亿元，在卫生总费用中的占比只有4.04%（见图8），占个人卫生支出的比重不足15%（见图9）。另外，2020年城镇职工医保和居民医保的整体赔付超过2万亿元，商业健康险的赔付占比不到基本医保的1/7，其中还有很多是重疾险赔付，与医疗赔付没有直接关系。

综上所述，在当前多层次医疗保障体系下，基本医保面临长期收支平衡压力，个人自付医疗费用比例仍然较高，商业健康保险发挥的作用较为有限。因此，在进一步加强医疗保险基金有效管理的同时，应加快发展商业健康险，通过市场化、多样化、多层次的商业健康险为基本医保减压，满足人们多元化、个性化的健康保障需求。

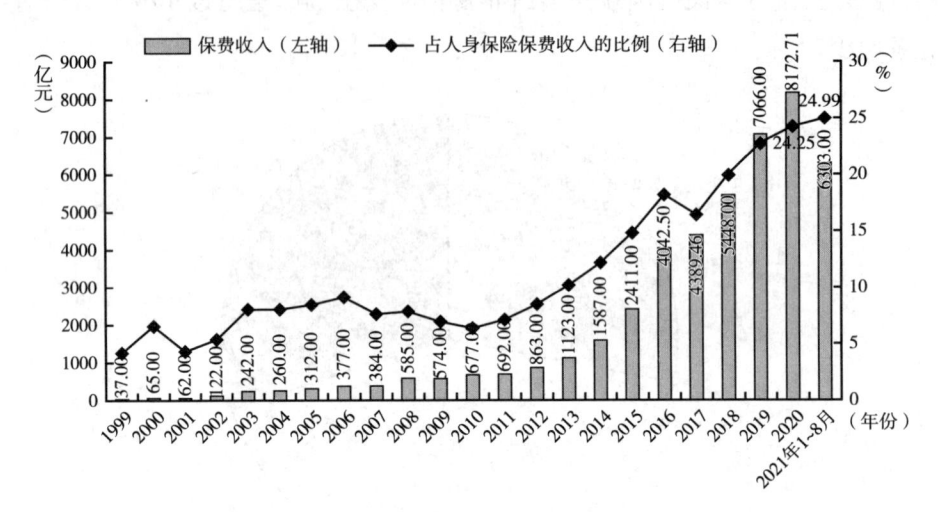

图7 我国商业健康保险保费收入及其占人身保险保费收入的比例

资料来源：中国银保监会。

图8 我国商业健康保险支出占卫生总费用的比例

资料来源：中国银保监会、国家卫健委。

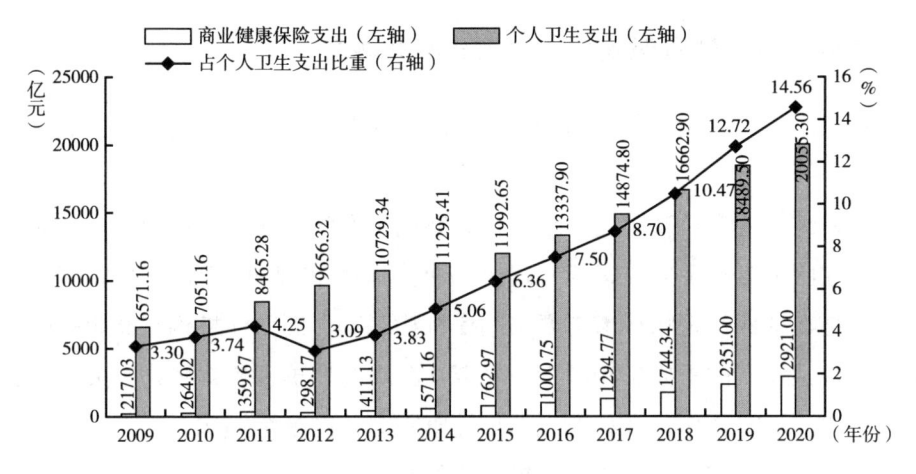

图 9 我国商业健康保险支出占个人卫生支出比例

资料来源：中国银保监会；国家卫健委。

（三）创新药和疗法支付创新推动商业健康保险与药品融合

创新药可以延长寿命、提高生活质量、预防疾病、减少医疗费用及促进经济发展。靶向治疗、活细胞提取药物、免疫疗法、CAR－T细胞治疗及CRISPR基因编辑等创新疗法为延长患者生命提供了新的可能。如在肿瘤领域，创新疗法相比传统化疗使患者五年生存率有显著提升。中国每年新增约400万名癌症患者，"健康中国2030"提出了五年生存率提升15%的目标，创新药和疗法对于实现该目标而言意义重大。

创新药产业持续健康发展需要相匹配的支付水平，但我国创新药支付体系尚难以形成有效的创新激励。基于我国创新药审批流程加速和医保目录动态调整，很多创新药正处在产业的"导入期"和"成长期"，需要合理的价格水平加以保护和激励。但医保谈判降价显著，药品专利维持时间较短，创新药的成长期往往较短，经常过早出现微利甚至亏损现象，药企难以有效弥补前期较大的研发投入。

保险机构通过开发与创新药以及创新疗法相结合的商业健康保险产品，可以成为支持创新的重要支付方，支撑创新医药合理的专利回报。

（四）商业健康保险与健康服务不断融合

近年来，保险机构积极布局医疗生态，商业健康保险与健康服务业融合发展。

一是天然的合作基础。保险公司，特别是寿险公司，虽行业上属金融性质，但在服务对象及内在运营机理上与医疗服务和健康管理行业高度契合。寿险业务在核保、理赔环节需要与医疗机构联动。而医疗机构是商业健康保险实现良性发展的重要影响因素。养老社区与医疗护理机构密切相关。通过投资设立、战略合作等多种方式涉足健康服务业的各个领域，可充分发挥保险公司联系广大客户和健康服务机构的独特作用。

二是匹配的投资属性。保险资金长期稳定的特点，使其非常适合投资规模大、盈利周期长、现金流稳定、回报较丰厚和弱经济周期的健康服务业。通过投资健康服务业，可优化投资组合，改变保险公司过度依赖资本市场的盈利模式。

三是双赢的内在机制。从产业协同角度，寿险公司与医疗健康产业可以互相推荐高端客户、分享客户数据、合作开发满足个人或医疗机构需要的健康金融产品，彼此深度支持业务发展。通过参与健康服务业，保险公司可进一步加强对医疗行为的监督和医疗费用的管控，有利于提高健康险经营效益。同时，通过健康管理、健康教育等方式，引导客户形成良好的生活习惯，加强对客户的慢性病管理，能有效控制赔付率。

四是服务的竞争优势。保险公司产品很难差异化，真正比拼的是服务。通过战略合作或直接投资于与保险主业紧密相关的健康管理、医疗、养老、护理等机构，逐步提供涵盖疾病预防、健康体检、健康咨询、治疗、康复护理等领域的健康服务，完善"大保险"产业链和健康服务链，增强市场差异化竞争优势。

（五）国家政策支持促进商业健康保险发展与创新

自新医改以来，党中央、国务院始终高度重视商业健康保险在多层次保障体系中的作用，密集出台多个促进商业健康保险发展的重要文件，并在多个重磅文件中对商业健康保险的定位和发展方向予以明确。中共中央、国务院《关于深化医药卫生体制改革的意见》提出，加快建立和完善以基本医疗保障为主体，其他多种形式补充医疗保险和商业健康保险为补充，覆盖城乡居民的多层次医疗保障体系。

2013年，国务院发布的《关于促进健康服务业发展的若干意见》中将商业健康保险作为健康服务业的核心领域加以规划。2014年，国务院发布的《关于加快发展现代保险服务业的若干意见》中将商业健康保险定位为社会保障体系的重要支柱、个人和家庭商业保障计划的主要承担者、企事业单位发起的健康保障计划的重要提供者、社会保险市场化运作的主要参与者。2014年，国务院办公厅发布的《关于加快发展商业健康保险的若干意见》中将商业健康保险定位为要在深化医药卫生体制改革、发展健康服务业、促进经济提质增效升级中发挥"生力军"作用。2016年，《"健康中国2030"规划纲要》提出，健全以基本医疗保障为主体、其他多种形式补充保险和商业健康保险为补充的多层次医疗保障体系。上述政策的出台为促进商业健康保险发展、促进商业健康保险与基本医保融合提供了重要支撑。2020年银保监会等部门联合下发《关于促进社会服务领域商业保险发展的意见》，鼓励商业保险机构参与国家长期护理保险试点、经办基本医保，更好地服务于医保政策制定和医疗费用管理，明确要求提升商业保险机构参与医保服务的质效。支持保险资金投资健康服务产业，设立中西医等医疗机构和康复、照护、医养相结合的健康服务机构。2020年《中共中央 国务院关于深化医疗保障制度改革的意见》是我国商业健康保险发展的顶层设计，从政策上进一步明确其功能定位，带来了政策红利。2021年9月，国务院办公厅发布《关于印发"十四五"全民医疗保障规划的通知》，提出健全多层次医疗保障制度体系，鼓励商业健康保险发展（见表3）。

国家政策支持商保成为医改"生力军"，带动了民众对商业健康保险的保障需求，促进了商业健康保险新型模式不断涌现。

表 3　重要政策文件梳理

时间	文件	颁布机构	涉及商业健康保险的主要内容
2009年3月	《关于深化医药卫生体制改革的意见》	中共中央、国务院	①加快建立和完善以基本医疗保障为主体、其他多种形式补充医疗保险和商业健康保险为补充,覆盖城乡居民的多层次医疗保障体系 ②鼓励商业保险机构开发满足不同需求的健康保险产品,简化理赔手续,方便群众,满足多样化的健康需求。鼓励企业和个人通过参加商业保险及多种形式的补充保险来解决基本医疗保障之外的需求 ③在确保基金安全和有效监管的前提下,积极提倡以政府购买医疗保障服务的方式,探索委托具有资质的商业保险机构经办各类医疗保障管理业务
2012年8月	《关于开展城乡居民大病保险工作的指导意见》	国家发展改革委、卫生部、财政部、人力资源社会保障部、民政部、保监会	①利用商业保险机构的专业优势,支持商业保险机构承办大病保险业务,发挥市场机制作用,提高大病保险的运行效率、服务水平和质量 ②采取向商业保险机构购买大病保险的方式
2013年9月	《关于促进健康服务业发展的若干意见》	国务院	①商业健康保险产品更加丰富,参保人数大幅增加,商业健康保险支出占卫生总费用的比重大幅提高,形成较为完善的健康保险机制 ②鼓励发展与基本医疗保险相衔接的商业健康保险,推进商业保险公司承办城乡居民大病保险,扩大人群覆盖面。积极开发长期护理商业险以及与健康管理、养老等服务相关的商业健康保险产品 ③鼓励以政府购买服务的方式委托具有资质的商业保险机构提供各类医疗保险经办服务

续表

时间	文件	颁布机构	涉及商业健康保险的主要内容
2014年8月	《关于加快发展现代保险服务业的若干意见》	国务院	①商业保险要逐步成为个人和家庭商业保障计划的主要承担者、企业发起的养老健康保障计划的重要提供者、社会保险市场化运作的积极参与者。支持有条件的企业制定商业养老健康保障计划。支持保险机构大力开展企业年金等业务。充分发挥商业保险对基本养老、医疗保险的补充作用 ②鼓励保险公司大力开发各类医疗、疾病保险和失能收入损失保险等商业健康保险产品,并与基本医疗保险相衔接 ③完善健康保险有关税收政策。落实和完善企业为职工支付补充养老保险费和补充医疗保险费有关企业所得税政策
2014年10月	《关于加快发展商业健康保险的若干意见》	国务院办公厅	①充分发挥市场机制作用和商业健康保险专业优势,扩大健康保险产品供给,丰富健康保险服务,使商业健康保险在深化医药卫生体制改革、发展健康服务业、促进经济提质增效升级中发挥"生力军"作用 ②大力发展与基本医疗保险有机衔接的商业健康保险。鼓励企业和个人通过参加商业保险及多种形式的补充保险使基本医保之外的需求得到满足 ③加大政府购买服务力度,按照管办分开、政事分开要求,引入竞争机制,通过招标等方式,鼓励有资质的商业保险机构参与各类医疗保险经办服务,降低运行成本,提升管理效率和服务质量

续表

时间	文件	颁布机构	涉及商业健康保险的主要内容
2015年7月	《关于全面实施城乡居民大病保险的意见》	国务院办公厅	①2015年底前,大病保险覆盖所有城镇居民基本医疗保险、新型农村合作医疗参保人群,有效减轻大病患者看病就医负担 ②对商业保险机构承办大病保险的保费收入,按现行规定免征营业税,免征保险业务监管费;2015~2018年,试行免征保险保障金政策
2016年1月	《关于整合城乡居民基本医疗保险制度的意见》	国务院	①充分发挥市场机制作用,调动社会力量参与基本医保经办服务 ②鼓励有条件的地区创新经办服务模式,推进管办分开,引入竞争机制,在确保基金安全和有效监管的前提下,以政府购买服务的方式委托具有资质的商业保险机构等社会力量参与基本医保的经办服务
2016年10月	《"健康中国2030"规划纲要》	中共中央、国务院	①健全以基本医疗保障为主体、其他多种形式补充保险和商业健康保险为补充的多层次医疗保障体系 ②逐步引入社会力量参与医保经办 ③落实税收等优惠政策,鼓励企业、个人参加商业健康保险及多种形式的补充保险。丰富健康保险产品,鼓励开发与健康管理服务相关的健康保险产品。促进商业保险公司与医疗、体检、护理等机构合作,发展健康管理组织等新型组织形式。到2030年,现代商业健康保险服务业进一步发展,商业健康保险赔付支出占卫生总费用的比重显著提高

续表

时间	文件	颁布机构	涉及商业健康保险的主要内容
2016年12月	《关于印发"十三五"深化医药卫生体制改革规划的通知》	国务院	①积极发挥商业健康保险机构在精算技术、专业服务和风险管理等方面的优势,鼓励和支持其参与医保经办服务,形成多元经办、多方竞争的新格局。在确保基金安全和有效监管的前提下,以政府购买服务方式委托具有资质的商业保险机构等社会力量参与基本医保的经办服务,承办城乡居民大病保险 ②制定和完善财政税收等相关优惠政策,支持商业健康保险加快发展。鼓励企业和居民通过参加商业健康保险使基本医保之外的健康需求得到满足
2019年3月	《关于推进养老服务发展的意见》(国办发〔2019〕5号)	国务院办公厅	①加快实施长期护理保险制度试点,推动形成符合国情的长期护理保险制度框架。鼓励发展商业性长期护理保险产品,为参保人提供个性化长期照护服务 ②支持老年人投保意外伤害保险,鼓励保险公司合理设计产品,科学厘定费率
2020年1月	《关于促进社会服务领域商业保险发展的意见》	中国银保监会等13部门	①坚持健康保险的保障属性,引导商业保险机构完善保障内容,提高保障水平和服务能力。鼓励商业保险机构满足消费者需求,提供覆盖医疗、疾病、康复、照护、生育等领域的综合性健康保险产品和服务。用足用好商业健康保险个人所得税优惠政策,适时扩大相关保险产品范围 ②鼓励商业保险机构经办基本医保、医疗救助等,提供优质服务。探索商业健康保险信息平台与国家医疗保障信息平台信息共享,强化医疗健康大数据运用,推动医疗支付方式改革,更好服务医保政策制定和医疗费用管理。鼓励商业保险机构参与国家长期护理保险试点

续表

时间	文件	颁布机构	涉及商业健康保险的主要内容
2020年2月	《关于深化医疗保障制度改革的意见》	中共中央、国务院	促进多层次医疗保障体系发展。强化基本医疗保险、大病保险与医疗救助三重保障功能,促进各类医疗保障互补衔接,提高重特大疾病和多元医疗需求保障水平。完善和规范居民大病保险、职工大额医疗费用补助、公务员医疗补助及企业补充医疗保险。加快发展商业健康保险,扩大健康保险产品供给,用足用好商业健康保险个人所得税政策,研究扩大保险产品范围
2021年9月	《关于印发"十四五"全民医疗保障规划的通知》	国务院办公厅	①鼓励商业健康保险发展 ②鼓励产品创新。鼓励商业保险机构提供医疗、疾病、康复、照护、生育等多领域的综合性健康保险产品和服务,逐步将医疗新技术、新药品、新器械应用纳入商业健康保险保障范围。支持商业保险机构与中医药机构合作开展健康管理服务,开发中医治未病等保险产品。更加注重发挥商业医疗保险的作用,引导商业保险机构完善保障体系,提高保障水平和服务能力 ③完善支持政策。厘清基本医疗保险责任边界,支持商业保险机构开发与基本医疗保险相衔接的商业健康保险产品,更好覆盖基本医保不予支付的费用。按规定探索推进医疗保障信息平台与商业健康保险信息平台信息共享 ④加强监督管理。规范商业保险机构承办大病保险业务,建立并完善参与基本医疗保险经办的商业保险机构绩效评价机制。落实行业监管部门责任,加强市场行为监管,加强商业健康保险产品设计、销售、赔付等关键环节的监管

（六）健康保险新模式涌现

为进一步推动和规范健康保险发展，2019年11月，银保监会发布新修订的《健康保险管理办法》，主要的修订和创新有以下几方面：一是在定位上，将健康保险定位为国家多层次医疗保障体系的重要组成部分。二是在健康保险姓"保"上，坚持健康保险保障属性，强调发展健康保险的目的在于提升人民群众健康保障水平，明确各类健康保险产品的产品特点和要求，将医疗意外险纳入健康保险范畴。三是在健康保险姓"健"上，支持健康保险与健康管理相结合，提供疾病预防、慢性病管理等服务，降低健康风险，减少疾病损失。四是在促进产业发展上，鼓励健康保险产品针对医疗新方法、新药品、新器械提供保障，支持医学进步，促进健康产业发展。顺应互联网时代发展趋势，支持通过数字技术等手段方便健康保险合同履行。五是在支持医疗保险长期化上，明确长期医疗保险可以进行费率调整，应对疾病谱变化、医疗技术进步带来的医疗费用上涨，并支持健康保险产品结构向长期化方向发展。为规范费率可调的长期医疗保险产品的开发和销售行为，保护消费者合法权益，2020年3月银保监会办公厅下发《关于长期医疗保险产品费率调整有关问题的通知》。

2020年9月，银保监会出台《关于规范保险公司健康管理服务的通知》，规范健康管理服务行为，补齐监管短板。一是对健康管理服务的概念、服务内容和实施目的进行界定。二是提出健康管理服务应遵循的原则（科学、安全、有效）和要求（知情同意权、保护客户的隐私权，确保相关数据和信息安全，并及时做好服务评价反馈和投诉处理）。三是完善健康管理服务的运行规则。对保险公司组织管理、制度建设、从业人员、人才培养、信息系统，以及第三方服务机构的合作范围和资质条件、遴选考核、合作协议、服务监督、质量评价等方面的要求进行了明确。2020年12月，中国保险行业协会联合中国健康管理协会出台《保险机构健康管理服务指引》，包括总则、服务内容、风险分类和方案设置四项标准。四项标准的发布，为保险业的健康管理服务设计总体框架，为引导行业后续的分项健康管理服务标准化奠定了基础。

监管机制的完善为商业健康保险回归保障，探索长期医疗险、健康保险与健康服务融合等奠定了良好的基础。

（七）技术变革为健康险发展提供支撑

技术的不断创新将成为健康险行业高速发展的助推器，在客户、渠道、运营、产品、风控、系统等层面都可以应用以人工智能、区块链、大数据、社交网络、可穿戴设备、云计算等为代表的创新技术。互联网、大数据、物联网等新技术的应用必将带来健康险销售、风控、系统和管理服务等模式的变化。国家加快推进医疗大数据开放和系统互联互通，挖掘医疗数据，提升数据在精准定价、理赔直付、医保合作、业务监测等方面的综合价值将成为商业保险机构增强专业能力的关键。个性化、场景化、普惠型健康险产品有望加速发展。

伴随着大数据、人工智能、云计算、物联网、区块链等技术的成熟，新兴技术逐步渗透至健康险业务流程与各类场景。技术应用于产品设计、推广销售、核保理赔、医疗健康服务等环节，为健康险行业创新发展提供支撑。然而，各技术在不同环节的应用仍在不断探索中。其中，健康险与云计算的结合较深入，大数据与人工智能技术次之，与物联网和区块链技术的结合尚处于早期。

保险公司加速云计算、大数据、人工智能等技术的应用，升级信息化系统，提高运营效率，降低管理成本，控制赔付风险。部分保险集团或公司正在打通内部不同子公司/部门在产品、销售、理赔、客户信息等方面的数据壁垒，建立数据中台，对数据进行识别、清洗、标准化、结构化处理，辅助保险业务流程线上化，并逐步升级至智能化；反之，业务流程改造也将进一步反哺数据中台的建设。然而，不同的保险公司的发展步伐并不统一，大多数公司处在从自动化向智能化过渡的阶段。其中，财险公司的信息系统基础好，改造进程快于寿险公司。

保险机构对技术和服务的需求不断增加。大部分中小保险公司缺乏数据积累与人才储备，自主提供保险科技和医疗健康服务较为困难，进而催生出对第三方委托管理机构的需求，由此更多的公司加入TPA赛道。同时，传统TPA也在寻求价值升级。与此同时，原本赛道外的创业型公司也瞄准健康险市场。在多因素促进下，健康管理、大数据与风控、药品福利管理（PBM）等企业涌入TPA赛道，为保险机构提供了更为精细化的痛点解决方案。

医疗大数据公司及部分保险科技公司积极拓展健康险业务，致力于提升保险机构风控管理能力，辅助保险机构从传统风控向数字化风控转型，并开启对智能化风控的探索。当前，大数据&风控企业向保险机构提供智能化风控支持，协助其产品设计、核保理赔等。其中，部分公司正尝试整合营销销售、健康管理、药品福利管理等业务，但该类业务以采购其他公司的服务为主。

三 完善规则，推动多主体参与商业健康保险模式创新

在商业健康保险模式创新中，通常是多主体合作，发挥各自优势，共同推动新兴模式发展。其中，普惠补充医保是多方主体参与创新的典型代表。目前，政府部门、商业保险机构、第三方平台（医药公司、平台公司、中介公司等）共同推动普惠补充医保快速发展。

（一）政府部门、商业保险公司、第三方平台共同参与

1. 政府部门参与方式

在各地开展的普惠补充医保中，约70%的项目由政府部门指导，约50%的项目由当地的医疗保障局提供指导。政府端参与的职能部门主要是各地医保局，在监督指导的同时，支持商业保险机构设计产品、宣传推广。

对地方医保管理部门来说，参与推动惠民保险，一方面是落地国家关于深化医疗保障体制改革的创新尝试；另一方面，以市场化手段实现医疗保障

体系升级，可以深化居民对商业健康保险的认知，有助于更好地厘清基本医保的边界，使其更好地立足于"保基本"的定位。

从各地政府部门参与情况来看，一般为医保局、银保监、卫健委、民政局、金融办、总工会等部门，可分为以下三类情况。

一是政府部门主导，参与程度深。以深圳、佛山、广州、成都、杭州等地为例，政府部门提供的支持包括：①出台相关文件，比如成都市医疗保障局发布《关于促进健康保险发展完善多层次医疗保障体系的指导意见》；②作为项目指导单位，比如四川省医保局、成都市医保局作为"惠蓉保"的指导单位；③参与项目发布会，比如佛山市、苏州市分管副市长参加项目发布会；④参与项目全过程，提供数据测算，对保障责任、精算定价、商业保险机构准入等方面予以指导；⑤提供宣传支持，在政府主要网站发布项目信息，官方平台增设项目投保链接；⑥提供职工个账余额支持。

二是政府部门指导，参与程度一般。当地政府部门作为项目的指导单位，参与项目新闻发布会等。除此之外，在宣传推广等方面的支持力度相对有限。

三是无政府部门参与，市场化运作。基本以市场化模式操作，无当地政府部门指导支持。

从市场实践经验来看，政府部门的参与程度与项目参保率密切相关。政府部门参与程度高的项目，在产品推广时有更强的政府"背书"，参保率往往较高。

支持用职工个账余额支付保费是政府部门支持型项目的另一大特色。目前，已开通职工个账余额购买普惠补充医保的城市包括深圳、珠海、佛山、苏州、连云港、南通、徐州、丽水、杭州、绍兴、无锡、广州等，主要集中在广东、江苏、浙江三省。这些省份一般已经实施职工个账余额购买商保政策，也有少数地方为普惠补充医保，专门出台支持政策（如珠海、广州等）。从项目结果上看，通过支持个账支付保费，往往有较高的参保率。

普惠补充医保项目的参保人数与各地政府部门支持力度，以及商业保险机构的品牌、销售推广、保险责任和保费等因素密切相关，实际参保覆盖情况差异显著。大部分项目的参保人数都在数万到几十万人。目前,深圳、成都、珠海、东莞、佛山、广州、淄博、丽水、苏州、杭州等项目参保覆盖率较高,参保人数超过 100 万人,参保率高于 10%。

表 4 普惠补充医保部分项目已开通个账支付情况

序号	省份	城市	职工个账余额支付模式
1	广东	深圳	半强制,自动划扣;可通过短信回复"N"不参保
2	广东	珠海	半强制,统一划拨代扣;可通过官微进行不投保登记;2020 年开始需个人确认权益
3	广东	佛山	符合条件可自愿使用,短信回复"Y"或在网站投保中同意使用
4	江苏	苏州、连云港、南通	符合条件自愿使用,"先线上支付后对账退还"模式,即先完成保费支付再通过"个账支付预约"操作退还
5	广东、江苏、浙江	深圳、徐州、丽水、杭州、无锡、广州	支持个账余额缴费,符合条件自愿使用

2. 商业保险公司参与模式

在政府部门参与的情况下,一般由医保部门或银保监(委托保险行业协会)选定商业保险机构为参与主体,确定准入门槛(通过招标、邀约还是准入的方式)。比如,浙江省医保局《关于促进商业补充医疗保险发展进一步完善多层次医疗保障体系的指导意见》提出,各市医疗保障部门会同有关部门选定 2~5 家服务能力强、经营信誉好的保险公司作为支持方,鼓励和引导保险公司采取联保共保等方式承担。从目前各地的实际运作情况来看,既有招标的方式(如广州、杭州、南通等),也有采取委托保险行业协会,通过一定的准入条件和标准选择入围的商业保险机构(如深圳等)。

对商业保险机构而言,在健康保险市场竞争日益白热化的背景下,普惠补充医保产品能够更好地满足客户的医疗保障需求。在参保期,商业保险机构会借助自身网点和渠道资源进行宣传;进入后期理赔阶段,商业保险机构成熟的理赔运营体系将在接受咨询、受理材料和执行赔付方面发挥关键作用。具体可分为以下两种模式。一是多家承保模式。在政府支持和指导的项目中，一般由多家商业保险机构负责承保，这有利于发挥各自优势，同时提高项目可持续运行能力。绝大多数为多家商业保险机构共保，并确定主承保商（如北京、上海、广州等）；少数地方出现多家商业保险机构销售同样产品，由商业保险机构独立承保的情况（如深圳专属医疗险）。二是独家承保模式。一些城市出现仅由一家商业保险机构承保的情况（主要在广东部分地市）。

目前，越来越多的城市选择多家承保模式。目前参与较多的商业保险机构主要是在政府业务上领先的头部企业（如国寿、人保、平安、太保、泰康等）及一些地方性商业保险机构（如东吴人寿、北京人寿、安诚财险等），此类公司在长期政府医保合作的过程中，积累了人才、定价、控费、运营等方面的经验，通过发挥合作优势，获得政府支持。

3. 第三方平台参与情况

除政府部门参与、商业保险机构承保外，第三方平台发挥着重要的作用。成都、广州、苏州、北京等多个城市都选择第三方平台，如思派健康、镁信健康、医渡云等是参与程度较高的第三方平台。此外，腾讯微保、支付宝、水滴筹、轻松筹等互联网流量平台也积极参与其中。

以北京普惠健康保项目为例，北京市医保局、金融监管局、银保监局共同作为监督指导部门，由中国人保、中国人寿、泰康保险、太保寿险、中国平安五家保险公司联合推出，由医渡云提供主运营平台，由中银保信提供数据和技术支持；由支付宝、腾讯微保、京东提供共同投保入口的客户流量平台；由镁信健康、圆心惠保提供特药服务，由金牌护士提供出院后的5次复查陪诊或上门护理增值服务。

（二）完善各主体参与规则

一是明确政府对普惠补充医保的支持。自普惠补充医保推出以来，关于政府是否参与和支持尚存在争议。新冠疫情下民众对于健康风险的关注度提升，一些城市的医保管理部门也认识到群众的需求，积极参与普惠补充医保。这些地方政府有关部门认为，普惠补充医保是多层次保障体系的重要组成部分，通过政府的支持背书，有利于取得群众的信任，快速提高参保率。这对于快速提高多层次医保筹资水平有重要的现实意义。但也有些地方政府部门认为，普惠补充医保的发展是市场化行为，应由市场来解决，采取不支持、不反对的态度。另外，在有政策支持的地区，普惠补充医保是否需要遵循"微利经营"的要求并没有明确。如何进行制度设计，既要避免业务"高利润"，以让利于老百姓，也要避免形成大病保险难以"保本微利"的局面。作为新生事物，普惠补充医保应恪守"惠民"原则，不断完善发展，才能更好地为消费者服务。

普惠补充医保的快速推广，有其时代背景，是具有中国特色的多层次医疗保障体系的有益探索，总体来讲，是通过"政府牵头组织、普惠式特色、市场化融资、商业化运作"的形式，形成健康生态合力和医疗保障合力，应积极予以关注、呵护和支持。要开展实地考察、跟踪研究，总结各地好的做法经验，纠偏发展过程中出现的问题。2021年5月，银保监会办公厅印发了《关于规范保险公司城市定制型商业医疗保险业务的通知》，规范普惠补充医保业务的开展。浙江、江苏、湖南等省医疗保障局会同相关部门，已出台落实普惠型商业补充医疗保险政策的文件，推动省内各地普惠补充医保产品规范化运作。成都等地医保局也已出台政策。相关部门可跟踪省级专项文件的制定和实施情况，通过联系点实现对重点项目的跟踪，必要时加以经验提炼，适时出台普惠补充医保规范发展意见，进一步明确政府对普惠补充医保的支持。

二是推动职工个账余额购买普惠补充医保和商业健康保险。2022年，职工医保个人账户累计结存13712.65亿元。[①] 一方面，基本医保的个人自付医疗费用，特别是大额医疗费用的负担还比较重，另一方面，职工医保个人账户结存余额较高，因此，近年来一些地方政府纷纷出台政策，支持用个人账户余额购买商业健康保险。据不完全统计，浙江省（11地市），山东省

[①] 资料来源：国家医疗保障局：《2022年全国医疗保障事业发展统计公报》，2023年7月10日。

（16地市）、福建省（9地市）、云南省（16地市）、上海市、重庆市，以及江苏苏州、扬州、南通、常州、无锡，广东深圳、中山、惠州，辽宁沈阳、大连、抚顺、辽阳、盘锦、本溪，安徽合肥，湖南长沙，广西南宁，陕西延安等13个省份70多个地市相继出台文件，通过甄选入围商业保险机构，精选健康保险产品，鼓励用职工个账余额购买商业健康保险的创新实践，以少量保费撬动大额保障，能在社会成员之间实现风险共济，放大基金的保障效能，提高医疗补偿水平。同时通过允许为直系亲属投保，缓解资金沉淀问题，发挥个人账户的家庭共济功能，进一步扩大风险共济池。此外，深圳、佛山、苏州、连云港等地，在开展城市普惠补充医保的同时，也支持通过个账余额购买。通过政府指导支持，有利于深化广大参保群众对商保的认知，提高保障意识，扩大参保面，不仅大幅降低销售成本，提高保障效率，也有利于建立多层次医疗保障体系。目前国家层面尚未在相关制度、文件中对职工个账余额购买商业健康保险作出明确的规定，影响了其在更大范围的推广。建议充分吸收各地经验，出台明确的支持政策，促进多层次医疗保障体系完善。

三是完善普惠补充医保经营主体的市场准入与退出机制。在政府参与的情况下，如何选定商业保险机构作为参与主体，由医保部门还是银保监（或保险行业协会）来选择商业保险机构，如何确定准入的门槛，选择招标、邀约还是准入的方式，这些市场准入的规则尚有待明确。通过招标或设置准入条件选择经营主体，有利于促进市场竞争和增强市场活力，但如果招标规则存在缺陷或准入条件设置不合理，则容易诱发寻租和不正当竞争。比如，如果招标的条件与对经办主体的选择标准不太客观，则使得招标易受人为操作、主观偏好和自由裁量权的影响。又如，如果对经办普惠补充医保的主体数量缺乏必要的限制，则可能造成经营主体过多，既诱发各种恶性竞争，又造成市场主体重复投入，带来资源浪费。再如，如果经办期限偏短，则造成经办主体缺乏稳定的预期，诱发短期行为，使得经办主体不愿意长期投入，不利于提升对参保人的服务水平。另外，由于大多数普惠补充医保推出时间不长，还没有建立起有效的市场退出机制。

因此，要完善普惠补充医保经营主体的市场准入与退出机制。一方面，在市场准入上要引导公司对普惠补充医保开展专业化经营，强化持续经营的预期，从而鼓励保险公司增加投入，提升服务质量。为此，承保机构遴选应以服务能力、合规经营能力、风险管控能力为基本导向和前提，坚持规范有序、适度竞争。在满足绩效评价要求的前提下，承保机构应保持相对稳定，一经确定有效期原则上不少于3年。稳定市场主体经营期限，有助于稳定市场主体的经营预期，促进经办机构加大投入，降低市场运行成本。另一方面，要建立真正的市场化退出机制，赋予公司以硬性的市场约束。经营行为不规范、侵犯参保人利益、经营绩效低的市场主体要退出市场，从而提升市场主体的违规成本，发挥市场机制良币驱逐劣币的正向激励作用。

四　推动基本医保数据共享，支持商业健康保险模式创新

与重大疾病保险不同，费用补偿型商业健康保险在产品研发、理赔结算与风险管控等方面均离不开医疗数据支持。但是我国基本医保与商保系统尚未互联互通，数据难以共建共享，这成为制约商保发展的瓶颈。以下分析美国、日本等国基本医保数据在商保及相关领域的应用，从加强系统互联互通、数据共建共享、加强个人隐私信息立法、明确参保人员个人信息查询及授权使用规则等方面提出建议。

（一）我国基本医保数据的商保应用现状及存在的问题

1. 商业医疗保险总体上仍采用传统理赔模式

我国在商业医疗保险理赔环节，总体上仍实行出院后报销制，流程烦琐，既影响了用户体验和满意度，也成为制约商业医疗保险更好更快发展的瓶颈。

一是理赔流程长，用户体验不佳。在现有模式下，用户就诊后需要先行垫付再向保险公司进行理赔索赔（索赔材料一般包括诊断证明、出院小结、

医疗单据等），相对于社会医疗保险普遍采取的即时结算（甚至跨省结算）方式，商业医疗保险给用户带来了欠佳的服务体验。理赔慢成为用户选择商业医疗保险的痛点。

二是风险管控难，增加了用户成本。由于医疗保险存在专业性强、信息不对称等特点，保险公司本应作为用户的代理人，承担与医疗机构定价博弈和专业谈判的角色，以提高医疗资源的使用效率，但由于我国实行出院后报销制，保险公司难以对用户的整个医疗过程进行监控，无法充分发挥医疗支付方对于医疗行为的有效约束，用户和保险公司可能成为不合理医疗的被动埋单者，增加了用户治疗成本。

三是理赔时间长，用户满意度不高。目前采取纸质账单的理赔处理模式，保险公司收到理赔申请后，需要进行信息录入、理算审核、财务支付等一系列理赔处理操作，理赔时间长。

四是对用户医疗过程的专业支持不够。随着居民收入和生活水平的提高，人们对健康更加重视。用户购买商业医疗保险产品，不仅希望得到健康保障，也希望保险公司能整合医疗资源，在医疗过程中为其提供专业支持和医疗指导。但我国商业医疗保险实行出院后报销制，保险公司对用户的医疗过程缺乏了解，也缺乏医疗专业支持。

2. 基本医保数据的商保应用现状

近年来，随着信息化、互联网、大数据等的发展，保险公司不断推进基本医保数据在商业健康保险即时结算、智能核保等方面的应用，以提升服务质量。

一是与医疗机构的系统对接。一些保险公司与医疗机构进行信息系统对接，以实现用户出院即时结算。在这种模式下，保险公司需要与合作的医疗机构实现系统对接，接口开发成本高，而合作的医疗机构数量有限，推广难度较大。保险公司、医疗机构、医保管理部门等各个数据来源方的数据口径不一，即使实现了系统对接，但存在数据定义、数据格式等方面的差异，导致数据整合、标签、分析、有效使用需经历大量的治理及加工过程。

二是与医保机构的数据交互。目前少数地方正在试点开展保险公司利用大病保险与基本医保系统对接，在这个基础上实现商业医疗保险的即时结算。此外，浙江宁波保险公司与上海保险交易所实现数据对接，简化投保、理赔流程，降低保险机构调查成本，有效解决了群众"投保容易，理赔难"、保险机构案件调查难、医疗卫生机构数据对接难等问题，为广大人民群众提供核保、核赔调查及快赔服务，实现了商业健康保险理赔"一次不用跑"。

三是利用新技术简化理赔流程。用户通过保险公司官网、App 或微信公众号，对理赔申请材料进行拍照上传（免去到保险公司柜面申请理赔的环节），保险公司进行理赔审核后进行报销支付，但一般局限于小额赔付，并且难以防范用户购买多家保险公司商业健康保险产品而重复报销的道德风险。此外，有些保险公司利用机构网络优势，接受用户异地就医后在就医地的医疗费用申请（一般开展部分窗口），避免用户返回参保地申请理赔。

四是到医疗机构开展用户的核保理赔。《医疗机构病历管理规定（2013年版）》第二十条规定，公安、司法、人力资源和社会保障、保险以及负责医疗事故技术鉴定的部门，因办理案件、依法实施专业技术鉴定、医疗保险审核或仲裁、商业保险审核等需要，提出审核、查阅或者复制病历资料要求的，经办人员提供以下证明材料后，医疗机构可以根据需要提供患者部分或全部病历："（一）该行政机关、司法机关、保险或者负责医疗事故技术鉴定部门出具的调取病历的法定证明；（二）经办人本人有效身份证明；（三）经办人本人有效工作证明（需与该行政机关、司法机关、保险或者负责医疗事故技术鉴定部门一致）。保险机构因商业保险审核等需要，提出审核、查阅或者复制病历资料要求的，还应当提供保险合同复印件、患者本人或者其代理人同意的法定证明材料；患者死亡的，应当提供保险合同复印件、死亡患者法定继承人或者其代理人同意的法定证明材料。合同或者法律另有规定的除外。"目前，一般在用户承保中填写保险公司，承保环节授权一般在投保单载明，索赔环节授权一般在理赔申请书载明上述相关内容。

3. 基本医保、商保数据难以互通共享问题

一是在宏观上需要政策支持。早在 2016 年 12 月《国务院关于印发"十三五"深化医药卫生体制改革规划的通知》中就提出逐步形成医疗卫生机构与医保经办机构间数据共享机制，推动基本医保、大病保险、医疗救助、疾病应急救助、商业健康保险有效衔接，全面提供"一站式"服务。

2020年1月，银保监会等13部门联合下发的《关于促进社会服务领域商业保险发展的意见》提出，探索商业健康保险信息平台与国家医疗保障信息平台信息共享，强化医疗健康大数据运用，更好服务医保政策制定和医疗费用管理。总体来看，我国目前政策支持基本医保和商业健康保险"一站式服务"，但还缺少实施细则和落地试点方案。

二是在中观上需要界定数据所有权，做好信息安全和隐私保护。《社会保险法》第八十一条提出，社会保险行政部门和其他有关行政部门、社会保险经办机构、社会保险费征收机构及其工作人员，应当依法为用人单位和个人的信息保密，不得以任何形式泄露。从目前来看，我国尚未对基本医保数据的所有权进行界定（属于个人、医疗机构还是政府），而对于与保险公司进行系统对接和数据交互，地方政府部门考虑到信息泄露和客户隐私保护风险，难以有动力去开展此项工作。

三是在微观上需要医保信息化、标准化建设的支持。在国家医疗保障局成立之前，由于各地医保信息化、标准化差异大，存在"信息孤岛"，基本医保与商业保险数据交互难度大、系统对接和改造成本高。2018年国家医疗保障局成立之后，高度重视医疗保障信息化建设，以数据标准化建设为基础，加快推进统一的医保信息平台建设，促进信息共享交换。2019年以来，国家医疗保障局先后印发《医疗保障标准化工作指导意见》《医疗保障信息平台建设指南》《全国医疗保障系统核心业务区骨干网络建设指南》等，逐步实现国家、省、市、县、乡纵向互联互通，横向与人力资源和社会保障、卫生健康、税务等部门以及医院、药店、银行、商业健康保险机构等单位信息交换。国家医保信息平台项目主体已建设完成，于2020年11月在广东汕头正式投入使用，制定了32项信息化技术标准规范，致力于做好15项信息业务标准编码的维护应用工作；全国所有的省份已开通医保电子凭证激活服务，累计用户达到4.5亿人。这为基本医保、商业健康保险数据互通共享奠定了扎实的技术支持基础。

（二）基本医保数据在商业健康保险及相关领域应用的国际经验

1. 美国经验

在美国，经过数十年的努力，医疗行业与商业健康保险行业编制和实施了一系列医学标准编码，与医疗机构实现信息系统对接和数据交互，实现商业医疗保险即时结算，避免了客户医疗时的"垫资"和报销时的"跑腿"（这是国内商业医疗保险的痛点），提高了客户满意度，也有利于加强医疗过程管控，优化医疗资源使用，节约了客户成本。

一是统一医学编码。例如，对于疾病编码实行美国版本的国际疾病分类编码（ICD）。美国版的 ICD 由美国国家健康统计中心、美国疾病控制中心和美国老年保险中心联合编制和维护。从 2015 年 10 月 1 日起，医院都必须使用美版 ICD-10 编码。对于服务编码，采用"医疗通用程序编码系统"（Healthcare Common Procedure Coding System，HCPCS）。HCPCS 最为人所熟知的是其一级"目前使用医疗流程术语"（Current Procedural Terminology，CPT）编码。从 1983 年开始，美国老年保险中心开始使用 CPT 编码对老年保险（Medicare）进行记录和报销，CPT 编码逐渐也被保险公司采纳，成为医疗系统互通的标准。

二是标准化单证。美国商业健康保险行业为统一数据采集标准，编制了 HCFA-1500、UB-92。医疗保险索赔表（Health Claim Form of America）是美国商业健康保险业务中最常用的表格（主要信息包括患者基本情况、医疗保险、医疗诊断和医疗服务项目等），所有医疗机构的账单都必须使用该表格。

三是美国联邦医疗保险和医疗补助服务中心（Centers for Medicare & Medicaid Services，CMS）负责对医保数据的管理和交互。美国 CMS 对个人数据的分享有严格的规定。包含个人信息的数据（如性别、年龄和居住地，但不包括姓名）只能与学术机构分享。对社会公开的是不包含任何个人信息的 5% 的随机抽样数据。与学术界分享数据的方式是数据留在 CMS 的数据库里，每家机构只有有限的几个人可以远程加密访问进行分析，但一般不能下载个人数据，而且分析以后的统计数据必须通过审核才能下载。

在管理 Medicare 时用到的一个常规表格即 Form CMS 10106，是参保人进行信息授权时必须手写确认的文件。参保人在参保 Medicare 时会获得"Medicare & You"手册，手册里有一些常规的参保人信息使用告知等内容。但是除这本手册提及内容之外的所有个人医疗信息的使用必须经过个人授权。授权可以追溯、撤销，但是 Medicare 在已有授权基础上产生的行为不可撤销。表格中，参保人可以选择共享多少信息、什么时候开始/停止共享、共享信息的原因、信息使用的个人或机构。例如，参保人首次去某医疗机构就诊，医生依据表格寻问可不可以查看个人以往病例等信息。

CMS 除了要求商业健康保险公司遵循常规要求外，还会对市场推广、客户行为等环节予以规范和指导。要求商业健康保险公司对其管理的服务方、雇用的第三方、合作的分销/合同方提出同样的要求。

近年来，Medicare 尝试改变以往由 CMS 成为个人信息授权"分销流转"方的情况，由个人自主掌控 Medicare 医疗信息。此类信息流转一般由 PHR-Personal Health Records 指代，区别于个人医疗信息（PHI-Personal Health Information，多由医疗提供方生成）。2005 年以来，CMS 陆续多次开启试点，尝试推广允许 Medicare 参保人以个人信息为基础，在形成的信息流转平台上主动追踪自己的医疗、健康进程。对此目前没有太多的效果评估。

2020 年 12 月 10 日，CMS 开始试行，要求 Medicaid/CHIP/QHPs 三个板块的商业健康保险公司必须建立数据平台、数据接口，让医疗服务方可以了解医疗服务预授权的获取步骤和文件。2021 年 1 月，该规定正式开始实施。

2. 日本经验

第一，宏观数据开放。厚生劳动省所进行的全国范围内的医疗卫生相关统计调查包括医疗提供方方面的病床利用率和住院数据，患者方面的人口信息和疾病类别统计、基本诊疗情况统计，以及专门器官移植实施情况、善终护理意识和实施情况等，这些数据均在厚生劳动省网站上公开。同时公开社会医疗保险系统的定价和给付数据。以上公开数据是商业保险机构的宏观信息来源。

第二，微观数据脱敏公开。日本商业保险机构仅能在《个人信息保护法》规定的范围内，自行收集客户的部分医疗健康信息从而进行产品开发和服务模式探索。各大医疗机构积累了大量患者信息，但互相之间缺乏信息整合的渠道，往往不能被医学药学研究机构和健康政策研究部门充分利用。随着医疗信息的标准化、电子化程度逐渐提高，以及大数据概念的兴起，对微观医疗健康数据进行整合和加强利用的需求也日益增强。2017年5月12日，日本发布《下一代医疗平台法》（又称《医疗大数据法》），于2018年5月11日起开始施行。这是一部关于个人医疗信息利用的法律。其宗旨在于通过规定如何对日本国民的个人医疗和健康信息进行匿名化处理和整合，使此类信息数据被充分利用，以促进医学研究、药物研发、新型医疗服务模式开发及相关产业创新，从而增进国民健康和社会福祉。由于医疗健康信息的特殊性，为了保护患者隐私和信息安全，对数据的匿名化处理是实现信息整合与利用的关键。

第三，信息收集。在信息收集方面，与《个人信息保护法》最大的不同在于，《下一代医疗平台法》默认医疗机构可以收集、处理、利用患者的个人信息。换言之，医疗机构不需要取得患者的明确同意，而只要患者没有正式、明确拒绝，即可向处理机构提交信息。医疗机构需要在诊疗过程开始时向患者说明相关规定，询问其是否拒绝提供信息，并给予30天的考虑时间，30天后若无明确拒绝，即可以提供信息。患者也可以随时要求中止提供信息。

第四，信息处理。有能力进行医疗信息匿名化处理和个人信息整合的机构，如医疗机构、学术机构、其他非营利机构或企业，均可以向自己机构的主管大臣（包括首相、厚生劳动大臣、文部科学大臣、经济产业大臣）申请，以获得处理医疗信息的资格。各主管大臣依据法律规定考察其组织结构、人员资格（具备处理医疗信息的资格和经验）、经营状况和安全管理措施，进行评估后，即可酌情予以批准。对这类机构的监管由批准其资格的主管机构负责，并对违规者采取取消资格或行政处罚（罚金或拘役等）措施。

第五，信息利用。只要是以促进医疗领域的研究开发为目的，原则上任何机构都可以使用经过处理的个人医疗信息。使用时要向信息处理机构支付费用。信息使用方可以与信息处理机构事先签订合约，进行数据的个性化定制。因此，这项规定给商业保险机构提供了取得大规模微观医疗健康数据的渠道。这有利于商业保险机构加强产品精准定位，挖掘潜在市场。

（三）加快基本医保数据在商保领域的应用建议

2021年9月，国务院办公厅《关于印发"十四五"全民医疗保障规划的通知》明确提出按规定探索推进医疗保障信息平台与商业健康保险信息平台信息共享。结合国际经验和我国实际，为加快基本医保数据在我国商业健康保险领域的应用，提出以下建议。

1. 总体目标

在宏观层面，做到系统互联互通，实现基本医保、大病保险和商业健康保险的一站式结算。在中观层面，实现数据共建共享，基本医保在有限必要的原则下向商业健康保险提供脱敏数据，使商业健康保险产品的定价和责任设定更加科学。在微观层面，形成监督合力，在保证客户隐私的前提下，允许商业保险机构对参保客户进行风险管控，在保障合力基础上形成监督合力。

2. 落地措施

一是在法律层面，加强个人隐私信息立法工作，明确健康医疗大数据的权利属性。2005年日本出台《个人隐私保护法》，并于2015年大范围修订；美国对个人隐私保护也有严格的法律规定。欧盟于2018年5月25日生效的《通用数据保护条例》构成了欧盟对个人信息保护的基石。发达国家中，公共数据信息开放均以个人隐私确认法定范围为前置条件。我国2016年发布的《国务院办公厅关于促进和规范健康医疗大数据应用发展的指导意见》指出，健康医疗大数据是国家重要的基础性战略资源，首次从战略层面肯定了健康医疗大数据的价值，并指明了开发利用的政策方向。2018年4月，国务院办公厅发布《关于促进"互联网+医疗健康"发展的意见》，要求严格执行信息安全和健康医疗数据保密规定，建立和完善个人隐私信息保护制度，严格管理患者信息、用户资料、基因数据等，对非法买卖、泄露信息行为依法依规予以惩处，从立法规范层面对健康医疗大数据的利用和保护提出了要求。

界定健康医疗大数据中各项数据的性质、来源，分级分类确定使用规则是目前应当完善的基础性工作。在此基础上，需要从法律和制度层面分类明确各项健康医疗大数据的权利属性，可以从公益和非公益的角度，为其确权，形成公共部门数据和可交易的数据。

二是在实施层面，由国家医疗保障局和银保监会牵头开展工作。2021年4月6日，《国家医疗保障局关于印发加强网络安全和数据保护工作指导意见的通知》提出，在保障数据安全的前提下，稳妥推动数据资源开发利用，发挥数据生产要素作用，保障数据依法依规有序共享。建立先试点、后推广机制，强化医疗保障大数据运用，更好地服务医保政策制定和医保精细化管理，推动多层次医疗保障体系建设。

考虑到绝大多数居民就医的医疗机构都为基本医保定点机构，且基本医保已经与所有定点医疗机构实现数据实时对接，建议由国家医疗保障局、银保监会作为牵头方，出台相关管理办法（明确相关的系统对接标准、数据交互标准、数据保护标准、公司产品准入标准等）。加快推进实现全国医疗保障信息互联互通，加强数据有序共享。积极建立信息共享交换机制，在保障信息安全管理和个人隐私保护的前提下，依托国家政务信息共享交换平台实现医保、医疗有关信息与商业健康保险之间的信息共享。实现国家医疗保障信息平台与商业健康保险信息平台（建议由中国银行保险信息技术管理有限公司平台承接，目前已承接税优健康险、商业健康保险信息平台，有较好的公信力、技术和实践基础）对接，同时对商业健康保险产品的结算情况（结算资金由行业统一划拨）等实施动态跟踪和实时监督，可采取先试点（如在北京、宁波等地）后推广的方式。

同时，形成监督合力，对基本医保通过智能审核、稽查稽核、飞行检查等方式查出的不合理医保基金支出，通过对接系统向商业保险机构共享其认定结果、处理方式等。鼓励商业保险机构深度参与社会医保的日常监管、飞行检查等工作，与基本医保形成合力，共同控制医疗费用的不合理增长。

三是明确参保人员个人信息查询及授权使用。在美国，个人购买保险产品时，商业保险公司可以去查看参保人是否有既往症等。Medicare 得到授权后才可将个人信息外传。建议参照《医疗机构病历管理规定（2013 年版）》，允许商业保险机构对客户基本医保数据进行必要有限的核保理赔查询和使用。同时，建议借鉴美国、日本等的经验，有限开放研究机构对脱敏后医疗数据的学术研究应用。

四是研究行业统一的标准化医疗保险单证。在美国，健康保险行业采取统一的医疗保险索赔表。由于表格形式统一，保险公司可以利用图像扫描与文字识别等技术高效率录入，自动进行理赔处理。目前我国由各保险公司自行设计医疗保险索赔单证，差异大，也无法实现统一的图像扫描与文字识别（OCR）等。因此，可借鉴美国等的经验，采取行业统一的标准化医疗保险单证，规范理赔单证使用和填写，这有利于降低理赔成本、提高理赔时效。

五是加强对客户医疗过程的专业支持。保险公司应充分发挥自身联系广大客户和健康服务机构的独特作用，提供"健康保障+医疗支持服务"，逐步为客户提供就诊管理等全方位的医疗支持服务，根据客户病情和医疗大健康分析，为其选择适合的医院及医生、预约医院、协助提供转诊等相关医疗服务，方便参保客户。同时，积极为客户提供健康教育、健康评估、健康体检、慢性病管理等全方位健康服务，这既能起到吸引客户的效果，又能通过主动的干预措施或影响客户管理自身健康状况、改变不良生活习惯等方式提高客户健康水平，助力"健康中国"建设。

五 防范商业健康保险新兴模式风险
——以长期医疗保险为例

（一）长期医疗保险具有较大的经营风险

我国《健康保险管理办法》规定，长期健康保险是指保险期间超过一年或者保险期间虽不超过一年但含有保证续保条款的健康保险。从国际和国内实际来看,长期医疗保险一般是含有保证续保条款的一年期医疗保险产品。由于医疗费用上涨具有必要性、难以预测性,再加上医疗保险的道德风险等因素,长期医疗保险使保险公司持续健康经营面临较大挑战。长期医疗保险的经营风险可分为外部风险和内部风险。

第一,外部风险方面,外部经营风险主要指保险公司难以通过自身经营防范系统性风险,特别是在医疗费用快速上涨的前提下。从全球看,不论是发达国家还是发展中国家,医疗费用上涨都是普遍现象,而且医疗费用增速在一定时段内会快于GDP增速。近年来,我国卫生总费用占GDP比重不断上升,从1979年的3.1%上升至2020年的7.12%,卫生总费用增长率远高于同期GDP的增长率。医疗费用持续上涨的原因包括人口老龄化、疾病谱变化、全民医保全面覆盖及保障水平提高、居民收入和医疗消费增加、医疗技术进步等。比如,医疗技术进步(如费用昂贵的特药)有利于降低疾病的死亡率、延长治疗周期,但也显著提高了医疗成本。

第二,内部风险方面,内部风险因素主要指医疗保险赔付随着保单年度进展而出现的选择效应递减和退保效应。

一是选择效应递减。在初始保单年度,由于核保的存在,承保人群符合健康体的要求,赔付率较低。随着保单年度进展而出现前期的核保作用逐步消失,整体客户的健康状况变差,如果没有足够新的健康人群加入,进入理赔状况的人群占比会越来越高。进入理赔状态的人群会在后续保单年度持续呈理赔状况,同一疾病在前一保单年度未康复而在下一保单年度持续治疗。从国内百万医疗险的经验数据看,这一类费用约占所有持续治疗费用的70%,另一种则是客户因病情发展而出现并发症、合并症等相关疾病的费用理赔。

二是退保效应。医疗保险一般采用自然费率(分年龄段)定价,以此突出性价比,但其劣势在于随着客户年龄增加,特别是在保费跳跃的年龄点,使客户感知保费上涨明显。同时,寿险和重疾产品的现金价值随着保单进展累积,退保会有一定的损失。而医疗保险一般无退保惩罚,如果缺少引导客户续保的机制,一些投保后未赔付的健康客户更有可能选择退保。健康人群的退保引起非健康人群占比相应增加，将推动医疗险保费上涨，这又进一步加剧健康体的退保意愿，从而引起新一轮的赔付恶化，在极端情况下业务会陷入"死亡螺旋"。

既往的百万医疗险大多为非保证续保，产品面临短期风险。保障客户未来数十年乃至终身的长期医疗产品存在较大的风险敞口，将既有的短期百万医疗险从形态上调整为长期医疗保险面临一定的挑战。需要系统性思维和精细化管理来布局长期医疗保险，尽可能减少后期调费压力。从目前来看，长期医疗保险的风险敞口主要体现在门诊保障和创新治疗技术。

（1）门诊保障

我国尚未全面实现门诊统筹且家庭医生和分级诊疗制度不完善，全面开展门诊补充保障没有相应的较好的风险管控手段。目前，百万医疗险一般是放开住院前后的门诊保障，针对特药采取制定院外药品的可保清单及用药条件，以实现对部分院外昂贵药（特别是肿瘤特药）的保障。目前，这种处理方法兼顾了客户利益和公司经营风险，在一定时间内应予以坚持。待全面开展门诊统筹制度完善且实行较好的门诊住院转诊机制后，再逐步放开门诊全面补充保障。

（2）创新治疗技术

治疗技术的进步主要体现在药品和器械不断推陈出新。例如，针对癌症的先进治疗方式有靶向治疗、免疫治疗、CAR-T细胞疗法等。如果不对医保目录外保障范围进行限制，未来涌现的先进治疗技术将大幅增加赔付支出，并相应加重保障负担。以药品为例，为控制其风险敞口，美国保险公司对药品进行分类并设置不同的自付限额，越是昂贵的药品，自付额越高、报销比例越低。此外还增设可保障的药品正面清单。人保健康推出的"终身防癌医疗险"设定了84种特药（含医保目录内和目录外），根据客户需求、经营情况等定期更新特药清单。

（二）防范长期医疗保险风险的建议

一是设定商保目录。可借鉴重大疾病定义，由中国保险行业协会和中国医师协会、中国医药协会合作,在现行医保甲、乙目录的基础上适当扩展,运用卫生技术评估(HTA)等手段,基于价值购买,支持保险行业加快制定商业医疗保险"丙类目录",将创新药品、医疗新技术、新器械应用等纳入健康保险保障范围,明确商保目录,使定价和经营风险更为可控,也支持鼓励我国医学创新。

二是提高核保定价能力,加强续保管理。针对长期医疗保险不宜实行"宽进严出",目前百万医疗险主要通过互联网销售,难以验证健康告知内容的真实性,一定程度上核保"空心化"、理赔"核保化",不符合参保条件的客户轻易投保成功,一旦发生理赔时如被保险公司拒赔,容易遭到客户投诉,影响行业形象。保险公司应提高核保定价能力,控制已罹患重大疾病客户参保的道德风险,同时实现合理定价,控制续保涨价的频率及幅度。可借鉴德国等的做法,允许对于未理赔客户给予一定费率折扣(目前一般采取增加保额做法),可以在费率普调下减轻交费压力,提升健康客户的留存率。

三是强化健康管理能力。南非"Vitality"利用客户运动和生活习惯,通过积分奖励给予一定的费率折扣或物质奖励。平安e生保长期医疗险对续保时超优体提供保费折扣。保险公司应积极整合资源,通过实施差异化竞争策略,促使健康保险和健康服务融合发展,引导客户采取健康生活方式,为客户提供慢性病管理、就医管理、病后康复等全方位的医疗支持服务,由"保疾病"转向"促健康"。

四是强化监管,规范经营。长期医疗险的保险期长,且国内缺乏相关经验,一旦出现较大问题,往往缺乏有效手段对其加以控制。因此,监管在鼓励长期医疗险创新的同时,也要避免部分公司不顾长期风险,在定价和经营上出现激进行为。同时,应规范保险公司的销售和宣传行为,强调信息披露,确保消费者的合法权益得到保护。特别是在长、短期医疗保险同步存在的背景下,需要向大众普及长期医疗保险知识,加强消费者教育,使其充分了解长期医疗保险与短期医疗保险之间的差异。

五是鼓励产品创新升级。美国、澳大利亚等国家会提供较多的医疗保险产品供客户选择,一个产品出现亏损时可以用其他产品的盈利来弥补。监管部门允许保险公司停售产品时把原有客户转移到其他医疗保险产品上,以保证客户的持续医疗保障,这种做法值得借鉴,目前我国各公司在个人医疗险上基本都在销售百万医疗险,实现1万元起付线,客户可选择产品较少。这个免赔额尚可较好地控制赔付率,但长远来看,1万元免赔额可能需要定期调整才能有效减少小额理赔支出,满足控制赔付率的要求。建议可根据医疗费用上涨幅度设计起付线,以此来控制产品的价格上涨,使其良性发展。此外,产品设计还可以参考美国的医疗网络模式及人保健康终身防癌医疗险(指定的57家知名医院的费用报销比例100%,其他医院的比例为90%)的实践经验,区分对待网络内和网络外的医疗机构赔付,以鼓励客户到优质医疗机构就医。

六是调整短期健康险监管规则,允许短期健康险可承诺续保,发展含有保证续保条款的一年期医疗保险产品,实现对消费者的长期保障。2021年1月,《中国银保监会办公厅关于规范短期健康保险业务有关问题的通知》,规定短期健康保险产品中包含续保责任的,应当在保险条款中明确表述"不保证续保"条款。建议监管部门借鉴美国以承诺续保的短期健康险实现长期保障的经验,允许短期健康险可承诺续保,首先,有利于满足消费者续保的诉求。如果医疗保险不能保证续保,可能被保险人承保多年未出险,但一旦出险,会因得不到明确的续保保护而利益受损。因此,"保证续保"成为消费者购买商业医疗保险的重大诉求。允许短期健康险承诺续保,有利于保护消费者利益。其次,有利于秉持竞争中立的原则,构建市场参与者之间的公平竞技场。允许短期健康险承诺续保,可以促进人身险公司与财产险公司在同一规则之下,参与作为第三领域的健康险市场,在统一、规范、公正、公平的环境中竞争。再次,有利于丰富健康保险产品供给体系。寿险公司主营的长期医疗险与财险公司经营的短期医疗险可以聚焦不同的市场需求,实现错位发展,进一步丰富健康险产品供给。同时,一定范围的竞争也会促进市场主体提高经营水平,提升产品竞争力,提高健康险供给效率。最后,有利于推动财险公司转型与拓展健康险业务。从国际经验看,健康险是全球非寿险市场的重要组成部分。2020年,全球健康险保费收入1.68万亿美元,占全球非寿险保费的48%。① 允许短期健康险承诺续保,有利于财险公司深入拓展健康险业务,实现业务多元化转型。

六 通过模式创新发挥商业健康保险机制优势

(一)发挥商业健康保险机制优势

不同于基本医保,商业健康保险具有融资渠道广、非强制性、产品设计灵活等特点,在满足人们多样化医疗保障需求方面扮演着重要角色。

从机制体制看,商业健康保险在用人和资源投入机制上更加灵活,有利于运用市场机制快速整合社会资源,在产品创新、信息系统、专业人才等方面快速响应,与基本医保形成优势互补、协同发展。商业健康保险对于创新技术始终快速接纳并积极应用,人工智能、区块链、大数据、云计算等创新技术成为健康保险行业高速发展的助推器。事实上,商业保险业的优势,不仅在于能够为民众提供多样化、个性的健康保障产品与服务,还在于能够调动资本的力量,推动创新,商业保险有内在的动力去探索医保合作新模式,从而有望推进医保治理。

从融资渠道看,商业健康保险的融资渠道主要来自客户,不需要财政直接融资,可以实现在不增加国家财政负担的基础上,以社会化筹资方式帮助部分人群实现风险分散。在当前社会医疗保障需求不断增加、政府融资能力有限的情况下,商业健康保险的融资渠道具有较大价值。商业健康保险在多层次医疗保障体系中起到重要的"调压阀"作用,使基本医保承担的部分压力得以释放和转移。

从我国区域差异较大的解决途径看,面对我国地区经济发展水平差异

---

① Sigma 3/2021 - World Insurance: The Recovery Gains Pace.

大、不平衡的情况，商业健康保险可以充分发挥专业优势，通过差异化的保障方案、保障水平和保险费率来调节和满足处于不同经济发展阶段的各地区的医疗保障需求。同时，商业保险机构全国统一垂直管理，人才配置和技术应用全国化，服务网络体系布局全国，保险服务触及范围广、能够迅速响应客户需求。

从满足客户需求看，随着人们生活水平的提高，医疗技术不断提高。医疗需求的复杂性决定了健康保险的内容应具有多样性。当人们面临健康风险时，能够根据自身偏好与支付能力选择最适宜的医疗机构。同时，商业健康保险创新能力强，能够通过产品的创新适应医疗服务需求的变化。

（二）优化商业健康保险的功能

随着商业健康保险机制优势不断发挥，其功能也将不断强化，实现新的价值创造。

首先，要成为基本医保社会化运作的积极参与者，形成政府主导下的"多元经办、多元竞争"格局。具体分工上，政府主要负责政策制定和监督执行，医保经办工作交由社会经办机构，形成共建共治共享的医保治理格局。同时，完善针对经办机构的激励约束机制，实行浮动管理费激励和惩罚机制，增强对专业能力肯定及合理控费的动力。

其次，要成为个人、家庭和企业商业健康保障计划的主要承担者。商业保险机构针对不同人群设计产品以满足多元化的健康保障需求，具体可从五个方面发力：一是普惠医保，设计覆盖人群广、价格相对实惠、能有效防范大额费用支出的医疗保险产品。二是目录外保障，通过提供医保目录外保障、中高端健康险产品，满足多层次和个性化的医疗保障需求。三是综合性保障，提供包括医疗、疾病、康复、照护、津贴等在内的综合性健康保险产品和服务。四是发展保证续保的长期医疗保险，支持商业保险机构开发保证续保、费率可调的医疗保险产品，以维护客户长期医疗保障和稳定续保权益。五是创新性保障。将医疗新技术、新药品、新器械等应用纳入健康保险保障范围，这是扩大健康保险保障范围、满足投保人实际需求、支持医疗技术进步和健康产业发展的重要制度举措。商业健康保险把新药品、新型医疗器械和医疗新方法的应用纳入保障范围，一方面可以发挥保险机制的杠杆放大作用，使民众能够用得起花费巨资研发出的新药；另一方面也为科研机构、制药企业进一步创新提供了资金支持，为医疗技术的创新与新药品、新医疗器械的研发和应用提供了利益实现机制保障，形成"给天才之火以利益之薪"，使创新有产出、投入有回报。以美国为例，发达的商业健康保险市场和严格的知识产权保护制度是成就美国强大的生物制药产业与领先的医疗技术和医疗服务的两个关键支柱。

再次，要成为健康服务业快速发展的有力促进者。商保机构可充分发挥商业健康保险联系客户、医疗机构、健康管理机构和护理机构的独特作用，开展针对健康服务业的资本投资和战略合作，提供涵盖"预防—治疗—康复—护理"、实现"保险+医养"的整合型医疗保健服务，有效拓展健康险保障空间、服务空间和投资空间。

最后，要成为"健康中国"的坚定支持者。商业健康保险要响应"健康中国"战略，不仅提供医疗保障，也要促进客户健康。从发展趋势看，商业健康保险正从"事后理赔"向"事先预防、事中干预"转变，从围绕保单"费用保障"转向关注客户"身心健康"。

附录一 "商业健康保险+健康服务"新兴模式的典型国际案例

一 美国联合健康公司：健康保险和健康服务两个业务板块

联合健康公司成立于 1974 年，是美国最大的健康险公司。2020 年联合健康公司总保费收入 2015 亿美元，2015~2020 年 CAGR 为 10%，增长稳定。公司业务板块分为 United Healthcare 健康保险和 Optum 健康服务。

Optum 健康服务板块主要由健康管理公司（Optum Health）、健康信息技术服务公司（Optum Insight）及药品福利管理公司（Optum RX）三家子公司组成。Optum Health 面向联合健康的保险客户，提供个性化的健康管理服务并收取相应的管理费用。Optum Insight 是一家专注于医疗行业内信息系统研发和运维的 IT 公司，旨在为医院、商业健康计划、政府医疗保健计划等提供信息系统、运营管理和咨询服务。Optum RX[①]是介于保险机构、药品供应商、医院、药房之间的管理协调机构，满足客户便利化购药的需求，同时帮助患者对医疗费用，特别是药品费用进行有效管理。2020 年，Optum Health、Optum RX、Optum Insight 分别贡献营收 28.8%、63.4%、7.8%，三者的利润率分别为 8.6%、4.4%、25.2%。

积极开展移动医疗。一是旗舰 App-Health4Me 涵盖 700 多种项目及 500 种医疗服务，允许实时连接与查看家庭成员健康信息，还能在线咨询医生、就近找寻医师和急诊室、查询个人医保账户等，是集多种功能为一体的手机

[①] 美国实行医药分家，药品福利管理（Pharmacy Benefit Manager，PBM）机构是介于保险公司、制药企业、医院及药房间的协调管理机构，核心目的在于降低医疗费用，并增加药品效益。PBM 通过与制药企业、医疗服务机构、保险公司签订合同，在保障医疗服务质量的前提下，影响医生的处方行为，达到控制用药增长的目的。药品福利管理市场巨大，保险公司与药品福利管理公司合作主要有两种模式，一种是保险公司直接成立或收购 PBM 公司（如联合健康公司），另一种保险公司与 PBM 公司合作。

应用程序。二是健康网站（myuhc.com）。用户可以查询专科医生信息，包括牙科、眼科或心理医生等信息，能定位药房并购买处方药、查询医保账户余额、估算医疗花费、记录个人医疗行为并归档、接受在线医疗教育等。三是提供远程问诊服务。与外部机构合作，为客户提供远程视频问诊服务。四是短信服务。试点以短信方式提醒人们遵照预防疾病注意事项、按时吃药、按时赴约就诊、称体重并锻炼、保持健康饮食习惯等。

公司通过连接医疗服务资源，实现客户与公司的双赢。从客户角度看，公司提供的医疗服务不仅提升了就医的便捷性，而且降低了就医购药成本。从公司角度看，通过合理控制医疗费用支出提升公司整体经营利润率，维持产品的竞争力。同时 Optum RX 和 Optum Insight 可独立对外输出营收，Optum RX 对外输出营收占比由 2007 年的 21% 提升至 2020 年的 40%。

二 凯撒医疗：整合医疗服务和医疗保险形成闭环

凯撒医疗是美国最大健康管理组织（HMO），2020 年共有 1240 万名会员。凯撒医疗由三个不同实体组成。凯撒健康计划基金会（Kaiser Foundation Health Plans）通过与个人和团体签订预付合同来提供全面的医疗保健服务；凯撒基金会医院（Kaiser Foundation Hospitals）在美国拥有 39 家医院、723 个诊所，主要集中分布在加州，雇员 21.7 万人，其中医生 2.4 万人，护士 6.4 万人，同时还赞助慈善、教育和研究活动；凯撒医疗团体（Permanente Medical Groups）由医生们组成的专业组织构成，独立于凯撒健康计划基金会，为会员们提供医疗服务。

凯撒医疗模式是整合医疗服务和医疗保险，形成闭环，主要实现了以下四个整合：一是医疗保险与医疗服务的整合。医疗机构和保险公司是利益统一体，医生只为参保人看病，扣除服务费用后的结余资金可以在集团内部进行再分配。二是供方和需方利益的整合。医生通过健康管理，使参保人少得病，可以节约大量医疗费用和病人就医的自付费用，节约的资金可用于医生的收益分配。三是服务提供模式的纵向和横向整合。能实现每个病人信息在所有平台共享。如今，凯撒医疗是美国拥有最全的电子健康记录的机构，在医院信息化领域占据绝对地位。采用同行评议的方式对医务人员进行考核评价，促使全科医生和专科医生之间、不同层级的医务人员之间、不同专科医生之间的联系。同时，实现了预防保健、门诊、住院、家庭康复之间的横向整合，使患者在不同阶段所接受的服务可以无缝衔接。四是线上和线下服务的整合。凯撒医疗随时随地促成畅通无阻的医患交流，通过公司 App 和电子网站可查看客户医疗记录、预约医生、处方下单、浏览检验结果、给医生发信息等。凯撒医疗模式需要保险公司掌握大量的医疗服务资源，在美国仅有凯撒医疗采取这种发展模式。

三 德国 DKV 公司：健康保障、健康服务和医疗护理服务三者相互促进的"三角战略"

DKV 公司成立于 1927 年，是德国最大的健康险公司，隶属于慕再集团。2001 年 DKV 提出"关注健康"（Think Healthcare）的经营理念，确定了健康保障、健康服务和医疗护理服务三者相互促进的"三角战略"（见附表1）。

附表1 德国 DKV 公司"三角战略"

健康保障	健康服务	医疗护理服务
综合健康保险	Almeda 健康管理公司	goMedus 连锁门诊
补充医疗保险	慢性病管理	goDentis 牙科连锁诊所
长期护理保险	远程监测	Sana 医院集团
住院津贴保险	健康热线、网站	MediClin 医院集团
海外旅游健康险	第二诊疗意见	miCura 老年护理机构
……	紧急救援服务	DKV-Residences 养老机构
	……	……

在健康服务方面，DKV 收购控股 Almeda 健康管理公司。Almeda 在慢性病管理项目的策划、实施和评估上具有核心竞争力，能够管理的疾病包括肥

胖、糖尿病、高血压、慢性心衰等。作为一家独立的公司，Almeda 除了为 DKV 服务外，也为德国健康保险公司提供服务。① Almeda 开展远程监测，② 提供 24 小时健康咨询热线服务。除此之外，Almeda 组建了顶级专家网络，在 10 多个医疗领域，挑选 3~5 名顶级医学专家，针对 20 多个病症向客户提供权威的第二诊疗意见。

在医疗护理服务方面，一是投资连锁综合门诊和牙科诊所。建立了 goMedus 连锁门诊和德国最大的 goDentis 牙科连锁诊所，从当地聘请著名专科医生在固定的时间兼职坐诊，助理医生和护士全职，成为吸引客户资源和提升服务质量的竞争手段。③ 二是参股医院集团。通过投资 Sana 医院集团④ 和 MediClin 医院集团⑤，加强了对医院网络的布局。三是投资养老和护理机构。投资了 DKV-Residences 养老机构和 miCura 老年护理机构，以控制护理产品成本，提高盈利水平。

此外，面对迅速增长的健康服务市场，德国健康险公司提出"第二健康市场"，其中预防性医疗服务⑥是重要组成部分。比如 DKV 下设的 MedWell 公司推出了 OPIMED 产品，是德国第一个商业健康保险服务产品，为客户与医生提供了健康预防的新型交流平台，该平台依托于 MedWell 诊所医生网络（主要是 DKV 的自有医疗网络）提供服务，满足了客户的健康服务需求。

---

① Almeda 主要向保险公司收取费用，不向病人收取。据统计，慢性病管理使得被管理对象每人每年减少医疗支出 2000 多欧元。
② 例如，对慢性心力衰竭病人进行远程监护治疗时，首先在病人家里放置测量病人体重和血压的仪器，病人定时进行体重和血压测量，并将测量的数据传送至健康管理软件，如发现病人的数据超出正常范围，该软件会自动报警，护士将在第一时间和病人联系，帮助客户分析病因，指导病人合理用药。
③ 起初只有 10% 的 DKV 公司的客户选择到 goMedus 就诊，现已超过 40%。而 DKV 公司的目标是 20% 的客户来自公司，这样可以吸引其他公司的客户。
④ Sana 医院集团是德国四大私立医院集团之一，DKV 公司与德国其他 30 家商业保险公司都投资了该医院集团，其中 DKV 公司的股权比例超过 20%。
⑤ MediClin 医院集团是德国一家中等规模的私立医院集团，专注于急诊和康复。现由 DKV 所属的安固保险集团持股 35%。
⑥ 预防性医疗服务包括预防性健康检查、运动与旅行健康以及预防服务。商业健康险公司针对这部分市场结合现代医疗理念开发创新型产品，提供适合个人需求的商业医疗产品，最终由病人与医生共同设定医疗目标。

附录二　普惠补充医保的国际经验

从国际经验来看，美国 Medigap 和健康保险交易所的发展对我国的普惠医保发展具有借鉴意义。

一　美国 Medigap

考虑到采取自付额（Deductible）、自付比例（Coinsurance）等费用控制措施后，部分参保老人医疗负担较重，美国政府推出了医保补充计划（Medigap），这是一项标准化的补充计划，主要保障除基本医保和处方药计划外的个人医疗。该计划由商业保险机构开办，参保人可选择不同保险公司提供的计划。

医保补充计划是私人健康保险，是对医疗照顾计划（Medicare）的有效补充，有助于支付传统医疗照顾计划不包括的一些医疗保健费用（如共同付款、共同保险和免赔额）。如果投保人拥有传统医疗照顾计划和补充性医疗保险保单，医疗照顾计划将会覆盖约定的医疗保健费用，补充性医疗保险会支付其所占份额。与医疗照顾计划不同，补充性医疗保险保单仅用于覆盖基本医疗照顾计划的福利成本。

医疗照顾计划不支付补充性医疗保险保单的任何费用。补充性医疗保险保单必须遵循旨在保护投保人的联邦和州的法律，并且必须明确标识为"医疗照顾计划补充保险"。大多数州的补充性医疗保险公司只能向消费者出售由字母 A~N 标识的标准化补充性医疗保险保单。无论哪家保险公司销售的补充性医疗保险，都必须按照标准提供相应的基本利益。

医保补充计划是一项标准化的补充计划，主要保障参加了住院保险、医疗保险和处方药计划（不包括医疗照顾优势计划）外的个人医疗，参保人可选择不同保险公司提供的计划。对于保障程度较低的 K 计划和 F 计划（起付线 2300 美元），每个保险年度参保人最高支付限额分别为 5560 美元和 2780 美元。

附表1 Medigap 保障计划

保障范围	保障计划									
	A	B	C	D	F	G	K	L	M	N
Part A 额外365天住院使用完后的费用(%)	100	100	100	100	100	100	100	100	100	100
Part B 的共同保险费用(%)	100	100	100	100	100	100	50	75	100	100
血液费用（前3品脱）(%)	100	100	100	100	100	100	50	75	100	100
Part A 的共同保险费用(%)	100	100	100	100	100	100	50	75	100	100
专业护理机构的共同保险费用(%)			100	100	100	100	50	75	100	100
Part A 的扣除费用(%)		100	100	100	100	100	50	75	50	100
Part B 的扣除费用(%)			100		100					
Part B 的额外费用(%)					100	100				
外国旅游的紧急医疗支出(%)			100	100	100	100			100	100
Part B 预防性支出的共同费用(%)	100	100	100	100	100	100	100	100	100	100
年度最高自付限额（美元）							5580	2940		

资料来源：2020 Choosing a Medigap Policy。

一般来说，补充性医疗保险不包括长期护理（如养老院护理）、视力或牙科护理、助听器、眼镜或私人护理等项目。医疗优势计划是传统医疗照顾计划的替代，提供额外的项目，如视力、听力、牙齿、保健等项目并且承保超过 Medicare 规定住院天数的医疗费用，还包含了处方药保险。补充性医疗保险支付传统医疗照顾计划不能涵盖的项目。

二 美国健康保险交易所

根据《患者保护与平价医疗法案》(The Patient Protection and Affordable Care Act),美国联邦政府要求各州建立针对个人和小型企业(SHOP)的健康保险交易所,允许不适用团体医疗保险计划的员工、被排除在政府医疗保障计划之外的个人及小型企业购买医疗保险。在高度竞争性的医疗保险体系中引入适当规制,从而推进全民医保的实现。通过要求强制承保和实行风险平衡机制,保险公司将工作重心从排除患病概率大的参保者转向研究如何控制成本和提高服务质量。

政府规定建立交易所的时间表(2012 年 3 月 23 日起,各州确定是否建立;2013 年 1 月 1 日不能建立的,由联邦政府直接介入建立;2014 年 1 月 1 日,完成交易所建立)。美国有 17 个州和哥伦比亚特区建立了州交易所,7 个州利用联邦政府信息技术平台建立了州交易所,26 个州建立了联邦辅助交易所(由联邦政府和州共同承担运营交易所的责任)。

(一)要求提供最基本的医疗服务

从 2014 年起,保险公司销售的医疗保险必须提供最基本的医疗服务(Essential Health Benefits),包括病人救护服务、急诊服务、住院、妇产服务和新生儿护理、心理健康和行为健康、处方药、康复服务和设备、护工服务、预防性服务、慢性病管理和儿科服务(包括视力和口腔)等内容。保险公司可以增加其他的医疗服务项目,但必须包括上述的最基本医疗保障内容。

(二)标准化医疗保险计划

分别为青铜级计划(60% 精算价值)、白银级计划(70% 精算价值)、黄金级计划(80% 精算价值)和白金级计划(90% 精算价值)。影响精算价值的主要因素为免赔额、共付比例和自付额。精算价值越高,消费者自付额越低。除合格健康保险计划外，交易所也提供合格健康保险计划延伸产品（儿童专项计划、跨州保险计划）及非合格健康保险计划（大病保险计划和牙医专项计划等）。交易所上市的健康保险计划应当按时公布财务状况、定点医疗网络等相关信息。保险公司可以在交易所外的渠道销售产品，但保费水平应保持一致。

（三）每年参加医疗保险的时间

每年 11 月 1 日到 12 月 15 日是健康保险交易所的开放申请期（Open Enrollment Period），投保人可以在此期间申请次年的医疗保险。如果错过了开放申请期，只有经过政府批准的特殊情况才能申请。这些特殊情况包括失去保险（如辞职或失业后失去公司提供的医疗保险）、家庭增添成员（如孩子出生、收养儿童）、结婚/离婚导致家庭成员变化、跨地区搬迁、失去政府提供的医疗救助等。通常情况下，在发生特殊事件的 60 天内，投保人可以申请医疗保险，申请保险时需根据具体的情况提供结婚证明等文件供审核。

（四）医疗保险选择

美国最大的商业健康保险网站"ehealthinsurance"提供各州近 200 家保险公司的上万种医疗保险计划。美国居民（包括美国公民、移民、在美国合法居住的外国居民）可以通过"ehealthinsurance"申请医疗保险。

"ehealthinsurance"与美国政府合作，可以为美国公民和移民申请医疗保险，以及政府医疗保险补贴，帮助中低收入家庭获得医疗保险。网站还提供计算软件方便投保人估算政府补贴额度。

投保人于 2020 年通过健康保险交易所购买的医疗保险，会在当年 12 月 31 日到期。投保人在 2021 年可以继续参加同样的保险计划（如果保险公司继续提供这一保险计划）或者选择新的保险计划。继续参加原保险计划的优点在于投保人熟悉保障内容，建立了与医生的联系，手续相对简便。参保人也可以在新的一年，比较市场上的各种保险计划，看有没有更好的选择。

（五）为低收入阶层提供保费补贴

通过健康保险交易所购买健康保险的个人，其家庭收入在联邦贫困线100%~400%的享受保费补贴。家庭收入在联邦贫困线250%以下的人群还享受费用分担补贴。小型企业为雇员购买保险可以享受税优政策，最高比例达50%。2015年，87%的消费者通过交易所购买健康保险都可以享受保费补贴政策。

三 启示

一是制定相对标准的保障计划或确定最低保障水平。Medigap形成了十个标准化的计划，而健康保险交易所要求交易的商保产品提供最基本的医疗服务。我国目前各地普惠补充医保的保障差异较大，如果能确定最低保障水平，有利于保障客户利益，也便于各地情况比较。

二是规定一定的开放时间。美国健康保险交易所每年11月1日到12月15日是开放期，可避免逆向选择，也有利于在开放期加大宣传力度，引导客户购买。

三是由政府搭建商业健康保险交易平台，大幅降低费用，规范销售行为，切实将大部分保费用于提高产品保障水平。

四是为低收入人群提供补贴，有利于提高针对中低收入群体的普惠保险的触达和参保率，可避免因病致贫、因病返贫。

附录三　长期医疗保险发展的国际经验

保险续保是一国商业健康保险发展进入较为发达阶段的标志。从国际上看，德国、澳大利亚、美国等发达国家都要求商业健康保险保证续保，并且允许续保时费率调整。

一　德国长期医疗保险

德国医疗保障制度实现"双元并立，结构互容"，规定收入超过一定额度（2020年要求税前年收入高于62550欧元，每年调整）的雇员（约占10%）可以选择参加商业医疗保险。同时，一些参加公立医疗保险的人（约占31%）也选择参加补充医疗保险。2018年，德国商业医疗保险保费收入397.7亿欧元，占保险业保费收入的19.6%（其中寿险业保费收入642.17亿欧元，财险业保费收入706.65亿欧元）。

（一）保费与风险对价

德国商业医疗保险测算根据保费与个人风险（年龄、性别、健康状况等）及保障水平对应的原则。为保护客户利益，德国实行保证续保，保险公司一旦承保，就不得解约，解约权属于投保人，投保人可以退保或在同一公司转换其他保单。合同订立时所做的承诺长期有效，保险公司不能单方面减少保险保障范围。如果被保险人在一年保险期内没有报销医疗费用，保险公司会返还一部分所缴纳的保费给投保人。2017年，保险公司退还投保人的健康险保费为51.4亿欧元。雇员/个人购买的商业医疗保险在一定额度内享受免税政策（雇员额度为1900欧元，个人额度为2800欧元）。

（二）允许续保调费，但需要进行审核批准

新的治疗手术、昂贵的药物、护理支出增加、人口老龄化等带来了更高

的医疗费用。因此，健康险公司将每年比较实际赔付支出与预计支出，如果偏差超过10%，则检查所有计算基础。如果验证确认偏差，则保险公司可以调整保费。独立的受托人检查评估和计算结果是否正确。未经受托人批准，保险公司不得更改保费。联邦金融监管局（BaFin）监管保费计算结果的准确性。2009~2019年，商业医疗保险保费年均增长率为2.8%。

（三）建立老年疾病风险储备金

在德国，投保人在各个年龄段缴纳的商业健康保险保费保持不变。为避免因年龄增长而导致医疗风险增大和保费提高，德国法律规定，投保人在年轻时须为将来缴纳老年疾病风险储备金（Ageing Reserve），约占保费的10%。2009年1月之前，如果投保人转保，其所缴纳的老年疾病风险储备金不能转到新的保险公司，这影响了市场竞争和客户转保；2009年1月之后，老年疾病风险储备金可一并转保。

二 澳大利亚长期医疗保险

2019年，澳大利亚商业健康保险覆盖人口1360万人，参保率达到53.6%，保费收入超过250亿澳元，商业健康保险支出占全国卫生总费用的9%，在发达国家中名列前茅。在澳大利亚商业健康保险是医疗保障体系的重要组成部分，是私立医院的主要资金来源，促进了医疗保障体系和医疗卫生制度的发展。

（一）商业医疗保险实行社区费率

早在19世纪，澳大利亚就以行业为基础，建立相互保险协会（Friendly Societies），为会员提供医疗保障。澳大利亚目前大部分商业健康保险公司就起源于各地的相互保险协会。1953年，澳大利亚实施《国家卫生法》，确立了社区费率（Community Rating）定价原则，禁止以年龄、性别、健康状况为维度进行差异定价，同一保险产品，对于所有被保险人实行统一的费率，避免保险公司挑选低风险被保险人的行为，使投保人有同等机会购买商业健康保险，且健康保险公司不能拒保。目前，澳大利亚商业健康保险仍实行社区费率定价。

（二）提供健康险税优支持，对未购买商业医疗保险的高收入人群征收惩罚税

1984 年，澳大利亚开始在全国实行全民医疗保险制度，为国民提供广泛的公共医疗保障。随后颁布的三大政策（削减对私立医院床位补贴、降低国家医疗保险的赔付比例、减少商业健康保险的再保安排）对商业医疗保险造成巨大冲击，参保率从 1987 年的 48.3% 降至 1997 年的 32.1%。《1996 年商业健康保险法案》规定，政府向购买其认可的商业医疗保险的客户提供保费补贴，同时，对个人年收入超过 9 万澳元、家庭年收入超过 18 万澳元，购买商业医疗保险的，除非政府认可（个人医疗保险免赔额每年不超过 750 澳元，家庭每年不超过 1500 澳元），否则加征 1%~1.5% 的商业医疗保险惩罚税。由于澳大利亚商业医疗保险不能拒绝任何投保人，年轻人群仍没有足够的购买动力，1999 年政府推出了终身健康保险计划（Life Time Health Cover），并于 2000 年 7 月 1 日起开始实施，旨在鼓励人们尽早购买商业医疗保险。该计划规定，澳大利亚居民在年满 31 岁后的第一个 7 月 1 日之前未投保商业医疗保险的，每延迟一年额外支付 2% 的保费，最高累加费率 70%。对于未及时参保的居民，连续投保 10 年后取消附加保费。此外，从 2019 年 4 月起，保险公司可以为 18~29 岁的客户提供最高不超过保费 10% 的折扣，直到其 41 岁。

（三）实施保费风险均衡项目

社区统一费率制度的实施，使保险公司间的风险不平衡，一些健康险公司由于承保群体中高龄和高额医疗费用客户较多而赔付额较高。为确保市场竞争的公平性，1976 年，澳大利亚建立再保险池（Reinsurance Pool），为特定类型的高额赔付提供再保险，以分散风险，使商业健康保险的经营风险更为均衡，这是目前行业仍在实施的风险均衡项目（Risk Equalisation1 Scheme）的基础。

附表 1 澳大利亚商业健康保险居民收入、保费补贴及医疗保险附加税

年收入 （澳元）	个人收入	≤90000	90001~105000	105001~140000	≥140001
	家庭收入	≤180000	180001~210000	210001~280000	≥280001
保费折扣 （%）	65岁以下	25.059	16.706	8.352	0
	65~69岁	29.236	20.883	12.529	0
	70岁以上	33.413	25.059	16.706	0
商业医疗保险 惩罚税(%)	所有年龄	0	1.0	1.25	1.5

资料来源：http://www.privatehealth.gov.au。

风险均衡包括以年龄为基础的风险池（Age Based Pool，ABP）和以高额医疗索赔费用为基础的风险池（High Cost Claimants Pool，HCCP）。其中，ABP规定，对于健康险公司超过55岁的承保人群，随着其年龄的增长，保费划入行业风险池的比例从15%增加至82%。保险公司划入行业的保费计算公式为 $P×C$（其中，P 是指保费划入行业风险池的比例，C 是指符合该条件的人数）。HCCP规定，对于当年赔款超过50000澳元的承保人群，将部分风险转为行业分摊。计算公式为 $m(R-T)-H$（其中 m 为82%，R 是本季度和前三季度赔付金额减去 ABP 后的金额，T 为50000澳元，H 为前三季度的赔付金额）。2018年7月1日至2019年6月30日，转移资金达4.56亿澳元。

（四）开展健康险保费调整审查

在澳大利亚，商业医疗保险市场受到严格的监管。澳大利亚审慎监管局（the Australian Prudential Regulation Authority）对保险公司进行定期监测和审查，确保保险公司拥有偿付能力。每年健康保险公司须向政府提供详细的材料，说明其是否计划以及如何调整保费。获得政府批准后，保险公司将从下一年度开始进行保费调整。保费调整是对某个产品所有参保人群，不能针对个人，并在续保前提前告知客户。由于每家保险公司和保险合同的类型不

同，每个保单持有者每年所缴纳的保费不一样。2014~2020年，澳大利亚商业医疗保险行业保费的加权平均涨幅分别为6.20%、6.18%、5.59%、4.84%、3.95%、3.25%和2.92%。保险公司调整保费，既要保证定价合理，也要使产品具有市场竞争力。

三 美国长期医疗保险

2010年，美国实施《患者保护与可负担医疗法案》（The Patient Protection and Affordable Care Act），要求强制参保、不得拒保、保证续保，并建立健康保险交易所以降低交易成本。2010年，约22.3%的美国人没有保险。在实施医改的2016年，这一比例下降至12.4%。

（一）强制投保，给予低收入人群保费补贴

从2014年开始，符合条件的每一名美国公民和家庭必须投保，否则将被处以罚款（特朗普总统上台后取消罚款规定）。2016年开始，全职雇员（每周工作时间在30小时以上）人数为50~99人的中小型企业必须为员工购买医保。拥有100人以上全职雇员的企业在2015年之前需为70%的全职雇员购买医保，否则将被处以罚款。要求保险公司提供终生保障条款。除非投保人欺诈，禁止保险公司解除合同。为帮助中低收入人群购买保险，从2014年开始，政府对收入在联邦贫困线水平133%~400%的个人和家庭（2020年个人为12760~51040美元）提供保费补贴，补贴水平按保费占收入的一定比例来确定。对低收入小型团体提供保费退税补助。

（二）不得拒保，续保调费需要证明合理性

为帮助健康欠佳人群购买保险，美国规定不得以客户健康状况为由拒保或收取高额保费。禁止保险公司基于健康状况进行区别化定价。保费只能根据家庭结构、地域、精算价值、是否吸烟、是否参加健康促进项目和年龄等而有所不同；对保险公司基于年龄和健康习惯实施的区别化定价行为加以限

制，老人费率不得超出年轻人费率的3倍，吸烟者费率不得超出不吸烟者费率的1.5倍。保险公司的保费调高10%及以上时，需要证明其合理性。为了保证定价合理，控制费率涨幅，要求定价时的预期赔付率（Medical Loss Ratio，MLR）不得低于80%。对于实际赔付率低于80%的业务，保险公司需要向客户退款。

（三）成立健康保险交易所，提供最低保障

为方便个人和中小企业购买商业医疗保险并减少交易成本，健康保险交易所要求提供的医疗保险产品包括十项基本保险责任（Essential health benefit，EHB），包括门诊责任、急救急诊责任、住院责任、预防性服务责任、健康服务责任和慢性病管理责任等，同时提供四个等级的标准化医疗保险计划，分别为青铜级计划、白银级计划、黄金级计划和白金级计划。这四种计划的主要区别在于自付额和报销比例的不同。每年11月1日到12月15日是健康保险交易所的开放申请期。通过规定开放期，减少投保人的逆向选择行为。截至2020年，1140万人加入健康保险交易所，其中超过930万人获得联邦保费补贴。

2015年，共有308家保险公司加入健康保险交易所，保单继续率为84%，由于前期部分保险公司对市场预期过于乐观，定价行为激进，赔付率较高，多家公司出现严重亏损甚至退出市场，保险公司的退出也导致保单继续率下降，2017年参与保险公司减少到218家，继续率下降到56%。随着2018年以来保费达到合理水平且逐步稳定，继续率逐步恢复。2020年参保率提高至75%，参与保险公司增至227家。

（四）建立过渡性风险分担机制

美国政府为高风险参保者提供补贴以分摊风险。这些风险分担设计涉及两个临时性和一个永久性的风险分担计划，分别称作州过渡性再保险池（State Transitional Reinsurance Pool）、临时联邦风险走廊项目（Temporary Federal Risk Corridor Program）以及永久州风险调整计划（Permanent State Risk-adjustment Program）。以风险调整计划为例，作为预先调节机制，使各家保险公司之间的赔付水平趋近，有利于市场保持稳定。从实际效果来看，

赔付金额最高1/4分位点的产品获得了平均15%的保费补贴,而赔付金额最低的产品则支付了平均12.2%的保费转移。

四 启示

从以上德国、澳大利亚、美国的情况分析来看,医疗保险的保证续保并不是单独存在的,而且与其他政策紧密衔接。德国、澳大利亚具有悠久的商业健康保险发展历史,较早就实现"保证续保"和费率调整。美国强制要求保险业实现保证续保。从定价核保环节来看,德国开展核保和风险定价;美国采取风险定价但设定上限;澳大利亚采取社区费率制,18~29岁享受最高10%的保费折扣。从续保调费来看,三国都严格管理,要求监管审核。从赔付要求来看,德国针对无理赔人员返还一定保费;美国则设定赔付率要求;澳大利亚虽然没有赔付要求,但由于市场竞争,近年医疗保险赔付率在85%左右。从风险机制来看,澳大利亚、美国为了平衡各保险公司的经营水平,采取风险调节机制。从健康险税优和惩罚税来看,三国都实施税优政策,澳大利亚则对未购买商业医疗保险的高收入人群征收惩罚税,对30岁以上未投保商业医疗保险的,每延迟一年购买额外支付2%的保费。

附表2 德国、澳大利亚、美国长期医疗保险整体配套政策

项目	德国	澳大利亚	美国
定价	风险定价	社区费率,18~29岁享受最高10%的保费折扣	设定最低赔付率要求
核保	有	无	无
续保调费	需监管审核	需监管审核	需监管审核
赔付要求	对无理赔人员返还一定保费		
风险调节机制	无	风险均衡项目	风险分担计划
健康险税优政策	有	有	有
惩罚税	无	对未购买商业医疗保险的高收入人群推出终身健康保险计划	奥巴马任总统期间执行

附录四　大病保险创新模式案例：
金华大病保险"选缴保费法"

为了破解因病致贫、因病返贫问题，全面提升多层次医疗保障水平，从2018年开始，浙江金华市在原有大病保险制度的基础上，在全市统一实施"选缴保费法"大病保险制度。2021年金华选缴人数突破456.2万，选缴率达90%。通过扩大报销范围、降低起付线、提高报销比例、取消封顶线等举措，实现了大病保障选缴人数、筹资和待遇水平的大幅提升，大病综合报销平均水平从改革前的62%大幅提高到80%，最高达到95%以上，为48.3万名患者减轻负担（49.8亿元），极大地化解了群众因患重特大疾病而增加家庭灾难性支出风险。

（一）制度背景

1. 金华具有自主选缴保费购买补充保障的实践基础

早在2001年金华市区就探索推出了城镇职工大额医疗补充保险，参保职工可以自主选择是否购买和购买份数。2013年，金华市政府印发《关于开展金华市区大病医疗商业补充保险工作的实施意见》（金政办发〔2013〕71号），参保职工和居民可选择是否购买大额补充保险和购买份数。经过10多年的探索，个人自主选缴保费购买补充保障理念已深入人心，这为金华市实施统一的"选缴保费法"大病保险制度奠定了广泛的群众基础。

2. 建立统一大病保险制度，符合国家和浙江省改革方向

2012年8月，国家发展改革委等部门联合印发《关于开展城乡居民大病保险工作的指导意见》，实施大病保险制度。各省份相继启动了大病保险试点工作。浙江省《关于加快建立和完善大病保险制度有关问题的通知》（浙政办发〔2014〕122号）明确提出，各设区市要在2017年底前实现大病保险市级统筹。2017年，浙江省人社厅将"完善大病保险制度取得新突破"纳入攻坚项目，要求全面实施大病保险市级统筹。金华市在多年实践基础上,制定《金华市大病保险实施办法》,主要政策与省级政策一致,增加了"选缴保费"这一金华特色做法,并于 2018 年 1 月 1 日起开始实施。

(二)主要做法

1. 以"选缴保费"为核心,放大大病保险保障效能

在缴纳大病保险基本保费的基础上,参保群众可在规定时间内自愿认购大病保险份额,每人最多可认购缴纳 3 份保费,每份 100 元,不同份额对应于不同的保障水平。为了提高选缴率,金华市首年实行优惠政策,在征缴期内缴纳选缴保费的,视同连续三年选缴。

附表 1 金华大病保险"选缴保费"及保障待遇

缴费档次	保费（元）	起付线（万元）	报销比例（%）	报销额度（万元）	报销范围
未缴纳选缴保费或选缴未满三年	75	2.2	75	40	合规医疗费用
连续选缴 1 份满三年	75+100	2.2	75	60	合理医疗费用
连续选缴 2 份满三年	75+200	1.1	80	80	合理医疗费用
连续选缴 3 份满三年	75+300	0.6	85	不封顶	合理医疗费用

注:大病保险基本款（75 元）= 政府、单位（45 元）+个人（30 元）。
资料来源:江小洲:《金华市建立选缴保费法大病保险制度的探索》,《中国医疗保险》2020 年第 9 期。

附表 2 金华市大病保险合规和合理医疗费用

合理医疗费用	合规医疗费用	自理费用	基本医保目录中乙类项目个人承担部分
			基本医保目录中乙类药品个人承担部分
		自付费用	基本医保规定由个人按比例承担部分
			外出住院个人先自付费用
			异地登记(居住、安置、外派)住院个人先自付费用
			等待期间个人先自付费用
			住院起付线费用
			规定(特殊)病种起付线费用
	浙江省大病保险特殊药品的费用		

续表

合理医疗费用	住院期间的目录外药品费用	国药准字
		国药进字
	合理治疗必需的医用材料（浙江省医保目录内）	超适应症
		超限额

通过降低起付线、提高报销比例、取消封顶线"组合拳"，提高保障水平。一是报销额度更高。连续缴纳3份满3年（实施当年缴费视同连续3年缴费，后续年份可补缴），起付额降至6000元，报销比例达85%，高于国家标准25个百分点，报销不封顶。二是报销范围更广。将大病保险报销范围由省规定的13种大病用药扩大到因病施治所需的全部"国药准字"和"国药进字"药品，医用材料扩大到因病施治所需的医保目录内全部超适应症和超限额医用材料。三是特殊群体"兜底"保障。将困难群体纳入保障范围。对特困人员、最低生活保障家庭成员，由财政全额补助缴纳大病保险选缴保费3份；对其他特殊困难人员全额补助缴纳大病保险选缴保费至少1份。2021年1~8月，金华市资助困难群众参加基本医疗保险二档（相当于职工医保待遇）6.1万人，资助金额1.1亿元。对特困人员、最低生活保障家庭成员大病保险起付标准以下的合规医疗费用，通过医疗救助给予补贴，使相关人员最终实际报销水平达95%左右。

2. 以"盈亏共担"为核心，推进可持续发展

大病保险可持续的核心是基金收支平衡和合理盈亏共担机制。金华围绕做大基金盘子、强化收支平衡、合理共担盈亏实行可持续发展机制。

一是地市统筹，做大基金盘子。金华以市为统筹区域推进大病保险制度，做到"政策体系、筹资标准、待遇水平、承办机构、资金管理、基金核算""六统一"，实现城乡一体化、市域同城化，消除不同地区、不同群体之间的待遇差别，以提升待遇公平性、基金稳定性和运作规范性，同时也做大保险基金，提高抗风险能力。目前基金累计结余超5.5亿元，运行稳定。

二是精准测算,建立保费增长机制。建立大病保险保费筹资正常增长机制。根据医疗费用增长情况、GDP 增长水平、大病保险上年度支出情况等因素,由政府相关部门适时调整确定大病保险保费水平。

三是明确职责,强化基金收支平衡。金华建立市县风险共担机制:一个预算年度内,各县(市、区)完成年度收支计划的,其基金收支缺口由市大病保险基金补足;未完成的,基金收支缺口由当地政府负责补足。大病保险基金累计发生收支缺口时,由各县(市、区)按参保人数占比分担或调整到由下一年大病保险基金筹资来弥补,不断增强基金抗风险能力。

四是盈亏共担,推进可持续发展。①"滚动支付、期满清算"。从更长周期考虑基金平衡,既能提高基金使用绩效,又能实现大病保险承办方"收支平衡、保本微利"目标,金华大病保险基金清算在第一个协议期内(2018~2021 年共 4 年,其中第 1 年为试行)采取"滚动支付、期满清算"方式进行。明确商保公司分享盈余额的 10%、承担亏损额的 15%,其余由大病保险基金分享或承担。②设立大病保险风险金。风险金从征缴的保费中提取,专项用于弥补大病保险收支缺口,具体提取比例为全市参保人员选缴保费选缴率的 10%,提取金额每年不超过 3000 万元。③大病保险运营成本实行预算管理。由大病承办公司每年编制预算,市医保中心审核,报金华市医保局、市财政局批准后实施,在预算额度内按实列支,主要用于投入专业工作人员、完善信息系统、政策宣传培训、业务经办保障等。年度结束时,医保部门和财政部门组织人员对运营费用支出进行审核或委托第三方进行审计,确保运营费用支出合理合规。④明确政策性亏损不纳入盈亏计算。合同期间因基本医保或大病保险等重大政策调整等因素而造成的政策性亏损,不计入盈亏计算。

3. 以"便捷高效"为核心,发挥社商合作效能

第一,充分发挥政府公共服务"新基建"效能。一是选缴补缴"掌上办"。在银行代扣、医保窗口缴纳基础上,在"浙里办"App 设置了大病补缴模块和选缴缴费模块,用户通过手机就能办理选缴补缴业务,实现"零证明、零距离、零见面、零跑腿"。2020 年金华市区大病保险征缴期间新增

或更改选缴 9.4 万人次,其中 9.1 万人次通过"浙里办"医疗保障专区办理,占比达 96.8%。二是报销办理"一站式"。实行基本医保、大病保险、医疗救助、职工医疗互助、优抚待遇"一站式"结算,为参保人提供高效、便捷的理赔服务体验。

第二,充分发挥社商合作第三方专业优势。《金华市大病保险实施办法》明确规定大病保险采取招标采购形式,即采取向商业保险机构购买保险形式承办。一是建立统一运营机制。大病承办机构需在全市各医保经办机构办事大厅设立服务窗口,并配备满足医保经办所需的财务、医(药)学、窗口业务、现场核查、信息技术等相关专业人员 200 人,补充基本医保经办人力。制定统一的人员管理、考核及培训制度,由市、县医保经办部门共同对派驻联合办公的大病保险服务人员进行管理,实现"统一承办机构、统一资金管理、统一基金核算"。二是强化医疗行为监督。为确保大病保险基金赔付安全,商保公司在智能审核系统的基础上,强化专家审核,全面开展现场稽核、监督等工作,进一步防范基金风险。单次医疗费用在 3 万元以上的稽核率不低于 80%,大病保险赔付案件核查率不低于 30%。三是开展异地医疗核查。对于异地就医结算大额、可疑票据,充分依托商保机构垂直管理优势,通过承办单位调查核实,减少不合理医疗行为,加快报销结算速度。四是建立月度、季度运营情况汇报机制。承办商保公司及时总结经验做法,开展大病保险政策宣传、典型案例报道工作,逐年提高选缴率,稳步提高参保人的满意度。按月向医保部门报告大病保险赔付数据及工作开展情况。每季度提供理赔支付、稽核检查等运行分析报告,针对大病保险项目运行中存在的问题提出建议,不断优化服务。三家承办商保公司按季召开三方会议,沟通大病保险运营过程中存在的问题并予以协商解决,由主承办方向市医保部门做出书面汇报。五是建立经办服务履约评议机制。每年第一季度召开大病保险履约情况评议会,由医保局和财政局共同组织,各县(市、区)医保部门参加,对上一年度大病保险承办履约工作进行评议,对存在的问题进行探讨,并对下一年度大病保险工作做出安排。

（三）主要成效

1. 较好解决"因病致贫、因病返贫"问题

该制度实施以来，金华大病保险报销额 20 万元以上的大病患者达 1322 人，人均报销 36.8 万元。全市城乡居民实际报销水平在基本医保报销的基础上平均提高 30 个百分点。2020 年，金华全域困难人员自费医疗费用超 5 万元以上的仅 44 人，仅占全省的 1.65%，较好地化解了参保群众特别是困难群众患重特大疾病而增加灾难性医疗支出风险。

2. 实现选缴面、受益面广覆盖的预期目标

一是选缴广覆盖。选缴保费与每年基本医保参保同步进行。大病保险首年选缴率十分关键，因此需要压实各县（市、区）政府的征缴主体责任。各级政府广泛开展政策宣传、层层发动，提高老百姓的政策知晓度。2018 年，金华选缴率目标是基本医保参保率的 50%，在广泛动员后实际选缴率 70%，选缴人数 359.8 万人。2019～2021 年，大病保险选缴保费人数分别为 393.7 万人、404.2 万人和 456.2 万人，选缴率分别达 77.6%、80.26% 和 90%。金华参加大病保险选缴人数和占比不断提高，说明参保人员对自己的健康和多层次保障负责，具备了风险防范和购买商保的意识。二是受益广覆盖。全体参保人统一按费用额度实施保障，累计为 48.3 万名患者减轻负担（49.8 亿元），凸显了受益广覆盖性。三是助推基本医保更广覆盖。金华市政策明确，只有参加当地基本医保的人员才可以参加大病保险，进一步助推了全民医保，2018～2019 年，金华市基本医保户籍人口参保率分别为 99.62% 和 99.91%，连续两年居浙江省第一。

3. 强化多缴多得、长缴多得的权责对等保障原则

大病保险在基本保费的基础上，增加 100 元/份的保费选择，选缴份数越多待遇越高，连续选缴时间越长待遇越高，并将目录外合理医疗费用纳入选缴保障范围，制度设计上突出保障待遇与缴费责任直接挂钩的特点，形成待遇水平有高低、保障范围有大小的多层次保障体制，有利于增强参保人员的自我健康管理责任。2021 年，金华大病保险人均筹资 307 元，个人缴费

263元，个人缴费筹资占比达85%，通过"选缴保费法"，撬动了社会化筹资，形成了以个人缴费为主的可持续筹资机制，有效解决了大病保险由政府单独筹资的问题，符合改革方向。

参考文献

冯鹏程：《基本医保数据在商保领域应用研究》，《保险理论与实践》2021年第4期。

冯鹏程：《从1921到2021：中国医保和商业健康保险百年掠影》，《上海保险》2021年第7期。

冯鹏程、朱俊生：《长期医疗保险的经营风险控制和国际经验研究》，《保险理论与实践》2021年第1期。

冯鹏程、朱俊生：《普惠补充医保：特征、方案比较与可持续发展》，《中国保险》2021年第5期。

冯鹏程、朱俊生：《促进普惠补充医保可持续发展》，《清华金融评论》2021年第7期。

阎建军、于莹主编《健康保险蓝皮书：中国健康保险发展报告（2020）》，社会科学文献出版社，2020。

朱俊生：《要从渠道为王产品导向转向用户导向》，《今日保险》2021年第9期。

朱俊生、冯鹏程：《普惠补充医保的当下和远方》，《中国卫生》2021年第9期。

CCIIO, CMS, HHS, "Reinsurance, Risk Corridors, and Risk Adjustment Final Rule," 2013.

CMS, CCIIO, "2021 Unified Rate Review Instructions," 2020.

James M. Poterba, "Tax Policy for Health Insurance," *Tax Policy and the Economy*, Volume 19.

"Private Health Insurance Act 2007," Private Health Insurance (Risk Equalization Policy) Rules 2015, https：//www.legislation.gov.au/Details/F2016C00820.

Thomas E. Getzen, "Getzen Model of Long-Run Medical Cost Trends for the SOA," iHEA and Temple University, 2019.

专题四　商业健康保险新兴模式的政策支持研究

王国军　聂颖

风险社会背景下，中国民众面临的健康风险陡增。疾病谱发生明显变化，恶性肿瘤、心脑血管疾病等慢性疾病已经成为居民生命健康的第一杀手，新冠疫情对民众的生命健康构成严重威胁，在如此的环境中，"健康中国"战略的重要性愈加彰显。商业健康保险作为基本医疗保险制度的重要补充，可以为居民提供多层次的健康风险保障，越来越多地受到民众的关注。2020年10月，《中共中央关于制定国民经济和社会发展第十四个五年规划和二〇三五年远景目标的建议》明确提出要"稳步建立长期护理保险制度，积极发展商业医疗保险"，因此要丰富商业健康保险产品种类。

经过了几十年的发展，商业健康保险获得了长足的发展。2022年，商业健康保险原保费收入为8653亿元。2022年，寿险公司在售的商业健康保险有4841款，其中疾病保险1338款，医疗保险2672款。然而，商业健康保险的发展还处于初期且较为粗放，存在诸如保险深度（0.72%）和保险密度（612.82元/人）较低、产品结构不合理等问题，这不仅困扰着商业健康保险产业的发展，也不利于居民健康风险保障水平的提高。

中国特色社会主义已进入新时代，中国经济进入了高质量发展阶段，商业健康保险业作为国民经济和金融体系的重要组成部分，理应顺应历史潮流，从粗放式发展转向高质量发展，理应通过质量变革、效率变革、动力变革，实现商业健康保险更高质量、更有效率的发展，以落实好、服务好国家"十四五"规划，在国内大循环为主体、国内国际双循环相互促进的新发展格局中发挥更大的作用。毋庸置疑，诸多新的商业健康保险模式日渐兴起，作为商业健康保险高质量发展的重要探索，新兴事物在发展中往往具有一定的脆弱性，如何通过政策支持来促进我国商业健康保险新兴模式可持续发展是本报告关注的焦点。

本报告旨在通过构建商业健康保险新兴模式，协调相关领域间的政策，优化相关主体间的关系，助推相关主体破解发展困境，弥补商业健康保险新兴模式的不足，实现商业健康保险新兴模式可持续发展，促进我国商业健康保险高质量发展。

本报告的主要研究内容包括商业健康保险新兴模式可持续发展分析、商业健康保险新兴模式的国际经验与启示、商业健康保险新兴模式政策支持分析以及相关主体间的关系协调分析。

一 可持续发展的商业健康保险新兴模式的判断标准

（一）供给侧的标准（或动力）

1. 拓展可保人群，形成聚合支付、带量采购

补充型商业健康险的发展依赖于医疗支付资金和医疗需求的大量聚合。以我国基本医保为例，不限年龄和身体状况，从时间和空间维度汇聚大量资金和未来医疗需求，即使是地级层次统筹，也能形成足够大的规模与医药行业进行谈判。根据国家医疗保障局统计，2022年我国基本医保参保人数达13.50亿人，参保率稳定在95%以上。国家医保局作为全国最大的医疗支付方，在与医药行业的谈判中拥有较强话语权。2020年医保局就医保目录外药品和目录内药品进行谈判，新纳入医保目录的119种药品经谈判后均价降幅过半，目录内费用偏高且医保基金占用过多的药品经谈判后均价降低四

成。因此补偿型商业健康险的盈利模式可以参照基本医保，通过增加可保人群，形成聚合支付、带量采购，提升相对于医药企业的话语权，进而控制患者的费用支出。而目前补偿型商业健康保险往往在年龄、职业和健康告知等方面要求很高，将带病体、特殊职业和高龄人群等排除在外，这导致保险需求强烈的人群往往无保可投。健康群体的未来医疗药品需求难以形成足够规模的支付体量来与医疗供应方进行谈判。因此，逐步降低商业健康保险投保门槛，增加可保人群，吸引更多人参保，是提升保险公司聚合支付体量的关键。

2. 改变支付方式，从后报销模式逐步向即时实物给付模式转变

目前在多数健康保险中患者、保险公司和医疗机构之间的关系是割裂开来的。投保人支付保费给保险公司，用于购买健康保险。投保人向医疗机构支付医疗费用，从而获得医疗服务。投保人凭医疗报销凭证从保险公司处获得理赔。在这个过程中，保险公司只与投保人建立联系，难以在投保人和医院之间的医疗服务采购过程发挥作用。因此保险公司要改变目前的三方关系，就要积极介入医患关系，成为连接医患的纽带，促进医疗资源合理配置。

在理想的状态下，保险公司聚合未来医疗服务需求，并与医药供应方谈判，对于不同医疗服务以按人头付费、按病种付费等方式，提前锁定支付价格。患者在定点医院就诊时，无须或者仅需支付少量费用，即可获得医疗服务。患者在获取药品时，可凭借处方到指定医院或药店无须或者仅支付少量自付费用即可取药。在这种情况下，被保险人和保险人之间的事后费用补偿变为保险人和医药供应方的事前协议。从患者的角度，避免了医疗费用筹资问题以及医疗费用结算日与赔付获得日之间的现金流缺口问题。从保险公司的角度，保险公司汇聚大量被保险人，面临着大体量医疗服务和药品的采购需求，在与医药供应方的谈判中获得话语权，进而降低单位患者医疗费用支出。

但是在以公立医院为主的中国，医疗服务价格受到严格规定，因此保险公司难以与公立医院合作进行批量采购、低价买入医疗服务和控制医疗费用。考虑到健康险的未来发展趋势，近年来不少保险公司通过直接投资设立医疗机构或者是投资参股现有医疗机构的方式探索"保险+医疗"模式，以充分参与到"医—患—保"三方关系中。其中阳光保险与潍坊市政府共同出资成立阳光融合医院；平安通过平安好医生与超120家线下医院签订互联网医院合作协议；泰康先后在南京和武汉投资入股医院，并投资控股全国最大的齿科连锁集团拜博口腔；中国人寿投资淄博市中心医院，并成为香港最大的私人连锁医疗网络康健医疗的第一大股东，这些都是保险公司"保险+医疗"模式的具体实践。

相对于医疗服务，目前药品市场则是实物给付较为容易入手的。在药品市场上各大药企之间竞争激烈，保险公司可以通过设置健康保险的药品目录，积累与药企谈判的体量，进而获得以批发价购入药品的机会。2019年兴起的特药险将特药给付作为突出卖点，以泰康的"药神保"为例，其与多家知名药企合作，对院外用药全部采用实物给付方式。大部分"惠民保"产品也包含特药直付，明确列出可报销特定高额药品费用目录，投保人在患病时可以凭借医生处方，在定点医院和药店购买目录内药品并获得赔付。这些都是商业健康险市场正在探索的实物给付模式。通过聚焦药品需求，加强与药企的合作，从药企处以批发价直接购进药物。相较于个人购买药品的事后报销模式，实物给付方式下患者花费更少且体验更佳，同时保险公司能通过谈判降低药品价格，赔付支出更少，更有动力直接与药企和医院对话。

3.商保卫生技术目录确定，HTA卫生技术评估应用

医学是一门专业知识门槛高的学科，普通医患面临的信息不对称现象严重。在医患关系中，医生享有高度话语权，普通患者往往处于被动地位。患者可以选择是否接受医疗服务，却不能左右医生的医疗决策。当医生的工资绩效与患者医疗费用相挂钩时，医生和患者的利益处于对立面，过度医疗现象不可避免。如何规范医疗行为，除了依赖医疗人员的职业道德外，更要靠外部规范的医疗技术评估标准的制定。那么，如何才能提高医疗效率，让患者可以花最少的钱治好病？

单个患者在医患关系中处于弱势地位，聚合广大患者群体的保险公司具

有体量优势。除了为患者提供保险补偿，保险公司更是作为患者的代言人，凭借专业的人才队伍和精算技术优势，发挥第三方制约作用，加强对医疗行为的管控。在被保险人和保险公司的关系中，保险公司和被保险人利益基本一致。如何选择恰当的卫生技术，单个患者很难识别，而对于拥有众多投保人的保险公司来说，聚合了大量患者的卫生技术选择需求，其有能力也有动力研究针对各类疾病安全、有效、性价比高的卫生技术，这就需要专门的卫生技术评估。卫生技术评估（HTA）是对某种卫生技术的性能、安全性、临床疗效、有效性、成本、成本效果、对组织产生的影响、社会后果、法律性和伦理性等方面进行系统评价的多学科活动。在美国、英国、澳大利亚等国家，HTA被广泛应用于健康保险领域，为保险公司和个人选择卫生技术提供科学依据，同时有利于控制医疗成本，提高医疗资源使用效率。通过对目录进行动态调整，实现对医疗行为的规范。[①] 国家医保局在 2017 年医保药品目录准入谈判中首次引入卫生技术评估，并将卫生技术评估作为医保药品目录准入的重要决策工具。虽然惠民保和一些医疗险也尝试通过以特药清单的形式规范医疗行为，但是特药清单的确定还缺乏卫生技术评估的支持。在未来，除了用于确定药品清单，HTA 还可以用于评估医疗设备、诊断技术等领域，为健康保险的产品价格制定和报销范围确定等提供科学依据，从而有效规范医疗行为，提高卫生资源使用效率。

4.发展长期健康保险，进行健康管理，提升用户体验

目前大多数健康保险严格限定用户年龄和健康状况，且不能保证续保，因此健康保险多被视为短期保险。这就导致保险公司陷入一个循环中，年复一年的"脱落"带病体和高龄群体，并重新筛选健康适龄群体，企业的目标客户筛选和营销成本高企不下，难以切实从服务端提高用户体验。在长期经营且保证一定续保率的前提下，保险公司的营销费用可以在很大程度上得以降低，同时健康险筹资效率提高，从而会更加注重健康管理等长期获益的

[①] 方亚：《卫生技术评估在健康保险和健康管理中的应用》，《山东大学学报》（医学版）2019 年第 8 期。

服务项目。根据世界卫生组织（WHO）研究，1元的预防投入可节省8元的医疗成本，对于肝癌患者而言甚至可以节省750元的医疗成本，上述数字可以让人真实感受到健康管理的价值。根据美国霍普金斯医学院的第三方独立研究报告，健康管理公司的出现使健康保险公司的直接医疗支出降低了30%。保险公司不能仅满足于医疗费用的支付方，而是要通过主动干预降低被保险人的医疗费用。如奥斯卡通过 Oscar 这一手机应用记录用户的运动步数和睡眠时间，若达到标准用户可获得奖励。除了运动达标奖励外，奥斯卡还为用户提供免费的瑜伽课、精神健康服务、产前课程和冥想训练等健康活动。有媒体称，奥斯卡并不是选择健康的客户，而是让客户更健康。在中国，众安保险首先推出采用运动激励的重疾险"步步保"，通过可穿戴设备记录用户运动步数，运动步数越多则保费越低。在未来，保险公司也应当将"让客户更健康"作为健康保险的经营理念，在健康保险中引入健康管理，具体可以通过以下三种方式提供健康管理服务。第一，开展健康教育，通过线上或线下的养生讲座、运动课堂等帮助投保人培养良好的生活习惯；第二，进行运动激励，利用可穿戴设备或计步器记录运动数据，通过减免保费和礼品奖励的方式激励投保人增强体魄；第三，事先疾病预防，通过定期体检、疾病筛查等方式等及时发现身体存在的问题，并对可能出现的疾病风险进行事先预防。通过健康管理、健康干预和健康激励，可以有效提高用户的健康水平。用户越健康，保险公司理赔越少，越有动力对用户进行健康管理，从而形成良性循环。

（二）需求侧的标准

补偿型商业健康保险要实现可持续发展，就要稳步拓展市场，做大补偿型健康保险这块蛋糕。其中做大蛋糕的关键就是拓展客户群体，这就需要提高用户的可得性，使更多的用户可以投保，而并非被严格的健康告知条款拒之门外。在满足客户可得性的基础上还要充分考虑客户的需求，目前补偿型商业健康保险产品多为短期性，而客户关心的重点是未来其身体健康状况欠佳时能不能继续获得保险保障，这就需要有长期健康保险来满足客户对长期性保障的需求。在众多的保险产品中，客户如何进行选择，在主体保障内容一致的情况下，性价比高成为客户购买产品的主要参考标准。未来，可得性强、性价比高和保障长期性成为补偿型商业健康保险的需求侧标准。

1. 可得性强

目前，我国补偿型健康保险投保告知条款严格，往往有年龄、职业、健康检查结果、两年内未住院，以及未被保险公司拒保、延期、加费或者附加条件承保等多种要求。年龄、健康体检和两年内未住院的条件可将一部分人拒之门外。因此目前的商业健康保险产品的顾客可得性较差。而2020年的爆款"惠民保"，投保无门槛，几乎"全民可保"，为传统商业健康保险中的不可保人群，如高危职业群体、老年群体和非标体提供了健康保障。上海沪惠保首年投保人数达739万人，参保比例38.5%，筹资近8.5亿元；杭州西湖益联保2021年投保人数达470万人，参保比例为42.27%，筹资超9亿元，这些在一定程度上体现出顾客可得性对于补偿型商业健康保险做大做强的重要意义。因此未来补偿型商业健康保险市场的持续稳步扩大就要从提升顾客可得性入手，逐步拓宽可保人群。

2. 性价比高

在补偿型商业健康保险市场上，特别是医疗保险市场，产品保障内容趋于一致性，仅在部分增值服务和具体保障内容方面存在较小差别。对于同质产品，消费者更看重性价比。对于保险产品而言，性价比即为保险公司的筹资效率，即保险公司将筹集保费的多大比例用于赔付。而根据慧保天下2020年3月对92家保险公司的短期健康险综合赔付率的统计数据，平均综合赔付率仅为41.63%，其中66家人身险公司平均综合赔付率为36.92%，26家财产险公司为42.31%。综合赔付率过低，对于保险公司而言，意味着大多数保费划归营销项和利润项，而在投保人眼中，则意味着购买该产品并不划算。与此同时，对比杭州西湖益联保承诺90%的赔付率和上海沪惠保承诺90%的赔付率，从性价比方面消费者如何选择，一目了然。因此只有性价比高、筹资效率高、真正让利于民的产品，才能获得支持。

3.保障长期性

在 2020 年之前，市面上补偿型商业健康保险多为一年期保险，续保需要经过重新审核或健康告知。由于补偿型商业健康保险保障的短期性，投保人在年轻身体健康的时候"有保可依"，但是随着年龄的增长，身体状况逐渐变差，其就不能续保健康保险产品，往往"无保可依"，健康风险得不到保障。投保人在年轻的时候身体健康，保险保障需求低，而进入老年身体逐渐衰老，各种疾病相继出现，保险保障需求更加突出。考虑到投保人长期的医疗保险需求和短期医疗保险供给的不匹配，2020 年为鼓励开发长期医疗保险产品，银保监会办公厅发布《关于长期医疗保险产品费率调整有关问题的通知》，以规范和引导长期医疗保险产品发展。从 2020 年开始，10 年期、15 年期和 20 年期保证续保的长期医疗保险陆续出现，这种长期医疗保险可以有效覆盖投保人从年轻到年老的长期医疗保障需求，使得投保人在各个年龄阶段都能获得保险保障。

（三）政府的标准

1.减轻群众就医负担

医疗保障是减轻群众就医负担、增进民生福祉、维护社会和谐稳定的重大制度安排。商业健康保险作为多层次医疗保障体系的重要一环，加快发展商业健康保险、丰富健康保险产品供给、提高健康保障服务能力，是保险公司和政府部门的共同目标。目前商业保险虽然在完善社会服务风险分担机制、提供长期资金支持等方面作出了巨大贡献，但是其保障功能、保障力度还远不及主要发达国家。由 2018 年卫生筹资结构国际对比可见，我国卫生筹资结构中，公共筹资占比 68%，个人自付占比 28%，商业保险筹资占比仅为 4%。① 我国个人自付比例为 28%，高于世界平均水平 10 个百分点，因此减轻群众就医负担依然是未来我国医疗保障制度体系改革的重要内容。那

---

① 郑秉文：《"十四五"时期医疗保障可持续性改革的三项任务》，《社会保障研究》2021 年第 2 期。

么为了减轻群众就医负担,就需要提高公共筹资比例或提高商业保险筹资比例。目前我国公共筹资比例为68%,高于世界平均水平8个百分点,因此很难通过提高公共筹资占比来减轻群众就医负担。从商业保险筹资比例来看,2018年我国商业保险筹资比例为4%,世界平均商业保险筹资占比为22%,是我国的5.5倍,因此未来想要降低个人自付比例,就要重点鼓励商业健康保险发展,并提高商业保险筹资比例。

2. 盘活医保资金

我国城镇职工基本医疗保险按照统筹管理分为统筹账户和个人账户,其中个人账户资金属于专用账户,只能用于医疗相关支出。为了防止资金滥用,我国对职工医保个人账户的使用有严格的限制,个人账户资金累计结余2018~2020年增加,2018年累计结余为7144亿元,2020年累计结存达9927亿元,占城镇职工医保基金结存的39.2%。一方面,我国基本医保支出逐年增加,医保筹资面临巨大压力;另一方面,个人账户由于适用范围受限,累计结余逐年增加。那么如何盘活医保个人账户,减轻基本医保压力呢?目前,全国多地放开个人账户使用,包括允许使用医保个人账户资金购买商业健康保险、支付家庭成员医疗费用、支付其他医疗健康费用等方式。深圳从2015年开始可以使用个人账户余额购买重疾补充保险;上海从2017年可以使用个人账户余额购买个账健康险产品,累计23万人次购买。购买商业健康保险,一方面可以盘活个人账户资金,另一方面可以有效降低个人自付比例,减轻基本医保压力。

3. 发挥商业健康险对基本医保的正外部性

近年来商业健康保险公司逐渐参与基本医疗经办管理服务,在参与的过程中商业保险公司的专业性和高效性得到了充分的体现。第一,降低经办成本。在"湛江模式"中,人保健康参与基本医疗就医巡查、现场监督和费用审核过程,使得社保工作人员减少20人。在"江阴模式"中,保险公司全面管理大病医疗费用,每年支出仅相当于政府成立专门机构的直接支出的50%。第二,降低医疗费用,在"湛江模式"中,人保健康通过专业化运作使得2007~2008年参保群众人均住院费用下降8.3%。第三,提高资源利用效率。在"湛江模式"中保险公司区分了不同医院的起付标准、赔付比例等，使得卫生资源的利用效率提高，避免了"三甲医院人满为患，社区医院无人问津"的现象。第四，注重疾病预防，在"湛江模式"中，人保健康提出健康管理理念，不仅关注大病费用支出，而且进行积极预防，避免小病演化为大病。保险公司在社保经办过程中在预防疾病、控制医疗费用、提高医疗资源利用效率等方面成效显著，因此未来在商业健康保险的发展中，社会医疗保险同样可以依托于商业保险公司的专业性和高效性实现人均医疗费用下降、卫生资源高效利用和疾病严重程度下降等。因此推动商业健康保险高质量发展，可以发挥商业健康保险对基本医保的正外部性，帮助改善居民的就医选择，推动疾病防控，控制医疗费用过快增长。

二 商业健康保险新兴模式政策支持的国内实践与国际经验

（一）商业健康保险新兴模式政策支持的国内实践

近年来我国持续深化医疗卫生改革，解决居民看病难、看病贵的问题。在基本医疗保险的基础上发展大病保险，持续减轻居民就医负担。在社会医疗保险保障水平不断提升的基础上，政府持续推动商业健康保险发展，为居民建立多层次医疗保障体系。伴随着政策的不断完善、商业保险公司的持续创新，外加居民多样化的医疗保障需求，近年来在商业健康保险领域涌现出多种创新产品，既有普惠型全民适用的保险，也有针对单个群体的个性化需求的保险。

1. 城市定制型商业医疗保险

近年来伴随着我国经济发展水平的提高，居民对健康保障愈加重视，特别是在新冠疫情冲击下，居民的健康保障需求更加强烈。在医疗保险供给端，我国基本医疗保险的保障人群广，但保障水平低且保障内容少，不能满足广大居民的多层次需求；商业健康保险保障水平高，但是投保门槛高且保费较高，非标体、超龄人群和特殊职业人群往往无保可投。2020年2月，中共中央、国务院印发《关于深化医疗保障制度改革的意见》，强调促进多层次医疗保障体系发展，明确加快发展商业健康保险、丰富健康保险产品供给、着力解决医疗保障发展不平衡不充分的问题。在政策的支持下，城市定制型商业医疗保险凭借低门槛、低保费和高保额的普惠属性在全国各地快速发展，成为2020年保险业的现象级产品。截至2021年5月31日，全国有140余款惠民保产品上架，产品遍及26个省区市。各地惠民保产品的飞速发展，很大程度上得益于政府部门的支持。根据多地经验，政府参与度与地方惠民保的投保比例呈现正相关关系，政府参与程度越高，惠民保投保人数越多、参保比例越高。目前各地政府部门对惠民保的支持主要包括政府指导、个账余额缴费和一站式结算三个方面，涵盖了保险产品的事前、事中和事后三个阶段。

（1）政府指导

政府部门的指导是影响惠民保发展水平的重要因素。北京、深圳、广州、杭州、南京、成都、重庆和淄博等城市的参保人数超百万，都离不开政府相关部门的指导和支持。其中参与最多的是各地医保局，部分地区银保监局、民政局和社会保障基金管理局等相关部门也参与其中。政府指导主要体现为参与惠民保的政策制定、产品设计、宣传推广、保费征收和监督管理等方面。

深圳市重特大疾病补充医疗保险是一款典型的政府指导下的惠民保产品，是我国最早的惠民保产品，也是目前参保人数和参保率最高的惠民保产品。深圳市于2015年推出重特大疾病补充医疗保险，最初由深圳市人社局（机构改革后为医保局）主办并确定保障内容和保障范围，通过政府购买的方式，由中标保险公司承办经营，并定期进行履约验收。目前深圳市重特大疾病补充保险由平安养老开展承保理赔业务。每年投保期深圳市人社局会在官网发布年度缴费提醒，还会通过短信方式，对一档个账足额群体且准确登记手机号码的参保人告知相关事宜，采取"不拒绝即同意"的默示表示方式，从个人账户中直接扣费。除了缴费事宜，深圳市人社局还对使用医保购买专属医疗险有关事项征询意见，充分了解广大群众的诉求。有了政府背书，加上半强制措施，深圳市重特大疾病补充医疗保险飞速发展，并逐渐成为深圳市多层次医疗保障体系中的重要一环。深圳市重特大疾病补充保险的参保人数从2015年的486万逐年增加到2020年的780万人，覆盖基本医保参保人数的50.4%。

全国参保人数和参保比例均排名第二的"西湖益联保"是政府多部门参与惠民保实践的重要代表，在2021年推出伊始，即获470万人参保和参保比例42.27%的好成绩，这得益于杭州市医保局、财政局、税务局三部门的共同推动，2020年，三部门联合印发《杭州市商业补充医疗保险实施方案》，从参保动员、信息支持、经办服务和日常管理等方面支持"西湖益联保"。杭州市医保局向未参保西湖益联保的居民推送介绍西湖益联保的短信，鼓励居民积极投保。地方政府的公信力是推动惠民保参保水平提高和居民保险意识增强的重要力量。

山东淄博市的"齐惠保"在2020年表现格外惊艳。基本医保参保人数仅418万人的淄博市，"齐惠保"的参保人数高达121万人，参保比例达28.4%，是2020年未采用医保个账划扣支付方式下参保率最高的产品。淄博市"齐惠保"是医保局、银保监局、医疗单位和保险公司基于深入的调研而制定的方案，其中医保局结合市民医疗支出和医保赔付数据，参与制定"齐惠保"的保障方案。淄博市副市长是齐惠保第一单投保人，为"齐惠保"代言背书。有了政府部门和领导班子的背书，广大群众对惠民保产品更加信赖。

深圳重疾补充保险、杭州"西湖益联保"和淄博"齐惠保"是三类城市惠民保产品的典型代表。从三个城市的经验来看，政府的参与度对各地惠民保的参保人数和参保率的提高起到关键作用。特别是深圳市和杭州市医保部门专门出台相应的惠民保支持性文件，淄博市领导班子现场"带货"购买"齐惠保"。政府是公信力的象征，对于政府支持的项目，居民通常持高度信任感。因此，政府的支持、宣传和推广对于增强居民保险意识和构建多层次的医疗保障体系具有重要的意义。

(2) 个账余额缴费

医保个人账户的专款专用在一定程度上制约了居民对个人账户资金的支配，为此多地医保局不断探索如何盘活个人账户资金，包括开展用医保个人账户余额购买商业健康险的实践。深圳、上海、广州、杭州、南京、珠海、佛山、惠州等城市可以用医保个人账户资金为自己和直系亲属购买惠民保产品。南京市发布《关于调整职工医保个人账户使用范围有关工作的通知》，明确提出可以用医保个人账户资金为自己和家人购买宁惠保，当个账余额超 3000 元时，可以为自己购买；当个账余额超 4000 元时，可以为家人购买。珠海市医疗保障局发布《关于实施 2020 年度珠海市附加补充医疗保险项目的通告》，提出可以通过医保 POS 机刷卡缴费，或者授权中国人寿从银行社保卡中扣缴保费。其中银行社保卡扣缴保费功能由中国人民银行牵头各社保卡开卡资质的银行开发并推出，为参保惠民保提供便利。2020 年，深圳市规定，当基本医保参保人的个人账户余额超 5585.4 元时，即可用医保个人账户余额支付重疾补充保险保费。允许医保个账余额购买商业健康保险作为各地盘活医保资金的积极探索，是推动当地惠民保快速发展的有效手段。杭州西湖益联保个账支付比例 52.14%、佛山市佛医保参保人中有 47%使用医保个人账户资金支付等均体现出医保政策支持居民购买健康保险的重要性。

(3) 一站式结算

地方政府的政策支持贯穿于惠民保从保单设计、投保到赔付的全流程。在赔付端，广州市"穗岁康"和杭州"西湖益联保"开展了一站式结算的尝试。广州市"穗岁康"的投保人在全市医保定点医院出院结算费用时，对于符合赔付条件的项目，可以直接在医院窗口由医保系统实时结算费用。参保人可以直接享受"穗岁康"的赔付，而无须先收集住院材料再向保险公司申请理赔。杭州"西湖益联保"同样对接医保信息系统，对于符合理赔条件的项目等，可以通过刷医保卡，在出院时直接通过医保系统实时报销费用。一站式结算离不开医保局和保险公司的数据连通，是医保和商保融合发展迈出的重要一步。

2. 长期医疗险

自 2016 年众安保险推出第一款百万医疗险"尊享 e 生"开始，我国百万医疗险呈现出高速增长趋势。随着百万医疗险的发展，百万医疗险的弊端也逐渐暴露出来，其中最突出的是供给和需求严重不匹配。百万医疗险为短期保险，投保人在健康风险低、保障需求低的时候可以购买，而随着其年龄增加、医疗风险提高，可能投保人无法续保，因此"保证续保"成为广大消费者最大诉求。"保证续保"是指在约定保障期内，投保人不会因健康状况恶化而被保险公司拒保或通过各种方式减少保障责任。[①] 保险公司也在积极探索开发"保证续保"的长期医疗保险，主要包括对一年期医疗保险的续保支持和尝试经营多年期保证续保产品。一方面，一些保险公司支持原有一年期医疗保险的续保，但是可能通过调整保费、减少责任等方式降低自身风险；另一方面，部分保险公司推出多年期保证续保产品，承诺在保证期内不会调整费率。但是关于长期医疗险的费率调整缺乏明确的政策规定，且在世界范围内医疗费用上涨是必然趋势，保险公司难以控制医疗费用的增加，开展长期医疗保险会使其承担巨大风险，因此保险公司开发长期医疗险的积极性很难被调动。

考虑到广大消费者的诉求和保险公司面临的风险，银保监会陆续出台相关文件鼓励发展长期医疗险。2019 年 11 月银保监会颁布《健康保险管理办法》，首次提出保险公司可以在保险产品中约定对长期医疗保险产品进行费率调整，并明确注明费率调整的触发条件。2020 年 4 月，银保监会发布《关于长期医疗保险产品费率调整有关问题的通知》，对费率可调的长期医疗保险的定义、费率调整的触发条件、初次调整时间和调整时间间隔、费率不得调整情况、保险产品条款等做出具体规定。这为合理费率调整提供了政策依据，清除了制约长期医疗险发展的制度障碍，有利于居民的长期健康保障需求进一步释放。

[①] 冯鹏程：《对长期医疗险保证续保和费率调整的建议》，《中国银行保险报》2019 年 12 月 3 日。

长期医疗险费率调节机制兼顾了保险公司和消费者的利益，既解决了以往保险公司在开展百万医疗险业务中面临的疾病发生率变化和医疗费用增长问题，又解决了消费者因身体状况变差或年龄增长而"无保可依"的问题。为减少保险公司可能承受的未来医疗费用上升和难以预测管控的风险，银保监会为保险公司的费率调整条件、具体调整措施等提供了政策依据。保险公司制定的长期医疗险费率调整方案，包括但不限于针对上年实际赔付、医疗通胀、医保政策重大变化等情况设置费率触发条件，如发生约定的费率调整事项，保险公司可以依据约定情况合理调整保费。银保监会还规定了保险公司费率调整维度为单个保险产品，并可以根据不同组别的被保险人确定不同的费率调整幅度。长期医疗险费率调整机制有利于提高保险公司费率调节的灵活性和风险承受能力，有利于调动其开发长期医疗险的积极性。

银保监会在保障保险公司经营可持续性的同时也考虑到广大消费者的利益，通过采取限制费率调整权和重点提示的方法，避免保险公司滥用费率调整权和进行虚假宣传。在限制费率调整权方面，银保监会规定首次费率调整时间、费率调整时间间隔和禁止调费情况。其中，首次费率调整时间不得早于产品上市销售之日起满三年，费率调整时间间隔不得短于一年，在赔付率偏低、发生群访群诉纠纷和银保监会要求的情况下不得上浮费率。这些措施促使保险公司在产品开发时提高精算测费的准确性，考虑所有可能影响医疗费用的重大事项，而非过度依赖费率调整权。为了防止保险公司过度宣传长期医疗险的优势，忽略向消费者介绍未来保费可能上调的情况，银保监会规定在产品名称、产品条款和产品说明等方面重点提醒消费者，在产品名称中加入"费率可调"字样，在产品条款中明确列示产品"费率可调"并详细说明费率调整相关情况，向投保人提供产品说明书等，从而使投保人认识到产品具有费率可调的性质，并了解费率调整的相关情况。

在银保监会政策发布之后，保险公司纷纷推出保证续保期达10年期、15年期、20年期和保至18岁甚至终身的长期医疗险，截至2021年9月，市场上共有16款费率可调的长期医疗险。由于长期医疗险的经营风险相对较高，目前市面上经营长期医疗险的以大型保险公司为主。截至2020年，太保人寿长期医疗险保费收入 13 亿元，平安人寿为 8 亿元，平安健康 5 亿元，人保健康 1.2 亿元，新华保险 1 亿元，2020 年市场整体保费规模约 28.2 亿元，占百万医疗险保费收入的比例低于 5%。[①] 银保监会制定政策出台，将保险公司从短期百万医疗险的红海竞争中剥离出来，开辟了一块蓝海市场，充分调动了保险公司的经营积极性。在长期医疗险的经营中，保险公司和消费者的诉求一致，均为提高消费者的健康水平，因此鼓励发展长期医疗险可以使保险公司更加专注于事先的疾病预防和健康管理。

表 1 在售的费率可调的长期医疗险（2021 年 9 月 30 日）

公司	产品名称	保证续保期间
太保人寿	安享百万医疗保险（费率可调）	15 年
	安享宝贝少儿长期医疗保险（费率可调）	至 18 岁
新华人寿	新华附加住院安心医疗保险（费率可调）	10 年
	新华康健华尊医疗保险（费率可调）	10 年
平安人寿	平安 e 生保长期医疗保险（费率可调）	20 年
平安健康	平安 e 生保长期个人住院医疗保险（费率可调）	20 年
泰康人寿	泰康无忧宝贝医疗保险（费率可调）	至 18 岁
	泰康泰享年年医疗保险（费率可调）	20 年
	泰康附加医佳保医疗保险（费率可调）	20 年
	泰康附加医佳保恶性肿瘤医疗保险（费率可调）	终身
	泰康健康尊享 2021 医疗保险（费率可调）	20 年
	泰康悦享中华 2021 高端医疗保险（费率可调）	20 年
人保寿险	人保寿险关爱百万长期医疗保险（费率可调）	20 年
	人保寿险关爱百万（孝心版）长期医疗保险（费率可调）	满 100 岁首个续保合同届满
人保健康	人保健康悠优保医疗保险（费率可调）	20 年
中宏人寿	中宏附加百万无忧长期医疗保险（费率可调）	15 年

资料来源：保险行业协会。

3. 根据多元化医疗服务需求设计的产品：特药险、牙科保险和慢性病保险

近年来，人们的生活水平日益提高，对医疗保险的需求日益多样化。一

---

① 冯晗：《中国长期医疗险可持续发展模式探索》，《保险理论与实践》2021 年第 3 期。

方面，不同群体的疾病发生率和健康保障需求等差异较大，传统的健康险保单难以满足所有人的需求，商业保险公司应开发匹配不同人群的健康保障需求和经济承受能力的健康保险产品。另一方面，目前补偿型商业健康保险主要是医疗险，保障因生病住院而产生的医疗费用，往往并不包含一些个性化需求如特需医疗、药品和检查检验服务等。基于上述原因，针对细分市场开发健康保险产品成为未来发展趋势。

在我国基本医疗保险具有广覆盖、保基础的属性，只能满足广大群众最基本的需求，难以兼顾个体化需求。因此除基本保障需求外的多元化健康保障需求，就需要商业健康保险来满足。为了鼓励保险公司开发多样化产品，满足群众多元化需求，建立多层次医疗保障制度体系，从国务院层面到银保监会层面均出台了相关政策鼓励商业健康保险的积极创新。2014年国务院办公厅发布《关于加快发展商业健康保险的若干意见》，提出支持商业保险机构针对不同的市场设计不同的健康保险产品。根据多元化医疗服务需求，探索开发针对特需医疗、药品、医疗器械和检查检验服务的健康保险产品。2019年银保监会发布新修订的《健康保险管理办法》鼓励保险公司提供创新型健康保险产品，满足人民群众多层次多样化的健康保障需求。2021年1月银保监会发布《关于规范短期健康保险业务有关问题的通知》，再次强调保险公司开发设计的短期健康保险产品，应当以提升人民群众的健康保障水平，满足多层次、多样化的健康保障需求为目标，不断扩大健康保障与健康管理服务的覆盖面。目前补偿型商业健康险市场，特别是百万医疗险同业竞争非常激烈，保险公司也在尝试不断深耕细分市场，寻找健康保险新的增长点。目前我国保险公司不断尝试推出多样化的健康保险产品，主要包括两类产品，一类是针对细分人群的保险产品，如针对女性、学生、慢性病人群的保险产品，另一类是针对特定需求的保险产品，如针对癌症用药需求的特药险和针对牙齿保健需求的牙科保险。

（1）特药险

电影《我不是药神》深刻反映出一个现实问题：抗癌特药治疗费用对普通家庭来说是天价数字，无数患者家庭因癌致贫。电影戳中了广大人民的痛点，也引发人们对于癌症和抗癌药的关注。根据世界卫生组织国际癌症研究机构（IARC）发布的全球癌症数据，2020年全球新发癌症病例1929万例，死亡病例996万例；2020年中国新发癌症病例457万例，占比23.7%，死亡病例300万例，占比30%。从新发癌症人数、癌症死亡人数来看，中国均位居全球第一，恶性肿瘤已经成为威胁我国人民健康的主要问题之一。在各种癌症治疗手段中，抗癌特药可以有效延长患者生命，提高其生存质量。但是抗癌特药往往价格高昂，单月治疗费用动辄上万元。根据2016年关于中国癌症治疗费用的研究结果显示，癌症治疗年均费用超过家庭平均年收入，并且近八成癌症家庭会出现财务危机。[①] 因此如何解决广大癌症患者的用药问题成为国家和社会共同关注的问题。一方面，近年来医保局不断与药企谈判，使更多的抗癌药品降价并纳入医保目录；另一方面，保险公司不断进行产品创新，推出各类癌症用药保障产品。

针对广大人民群众对先进医疗资源的迫切需求和昂贵的医疗费用与有限的支付能力的矛盾，针对癌症特效药的短期医疗保险"特药险"应运而生。特药险主要保障被保险人在保险期首次患恶性肿瘤并因此发生的药品费用，保障期限为1年，用药期限为自确诊之日起1~3年。由于在患癌后不仅需要药品费用保障，更需要手术和住院费用保障，特药险通常作为医疗保险的补充。由于特药险赔付条件一经触发就会产生大额赔付，保险公司往往通过设置赔付限额、赔付比例和指定药品清单来控制赔付支出，其中赔付限额主要为100万~300万元。同时对开具药品的医生资质和药店也会进行严格限制，通常需要由三级公立医院或指定医院专科医生开具药品并在指定药店购买药品。

2018年7月平安养老首次推出针对团体的特药险"特定疾病靶向药团体医疗险"，产品覆盖部分社保内外特定疾病靶向药品费用保障，并为患者提供就医资源协调等服务。产品有基本款、中端款和高端款三类，分别包含

---

① Huang H. Y., Shi J. F., Guo L. W., et al., "Expenditure and Financial Burden for Common Cancers in China: A Hospital-based Multicentre Cross-sectional Study," *The Lancet*, 2016, 388: S10.

19 种、26 种和 31 种特定药品费用保障，投保人可以根据自身需求选择合适的产品。2018 年 8 月，泰康人寿推出首款个人特药保险"泰康特定恶性肿瘤药品费用医疗保险"，为 7 种常见癌症常用的 17 种靶向药提供院外购药保障。2019 年 4 月微保联合镁信健康和泰康在线推出"药神保 抗癌特药保障计划"。"药神保"有低保费、保障期长和药品直付等特点，一经上线就成为微保中最受欢迎的产品。其基础版每月费用仅 1 元，可以提供确诊患癌后 2 年的抗癌特药保障，同时开了药品商保直付的先河。从 2019 年开始，特药险新产品呈现出快速增加趋势。据统计，截至 2021 年 9 月 30 日在售特药险共 62 种。

随着一代代特药险产品的推出，保险产品逐步升级，由最开始的保险公司对被保险人的事后赔付逐渐转向事前与药品供应商合作，同时第三方管理公司（TPA）也参与其中。"特药险"推动了商业保险公司与药品供应商的合作，是保险公司进行的药品和服务带量采购的重要尝试，也是保险公司由事后赔付向事前合作的重要转变。由于缺乏定价数据、风险控制较难和缺乏药店服务网络等，"特药险"未来仍有待进一步优化。

（2）牙科保险

口腔健康对于人体健康而言非常重要，是维持和提高生活质量的关键。一方面，口腔健康可以确保人对摄入的食物进行充分的咀嚼，从而实现更好的消化吸收。另一方面，牙齿健康还能避免和减少冠心病、糖尿病和肠胃系统等疾病的发生。根据 2017 年第四次全国口腔健康流行病学调查结果，随着我国经济社会的发展和口腔卫生服务的供给侧改革不断深入，我国居民口腔健康素养和健康行为情况均有不同程度的改善，口腔卫生服务利用水平有所上升。但是我国儿童龋病患病率呈上升趋势，成年人牙周健康状况不容乐观，国民的口腔健康状况仍有待改善。

目前我国口腔健康问题依旧严峻，伴随着居民口腔医疗意识的提升，其对口腔医疗的需求逐年增长。目前全国各地的社会医疗保险针对口腔健康的保障范围仅覆盖补牙、拔牙和一些基础性检查治疗，而对于一些预防保健项目和口腔修复（镶牙）以及种植牙等治疗项目往往不予报销。在普通商业医疗保险中，这类费用通常也不予报销。因此，这给商业保险机构留出发展口腔和牙齿保险的空间。

近年来国家对于群众口腔健康问题非常重视，连续出台多项与口腔健康相关的政策文件，通过扩大口腔医生供给、进行口腔疾病预防治疗、开展口腔健康的宣传教育和鼓励保险公司开发牙科保险等方式提高群众口腔健康水平。2014年11月国家卫计委等部门《关于印发推进和规范医师多点执业的若干意见的通知》明确提出允许口腔医师多点执业。2015年我国开展了第四次全国口腔健康流行病学调查，充分了解我国居民口腔健康状况，并于2017年发布《第四次全国口腔健康流行病学调查报告》。2017年1月国务院办公厅发布《中国防治慢性病中长期规划（2017—2025年）》，针对调查发现的居民对口腔健康知识了解不足、治疗不及时等问题，从加强口腔健康教育、预防口腔疾病和治疗口腔疾病等方面提出针对性措施。2017年9月国家卫生计生委联合多部门共同印发《全民健康生活方式行动方案（2017—2025年）》，将"口腔健康"作为重要内容进行推广，提升群众口腔健康意识和行为能力。2019年2月国家卫健委办公厅印发《健康口腔行动方案（2019—2025年）》，明确提出探索将商业健康保险公司纳入口腔健康服务筹资方。

根据中国保险行业协会人身险数据库数据（2021年9月30日），在售的补偿型牙科保险有12种。泰康保险集团在牙科保险市场颇具代表性。2018年6月经银保监会批复同意，泰康保险集团出资近21亿元获得拜博口腔51.56%的股份，促进了保险业与口腔医疗行业的融合发展。拜博口腔作为知名口腔医院，在50余城市拥有200多家口腔医疗机构，泰康集团在对其控股之后，着力开发各类牙科保险产品，为投保人提供"保险+医疗"一站式服务。以泰康爱牙无忧齿科医疗保险为例，其保障期限为1年，保障范围包括齿科预防性治疗项目、基础治疗项目、重大治疗项目和意外治疗项目，分别为100%、90%、70%和100%的支付比例。泰康人寿通过设置不同的给付比例，可以有效引导投保人注重预防和基础性治疗，预防和及早发现牙齿疾病。

表 2 在售牙科保险产品（2021 年 9 月 30 日）

保险公司	产品名称
平安健康	平安附加意外牙科及保健医疗保险
招商信诺	招商信诺精英版附加全球员工牙科团体医疗保险
	招商信诺精英版附加全球员工团体牙科医疗保险（专属版）
友邦人寿	友邦附加牙科医疗补偿团体医疗保险(B 款)
中英人寿	中英附加牙科团体医疗保险
中华联合人寿	中华爱牙保齿科医疗保险
泰康养老	泰康泰爱牙团体医疗保险
	泰康特定意外齿科医疗保险
泰康人寿	泰康护牙无忧齿科医疗保险
	泰康爱牙无忧齿科医疗保险
	泰康附加拜博齿科 A 款医疗保险
爱心人寿	爱心人寿种植牙医疗保险 C 款
	爱心人寿种植牙医疗保险 B 款
人保寿险	人保寿险附加牙科团体医疗保险
阳光人寿	阳光人寿健齿无忧齿科医疗保险
招商仁和人寿	招商仁和皓齿乐齿科医疗保险

资料来源：保险行业协会。

（3）慢性病保险

慢性病主要包含心脑血管疾病、癌症、慢性呼吸系统疾病、糖尿病和口腔疾病，以及内分泌、肾脏、骨骼、神经等相关疾病。随着我国工业化、城镇化、人口老龄化进程不断加快，居民生活方式、生态环境、食品安全状况等对健康的影响逐步显现，慢性病发病、患病和死亡人数不断增多，群众面临的慢性病负担日益加重。据统计，2012 年我国慢性病确诊患者已达 2.6 亿人。根据 2015 年国家卫计委的《中国疾病预防控制工作进展（2015 年）》，脑血管病、恶性肿瘤等慢性病已成为主要死因，慢性病导致的死亡人数占全国死亡人数的 86.6%。慢性病已经成为威胁我国居民健康的重大疾病，成为影响国家经济社会发展的重大公共卫生问题。但是由于慢性病人健康风险高、医疗费用支出大，为了控制费用，慢性病人往往并不在医疗险保障范围内。相对健康群体，慢性病人有着更加强烈的保险保障需求，因此亟须针对有强烈需求且数量庞大的慢性病群体开发相应的保险产品。

2017年国务院发布《中国防治慢性病中长期规划（2017—2025年）》，明确提出提供多样化健康保险服务，鼓励有资质的商业保险机构开发与基本医疗保险相衔接的商业健康保险产品，开展各类慢性病相关保险经办服务。除了产品开发外，该规划还鼓励商业保险机构参与提供面向其所在区域的医疗服务、健康管理与促进和慢性病防治服务。

相比健康群体慢性病人的医疗风险更高，一方面，慢性病治疗需要长期服用药物，患者医疗费用支出较大；另一方面，慢性病可能演变出更加严重的并发症，因此在医疗险发展的最初阶段，慢性病人往往被排除在外。随着医疗险市场的逐渐发展成熟，部分医疗险的健康告知条件逐渐放宽，一些慢性病人也可购买商业医疗险，但是目前市面上慢性病人可购买的医疗险几乎都是既往症除外的承保。慢性病人和健康群体面临着不同的风险池，因此有必要针对慢性病人开发保险产品，将风险在慢性病人群之间进行分散。为解决慢性病人群在购买商业医疗保险中存在的拒保、加费、责任除外等情况，2020年4月27日平安i康保率先推出慢性病版本，大幅放宽投保条件，符合健康告知标准的18~55岁高血压患者、糖尿病患者、甲状腺结节患者和其他慢性病患者均可投保。值得注意的是，平安i康保（慢病版）针对特定既往病可报销，充分迎合了慢性病人希望通过保险这一工具对慢性病风险进行分散的需求。平安i康宝（慢病版）为慢性病人提供了保险保障，是保险公司为开拓慢性病人细分市场做出的重要尝试，也是积极响应我国慢性病防治规划的重要举措。在此之后，人保健康和太平人寿等陆续推出相似的针对慢性病人的医疗保险产品。由于不同慢性病之间存在一定差异，保险公司还开发了针对特定慢性病人群的保险产品，特别是针对糖尿病人的保险产品。

表3 慢性病人可投保险产品（2021年9月30日）

公司名称	产品名称	产品状态
平安健康	平安i康保个人(慢病版)医疗保险	在售
人保健康	人保健康慢特病人群团体医疗保险	停售

续表

公司名称	产品名称	产品状态
太平人寿	太平超 e 保(慢病版)医疗保险	在售
中国人寿	国寿长三角糖安宝医疗保险	停售
平安人寿	平安优糖星医疗保险	在售
和谐健康	和谐糖尿病人群医疗保险	在售
中国人寿	国寿糖安宝医疗保险	在售

资料来源：中国保险行业协会。

（二）商业健康保险新兴模式政策支持的国际经验

2000~2020年我国商业健康保险市场发展迅速，保费收入从29.6亿元增加至6849亿元，年平均增长率达36.8%，同期健康险保费收入占整个保险业保费收入的比例从1.86%增长至16.06%。无论是绝对规模还是相对规模来看，我国商业健康保险市场均呈现出快速发展趋势。虽然目前我国商业健康保险市场发展迅猛，但是从保费收入构成来看，给付型重疾险仍占主导地位，补偿型商业健康保险占比较小，且我国补偿型商业健康保险在覆盖率、服务效率、保障程度和产品创新等方面与发达国家相比仍存在一定差距。

商业健康保险的经营具有复杂性、变化性和可控性差的特点。复杂性体现在商业健康险的保费测算复杂，需要结合保险和医学知识，综合考虑各类疾病发生率、医疗费用的增长速度和医疗卫生技术的发展情况等因素。同时，补偿型商业健康保险的赔付具有很大的变化性，作为社会医疗保险的补充，其对基本医保的政策变动非常敏感；随着医疗技术的快速发展，新药不断涌现，各国医疗费用呈现增长趋势，保险公司的赔付支出也呈上升趋势。在多数情况下，虽然保险公司作为卫生服务的付款方，但是并不能直接介入卫生服务提供环节。保险公司的赔付支出水平往往是由卫生服务提供者决定，因此保险公司的赔付支出往往是不可控的。鉴于商业健康保险经营存在的复杂性、变化性和可控性差的特点及其对于基本医疗保险体系而言的重要作用，国家有必要对商业健康保险的发展给予政策支持。

在发达国家，补偿型商业健康保险发展得到国家政策的大力支持，主要包括以下两个方面。第一，通过税收优惠的方式鼓励购买商业健康保险；第二，对商业健康保险的基础设施建设给予政策支持。不同的发达国家有着不同的医疗保障制度，因此与之对应的商业健康保险发展支持政策和力度也不同。下文选取了德国和美国作为研究对象，由于德国与我国具有相似的基本医疗保障制度，德国经验对我国而言具有较强的适用性，美国作为世界上商业健康保险市场最为发达的国家，其商业健康保险的经营同样可以为我国提供经验借鉴。下文将从医疗保障制度体系出发，介绍商业健康保险的发展背景以及商业健康保险相关支持政策。通过对不同国家的商业健康保险发展政策进行总结归纳，为我国相关政策的出台提供借鉴。

1. 德国

德国是现代社会保险制度的起源地，其医疗保障制度至今已有 130 多年的历史。德国与我国有着相似的基本医疗保障体系，均以基本医疗保险为主、商业健康保险为补充。德国基本医疗保险具有强制性和覆盖广的特点，根据德国健康保险法律，凡是居住在德国、没有被其他健康保险覆盖的人，都应当参加法定健康保险或者商业健康保险。在德国，绝大部分人群需参加法定健康保险，法定健康保险保费与参保人收入水平挂钩。对于部分高收入群体（2017 年月均经常性收入超过 4800 欧元），国家允许其自由选择投保法定健康保险或者商业健康保险。2017 年德国医疗保障制度为 99.8% 的人口提供了医疗保障，其中法定健康保险覆盖率为 89.3%，商业健康保险覆盖率为 34.3%，部分人群同时投保了法定健康保险和商业健康保险。

德国补偿型商业健康保险主要包含替代型医疗保险和补充医疗保险。替代型医疗保险主要为可自由选择投保的群体提供与法定医疗保险类似的产品，从 2009 年开始，商业健康险公司被要求必须提供一种替代型医疗保险产品，其保障范围和服务水平不得低于法定健康保险，且保险费率不得高于法定健康保险的最高费率。投保人可以根据自身需要和支付能力选择基本型、标准型和舒适型等保障范围和内容不同的替代型医疗保险。2009 年，德国有28家商业保险公司和20家互助协会开展商业健康保险业务。[1]

2012年德国替代型医疗保险保费收入258.63亿欧元，占商业健康险总保费收入的72.59%。德国的补充医疗保险与我国商业健康保险类似，均为投保人提供除基本医疗保险外的更大范围和更高质量的医疗服务。从保障期限来看，德国的补充医疗保险既有短期商业医疗保险也包含终身商业医疗保险，相当于我国一年期商业医疗保险和长期费率可调的商业医疗保险。从保障范围来看，德国的补充医疗保险可以为投保人提供单人病房等更好的住院环境、镶牙等牙科治疗服务以及心理疾病治疗等，这些保障类似于我国的高端商业医疗保险和牙科保险。2012年，德国补充医疗保险保费收入77.54亿欧元，占商业健康险总保费收入的21.76%。[2]

我国与德国有着相似的基本医疗保障体系，均是社会医疗保险为主、商业健康保险为辅，因此德国的商业健康保险支持政策对我国具有重要的借鉴意义。目前德国主要从以下四个方面支持和促进商业健康保险发展。

第一，制定税收优惠政策，鼓励群众购买商业健康保险。德国对于个人和企业购买健康保险都给予了税收优惠支持。个人购买的商业健康险保费在一定限额内可以从个人应税所得中直接扣减，其中对于有替代型保险的个人的税收优惠限额为2400欧元/年，对于无替代型保险的个人税收优惠上限为1500欧元/年。针对雇主为雇员支付的法定医疗保险、商业健康保险和强制型长期护理保险保费，视作公司的经营费用，可以在国家规定的限额内进行税前扣除。雇员或者个人购买的商业健康险和长期护理保险可以在一定额度内（雇员1900欧元、个人2800欧元）免税。通过对于个人和企业购买商业健康险给予税收优惠支持，调动企业和个人的购买积极性，提高个人的健康保障水平，减轻政府的财政压力。

第二，鼓励发展"保险+医疗"模式，改变健康险的支付方式，提升客户健康水平。德国允许商业健康保险公司设立和经营医院等医疗服务机构和

---

[1] Thomson S., Mossialos E., "Private Health Insurance in the European Union," European Commission, 2009.

[2] 冯鹏程、刘青:《谈谈德国商业健康保险》,《中国保险报》2015年6月10日。

健康管理机构，为公民提供预防保健、医疗服务和保险服务，从而提升公民的健康水平。①"保险+医疗"模式可以改变传统健康险的支付方式，对于保险公司和投保人而言具有重要意义。对于保险公司来说，"保险+医疗"模式打破了传统健康险中保险公司仅作为费用支付方的局限，使得保险公司可以积极介入医患关系，改变健康险的支付方式，将事后保险赔付逐步调整为事前医疗服务的采购和事中医疗服务的提供。对于投保人来说，支付方式改变之后，在定点医院等医疗机构不需或者仅需支付少量自付费用即可获得医疗服务，可以提升投保人的满意度。在"保险+医疗"模式中，保险公司有更多的机会参与客户的健康管理过程。保险公司通过控股或参股医疗机构，可以为客户提供更好的疾病预防和健康管理服务，将事后保险赔付转变为事前积极预防和管理，从而有效提升客户健康水平，减少赔付支出。另外"保险+医疗"模式的发展使得保险公司的价值链得以延伸，形成多元化盈利格局。商业健康险投保人为医院创造了业务收入，同时控股或参股医院带来的盈利部分也被留在了公司内部。以德国最大的健康保险公司 DKV 为例，其顺应国家政策积极拓展价值链，先后投资了连锁门诊、牙科诊所、医院、健康管理公司等机构，形成"保险+医疗+健康管理"三方互相促进的盈利模式。因此，德国对"保险+医疗"模式的支持，可以有效促进商业健康保险改变支付方式，提升客户健康水平，延伸保险公司的价值链。

第三，积极实行 HTA（卫生技术评估）和 DRG 模式，提升医疗效率，减少医疗费用支出。德国与我国有着相似的基本医疗保障体系，均是社会医疗保险为主、商业健康保险为辅，因此社会保险领域的重要改革对于商业健康保险公司的经营而言具有重要影响。卫生技术评估和 DRG 模式是目前国际上减少医疗费用支出、提升医疗效率和医疗质量的重要手段，对商业健康保险新兴模式的发展而言具有推动作用。德国 HTA 的应用始于 20 世纪 90 年代，作为全球卫生技术评估的领先国家，德国形成了以 G-BA、IQWiG 和

---

① 胡晓梅、邓绍平、胡锦梁：《多层次医疗保障体系发展的国际经验借鉴与展望》，《卫生经济研究》2021 年第 7 期。

DIMDI 三大国家机构为主的 HTA 管理流程和决策转换路径的架构。根据 2015 年 IQWiG 对 114 种许可上市药品的调研结果，56% 的上市新药不存在过高利润，说明 HTA 技术对于管控新药价格上涨而言有明显的效果。[①] 通过实行卫生技术评估，更加高效、必要和极具成本收益的医疗保险服务被纳入医疗保险的费用报销范围，从而有力的控制了国家医疗费用的过快增长，同时也为患者提供更高效和优质的服务。DRG 模式同样是德国为降低医疗费用支出而实施的有力举措。2003 年以前，德国实行总额预算制下的按服务单元付费，因此医务人员有意图地分解就诊次数和延长住院时间，这造成德国医疗卫生费用增长迅速，医疗保险赤字严重，严重影响到法定医疗保险的可持续性，也导致商业健康险费用上涨。为解决这一问题，2003 年德国引入 G-DRG 模式，G-DRG 医院偿付系统适用于德国所有医院，在法定医疗保险和商业医疗保险中均适用。德国在实行 DRG 付费制度后，750 家试点医院的患者平均住院时间降低了 30%。经过 17 年的运作，德国已经形成了世界上最精细化的 DRG 体系，目前 DRG 支付额占德国医院财务收入的比例达 85%。[②] DRG 模式可以有效提高医疗服务利用效率，降低患者的医疗费用，同时帮助法定医疗保险和商业健康保险控制医疗费用过快上涨。德国 HTA 技术和 DRG 模式在法定医疗保险中的应用对于商业健康保险而言具有正外部性，对于降低商业健康保险产品的价格、提升商业健康保险的服务水平具有重要作用。

第四，商业健康保险行业协会聚合医疗需求，充分发挥带量采购的优势。商业健康保险新兴模式的重要标志就是改变支付方式，实现聚合支付和带量采购。通过聚合医疗需求，事前与医疗机构进行谈判并大批量采购医疗服务，从而获得价格优势。德国商业健康保险公司在运行层面主要通过商业健康保险协会来实行自我负责和自我管理，商业健康保险协会在行业中扮演着重要角色，维护整个行业的权益。德国的商业健康保险协会代表行业所有

---

① 吕兰婷、付荣华：《德国卫生技术评估决策转化路径及方法探析》，《中国卫生政策研究》2017 年第 4 期。
② 蒋伊石、邵晓军：《德国 G-DRG 医院偿付系统实施回顾与借鉴》，《中国卫生经济》2020 年第 2 期。

会员公司与医院、医师、药厂等相关利益主体就服务标准和质量、医疗服务价格、药价折扣等内容进行谈判，充分整合行业力量，避免了单个企业在与医疗供给者进行谈判时处于不利地位，从而为会员争取利益最大化。这为商业健康保险公司控制医疗费用、减少医疗资源使用和提高医疗服务质量提供了便利，也为商业健康保险新兴模式的发展提供了肥沃的土壤。

2. 美国

美国是世界上商业健康保险市场最为发达的国家，拥有世界上最大的商业健康保险市场。根据美国保险信息研究所的数据，2019年商业健康保险市场保费收入达9683亿美元。2021年，美国有3家专业健康险公司被《财富》列入世界前50强公司，包括联合健康集团（第8名）、信诺（第28名）和Anthem公司（第50名）。美国健康险行业如此发达离不开医疗保险体系的支持，美国是典型的商业保险体系代表国，是世界上唯一没有全民医保的发达国家。2013年，美国商业医疗保险的覆盖率为64.2%，社会医疗保险的覆盖率为34.2%，有13.4%的人群没有任何医疗保险。

美国社会医疗保险主要包括老年医疗保障计划（Medicare）、医疗救助计划（Medicaid）、儿童医疗保险计划和军人保健计划。其中老年医疗保障计划为65岁以上人群、长期失能人群和晚期肾脏疾病患者提供保险保障；医疗救助计划是针对低收入家庭的医疗保障计划；儿童医疗保险计划为各州既不符合医疗救助计划要求又无力购买商业医疗保险的家庭的未成年子女提供医疗保险；军人保健计划是主要面向美国军人的医疗保障。

在美国，购买商业健康保险是人们获取健康保障的主要方式。美国商业健康保险提供方式日益多元化，既包含商业保险公司，也包含如蓝盾和蓝十字等非营利组织。2019年美国医疗支出达3.8万亿美元，人均医疗费用达11582美元，卫生支出占GDP的比重达17.7%。从卫生总费用构成来看，政府支出占37%，商业医疗保险支出占31%。[①] 鉴于商业健康保险对于美国

[①] Centers for Medicare and Medicaid Services, Office of the Actuary, National Health Statistics Group, https://www.cms.gov/Research-Statistics-Data-and-Systems/Statistics-Trends-and-Reports/NationalHealthExpendData/NationalHealthAccountsHistorical.

卫生费用筹资和保障人民身体健康等而言的重要贡献，美国政府对于商业健康保险给予了很大力度的政策支持，总结如下。

第一，通过制定税收优惠政策鼓励企业和个人购买商业健康保险。美国政府对于企业和个人均提供购买商业健康保险的税收优惠支持政策。其中，对企业来说，企业直接为员工购买团体健康险的，企业缴纳的保费可以作为费用税前列支。对于个人来说有3种情况适用于税收优惠政策，包含团体健康保险中个人出资部分、个人医疗费用支出（包括购买的健康保险保费支出）和自由职业者健康保险。税收优惠政策的实施推动了美国团体商业健康险的发展，从美国1952年和1957年员工医疗险参保率指标来看，在实施团体健康险之后，美国拥有团体医疗保险的员工比例从63%上升至76%。

第二，建立健康保险交易所，保障商业健康保险的可及性。在《患者保护与平价医疗法案》颁布之前，由于美国未实施全民医保且对于保险公司缺乏监管，较高风险且不能购买团体健康险和政府医保的个人和小企业在保险市场上面临无保可投的困境。为了解决这一问题，《患者保护与平价医疗法案》要求各州建立健康保险交易所，制定由政府监管的标准化医疗保险计划，并为低收入群体提供补贴。2015年，美国共有51个健康保险交易所，登记人数达到1018万人。[①] 美国健康保险交易所的成立，提升了居民的保险可得性。[②]

第三，开展管理式医疗，提升医疗服务效率。美国管理式医疗是"保险+医疗"的一种方式，保险公司与医疗机构进行事先合作并商定价格，保险公司发挥带量采购作用，与合作医疗机构事先约定关于特定疾病的服务价格，投保人到商业健康保险定点机构就会获得更高的医疗费折扣，以最合理的价格获得最有效的治疗，从而显著降低医疗费用。管理式医疗的推出，对于提升医疗服务效率和降低医疗费用具有积极作用。

[①] 高善强、贺英、刘平、王珊珊：《美国健康保险交易机构改革评估》，《中国医学创新》2016年第15期。

[②] 朱铭来、陈妍、王梦雯：《美国医疗保障制度改革述评》，《保险研究》2010年第11期。

三 中国商业健康保险新兴模式政策支持途径与手段

目前我国政府各级部门为鼓励商业健康保险发展出台了一系列政策文件，对于提高民众的保险意识和促进我国商业健康险发展起到了积极作用。但是相比 OECD 国家卫生筹资结构中商业保险 24% 的筹资比例，我国商业健康保险在卫生筹资中的占比仍较小，仅为 4%。[①] 在公共筹资比例难以进一步提高的情况下，支持商业健康保险发展应当成为未来我国降低个人医疗费用自付比例的重要途径。下文将对于如何推进商业健康保险发展，使其成为多层次医疗保障体系的重要组成部分提出政策建议。

（一）政策支持

1. 税收优惠政策

几乎所有的发达国家都对商业健康保险的购买提供了各类税收优惠政策支持，经验表明税收优惠政策确实激励了商业健康保险的购买行为。目前我国关于商业健康保险的税收优惠政策可分为企业和个人两类。针对企业为职工购买补充医疗保险，工资总额 5% 以内的从成本中列支。针对个人购买符合规定的商业健康保险产品的支出，在不超过 200 元/月的标准内按月扣除。但是由于税收优惠力度小、可选产品少和抵税操作复杂等，目前我国税优型商业健康保险还存在"叫好不叫座"的问题，消费者的购买积极性不够高。针对我国税优型商业健康险存在的问题，提出如下建议。

（1）扩大税优型健康险保障人群，将家庭成员纳入保障范围

根据《中国统计年鉴 2020》，我国只有 10% 的居民收入达到税收起征点 5000 元，因此税优型健康险能够覆盖的人群范围较小。此外，目前 2400 元/年的额度税收优惠力度较小，且仅限于为自己购买商业健康险，国家可以

[①] 郑秉文：《"十四五"时期医疗保障可持续性改革的三项任务》，《社会保障研究》2021 年第 2 期。

考虑将居民为自己和家庭成员购买的商业健康险支出均纳入税收优惠政策的适用范围。对于有保险意识为自己购买商业健康险的人群，其往往也更愿意为家人购买商业健康保险，通过放开税优型健康险的可投保人群限制，可以提高商业健康保险的投保比例，进一步促进我国税优型健康险的发展，为构建多层次医疗保障制度体系贡献力量。

（2）扩大税优型健康险的产品范围

目前我国税优型健康险的保险产品被限定为几个产品，难以满足广大群众多样化和个性化的医疗保障需求。另外，入围的税优型健康险还对保险公司提出了较为严格的要求，不限既往症、保证续保、保本微利和差额返还等要求使得保险公司缺乏承保的积极性和开发新产品的动力。在上述美国和德国的实践中，国家对于商业健康险的税收优惠政策均未限定可投保产品的目录，而是对于产品类型进行限定。鉴于国际经验以及国内目前税优型健康险供需不匹配的问题，我国应当对于税优型健康险政策进行完善，扩大税优型健康险的产品范围，限定产品种类而非规定具体的产品目录，以期提升消费者的选择自由度，提高其投保的积极性。另外逐步取消税优型健康险应包括带病投保、差额返还等规定，发挥市场配置资源的作用，调动保险公司的宣传和承保积极性。

（3）简化个人抵扣操作流程

目前我国税收优惠型健康险的办理流程复杂，而税务机关与保监部门未建立信息互通机制，税务机关无法及时获取纳税人的参保信息。购买了税优健康险的纳税人，如果没有按规定完成申报流程，就无法享受政策优惠。办理流程复杂在一定程度上会降低个人的投保积极性。在税务机关和监管部门之间应建立数据共享机制，充分共享税优型健康险的投保数据，简化税优型健康险抵扣操作。

2. 鼓励保险行业协会带量采购、制定商保目录

德国的商业健康保险协会高度自治，组织会员开展商业健康保险目录制定并定期进行调整，同时协会代表成员与各医疗供应商进行谈判，聚合行业力量，促成带量采购。我国应当鼓励保险行业协会发挥协同作用，组织各保

险公司共同商讨并制定商业健康保险目录，与基本医保目录互为补充，为投保人提供更高层次的保障。同时，行业协会可以聚合行业力量，结合商业健康保险目录，与各类医疗药品供应商进行谈判，降低药品、器械等价格，从而切实为投保人争取利益，降低保险公司的赔付支出。

3. 支持"保险+医疗"模式

2014年国务院发布《关于加快发展现代保险服务业的若干意见》，提出支持保险机构参与健康服务产业链整合，探索运用股权投资、战略合作等方式，设立医疗机构和参与公立医院改制。我国医疗体系以公立医院为主，医院和医生有绝对的话语权，保险公司难以通过带量采购获得价格优势。因此，通过实行"保险+医疗"模式，保险公司可以设置不同的赔付比例，鼓励投保人到保险公司控股或参股的医院就医，进行合理的资源配置。"保险+医疗"模式下，保险公司更有动力对被保险人进行健康管理并控制患者的医疗费用支出，为患者提供最有效和最具性价比的医疗服务。目前泰康、中国人寿等大型保险公司已参与医院和各类医疗机构的投资建设，但是由于参股的医院数量较少，仅能覆盖少数地区，难以在全国范围内降低被保险人医疗费用。因此，未来我国应当进一步探索"保险+医疗"模式，充分发挥保险公司在控制医疗费用增长中的重要作用。

4. 扩大职工个人账户余额使用范围

我国各地关于医保个人账户余额的使用规则有很大的不同，一些地区对于职工医保个人账户资金的使用有严格的限制，导致医保个人账户积累了大量的资金。通过放开医保个人账户余额使用限制，使其可用于为自己和家人购买商业健康险，可以有效盘活资金，释放健康保障需求。目前已有一些地区尝试支持职工用个人账户余额购买商业健康保险。上海从2017年开始试点用个人账户余额为自己购买商业保险产品，提供了6款产品供选择，但是收效甚微，累计购买人次仅23万（不含"沪惠保"）。苏州市实行可用医保个人账户余额购买商业补充医疗保险以来，累计5.6万人使用医保个人账户余额购买相关保险（不含"苏惠保"）。深圳、上海、广州、杭州、南京、珠海、佛山、惠州等城市可以用医保个人账户余额为自己和直系亲属购买惠民保产品。根据"惠民保"的实践经验，支持职工用医保个人账户余额购买惠民保对于提高地区的"惠民保"的参保率具有重要作用。虽然已有多地试点可用医保个人账户余额购买商业健康险，但是仅针对个人账户余额达到一定额度的人群，且仅限特定的商业健康险产品，难以显著提高参保率。为了调动人民对于商业健康保险的购买积极性，构建多层次医疗保障制度体系，应当出台政策，支持用个人账户余额购买商业健康保险，鼓励居民使用个人账户余额为自己和家人购买商业健康险产品。

5. 发挥医保改革对于商业健康保险的正外部性

推进管理式医疗，改善商业健康保险支付方式。根据美国和德国的经验，管理式医疗对于国家医保体系的完善和商业健康保险的费用控制而言成效显著。目前我国社会医疗保险费用呈现增长趋势，医疗资源过度使用问题依旧严重。医疗费用过快增长，促使健康保险保费快速增长，造成保险公司忙于"脱落"带病体、吸收健康群体，无法真正专注于客户健康管理。因此应当推进管理式医疗，学习发达国家采用DRG等方式控制医疗费用的过快增长，减少医疗资源浪费。

（二）科学技术支持

1. 商业健康保险信息系统建设的政策支持

支持商业健康保险发展，不仅要从鼓励消费者购买的角度出发，更要帮助商业健康保险完善基础设施，为消费者提供优质的服务，减轻商业健康险特别是商业医疗保险存在的理赔流程复杂问题。目前我国基本医疗保险和大病保险报销流程逐渐优化，国家积极实施异地就医住院费用异地直接结算报销政策。广州"穗岁康"和杭州"西湖益联保"可以实现医保与"惠民保"在医院窗口的"一站式"结算，迈出了医保和商保的数据协同报销的重要一步。一站式结算可以解决"看病垫资、理赔跑腿"问题，极大地提升了理赔效率。未来在各地医保数据互联互通的基础上，国家鼓励监管部门建立健康险投保端口，各保险公司录入各个商业健康保险的基础数据，消费者在保险公司端口投保之后，保险公司及时将被保险人的信息录入监管部门的健康险投保端口。通过医保数据端口和银保监会的健康险投保端口对接，实现患者在出院结算窗口的实时报销结算。赔付流程简化，可以进一步提升消费者的投保体验，提升消费者对商业健康险的投保意愿。

2. 完善商业健康保险精算定价体系的政策支持

目前我国医保赔付相关数据受到医保局的严格管理，保险公司在进行精算定价过程中难以获取医保数据支持。由于面临较高的经营风险，保险公司往往通过提高保费来降低经营风险。根据慧保天下对2020年几十家险企官网公布的个人短期健康险综合赔付率的统计，各家公司的综合赔付率差异显著，赔付率最高的国华人寿为173.87%，而赔付率最低的大家养老不足1%。虽然特定时间险企的个人短期健康险的赔付率受到业务开展时长等影响，但是这在一定程度上反映出险企在经营商业健康保险的过程中缺乏精确的定价体系和历史经验数据支持。因此，通过与医保局协调在保证数据脱敏的情况下，为商业保险公司进行商业健康险的精算定价提供数据支撑非常有必要。在"惠民保"实践中，上海市医保局和大数据中心遵循最小可用原则调取本市医保数据并将其脱敏后交给保险公司进行集中测算，为"沪惠保"的合理定价提供了数据支持。历史经验数据是保险公司进行测算的基础，缺乏历史数据势必导致保险公司的保费测算结果失真。因此支持商业健康保险的发展，为保险公司进行保费测算提供数据支持，避免保险公司因在进行精算定价时过度谨慎而造成保费虚高、消费者不愿购买，抑或是出现定价过于激进，保险公司因损失惨重而不愿开展业务的现象。

（三）消费者教育

2020年，我国基本医保参保人数达13.6亿人，参保比例在95%以上，我国居民对于基本医保非常了解和熟悉，但是居民对商业健康保险的认知度还不够高。一些居民认为在基本医保和大病保险的基础上，个人所支付的医疗费已经非常少了。但是基本医保只保障最基础的医疗卫生需求，而对于更高层次的药品和服务的保障往往是不足的，特别是关于癌症等重大疾病或者罕见病的治疗费用在经过医保和大病报销之后仍是非常高的。以2020年我国多地兴起的"惠民保"为例，政府的宣传效果显著。如杭州市医保局向市民发送"西湖益联保"的投保信息、深圳市医保局采用"不拒绝即同意"的默示方式鼓励用医保个人账户余额投保、淄博市政府领导班子带头投保等，基于政府公信力引导居民投保，这为各地"惠民保"的宣传推广起到了极大的推动作用，对于提升当地"惠民保"的参保率以及增进居民对于"惠民保"的了解而言非常重要。商业健康保险作为国家多层次医疗保险制度体系的一部分，也应当得到国家各部门的支持，加强消费者教育，增强消费者的保险意识。

四 相关领域间的政策协调与相关主体间的关系协调分析

商业健康保险的经营具有复杂性，涉及的主体包括个人、保险公司和医院等，涉及保险和医疗卫生等多个领域，因此相关支持政策往往需要多方配合。在推进商业健康保险发展的政策制定和实施领域，往往需要多部门通力协作。在与基本医保衔接和医保商保数据互联互通的过程中，需要金融监管总局和医保局共同协调；在完善税收优惠政策的过程中，需要财政部、国家税务总局和金融监管总局的共同配合；在实行"保险+医疗"模式的过程中，需要国家卫计委和金融监管总局的共同监督。商业健康险必将在各部门的协力推动下，在减轻群众就医负担和完善多层次医疗保障制度体系方面发挥重要作用。

（一）金融监管总局与医保局

鼓励商业健康保险发展，是金融监管总局和医保局的共同目标。金融监管总局可以做大做强保险业，充分发挥保险业在多层次医疗保障体系中的重要作用。同时对于医保局来说，商业健康保险的发展，可以有效缓解医保压力，为居民提供更高层次的医疗保障。金融监管总局与医保局协力促成基本医保与商业健康保险数据的互联互通，为商业健康保险的发展提供产品开发、核保和理赔等方面的数据支持。目前已有上海"沪惠保"和苏州"苏惠保"的经验，在发展地方"惠民保"的过程中，地方医保局可将地方医疗数据脱敏后提供给保险公司用于精算测费。因此在未来各地可以初步考虑先从地方性"惠民保"出发，通过金融监管总局和地方医保局的协调，将医保数据用于保险公司的精算测费。在能够保证医保数据安全和脱敏的前提下，根据商业健康保险公司的经营需要，由金融监管总局协助医保局将全国基本医保的相关信息提供给商业保险公司用于开发新产品和精算定价。在加强商业健康保险和基本医保的一站式理赔方面，金融监管总局需要基于基本医保信息系统，组织构建商业健康保险端口，并实现与基本医保信息系统的对接。目前已有广州"穗岁康"和杭州"西湖益联保"在部分医院开展一站式理赔业务。由于地方"惠民保"参保人数多，一站式理赔的协同效用将更强。因此可以考虑从地方"惠民保"的一站式理赔出发，为金融监管总局和医保局进行数据互联互通积累经验，在发展取得成效的基础上，持续推进数据互联互通。

（二）金融监管总局、财政部和税务总局

完善个人税优型健康险的信息系统和简化扣缴环节离不开金融监管总局与财政部和国家税务总局的共同努力。金融监管总局应与国家税务总局就个人税优型健康险开展技术合作，金融监管总局构建税优型健康险的购买平台，消费者可以在网上自行购买税优型产品。同时，金融监管总局促使平台与国家税务系统连接，便于投保信息及时被录入税务系统，在税务系统自动完成税收优惠抵扣操作。除了完善信息系统外，针对加大个人税收优惠的力度和扩大税优型健康险的产品范围，还需要金融监管总局与国家税务总局和财政部的协调，如税收优惠对于激发商业健康险购买行为的效果如何、如何进行税优型商业健康险产品选择以及税收优惠政策如何完善等问题都有待三部门共同商议解决。

（三）金融监管总局与卫计委

目前，国家鼓励保险公司参与医院的新建和公立医院的改制，这为保险

公司实行"保险+医疗"模式创造了良好的政策环境。卫计委作为公立医院改革以及各类医疗机构的主管部门，金融监管总局作为保险公司的主管部门，在推进"保险+医疗"的过程中需要协同监管，既要发挥投资参股医院的商业保险公司在提高医疗服务效率、减少医疗资源浪费和降低医疗费用等方面的重要作用，也要避免商业保险公司在缺乏专业背景知识的情况下对医院经营进行盲目干预。金融监管总局要对投资医院和各类医疗机构的商业保险公司进行资质审核，确保保险公司具有控股和参股医院的确切需要以及充足的人员和资金实力，避免保险公司之间盲目抢夺医疗机构的股权。同时卫计委也要对保险公司控股和参股的医疗机构进行定期监督检查，针对经营富有成效的机构的成功经验进行推广应用，针对经营不善的医疗机构设立退出机制。通过金融监管总局和卫计委的共同合作，可以为我国保险公司参与"保险+医疗"、完善商业健康保险全产业链提供有力的保障。

参考文献

冯鹏程：《美国和主要 OECD 国家的税优健康险》，《中国银行保险报》2020 年 5 月 19 日。

黄薇、张岚、郑小华等：《新形势下商业健康保险产品开发思路与策略》，《卫生经济研究》2021 年第 2 期。

冯鹏程：《德国和美国商业健康险的税优模式》，《中国保险报》2014 年 8 月 13 日。

冯鹏程：《对长期医疗险保证续保和费率调整的建议》，《中国银行保险报》2019 年 12 月 3 日。

冯鹏程、邵晓军、赵正堂：《德国医保治理及商业健康保险融合发展的研究》，《保险理论与实践》2021 年第 2 期。

许闲、罗婧文、王佳歆等：《普惠保险在健康管理中的应用——基于惠民保的深度分析》，《保险理论与实践》2020 年第 12 期。

王莉、岳经纶：《角色定位、制度绩效与商业健康保险的发展：国际经验及启示》，《经济体制改革》2017 年第 2 期。

雷璐倩、张伶俐、颜建周等：《德国医疗保险支付方式改革及对我国的启示》，《中国卫生资源》2020 年第 2 期。

褚福灵:《德国法定健康保险制度框架与借鉴》,《中国医疗保险》2017年第8期。

孙健、李海铭:《商业健康保险与基本医疗保险衔接机制研究》,《山东社会科学》2018年第3期。

胡晓梅、邓绍平、胡锦梁:《多层次医疗保障体系发展的国际经验借鉴与展望》,《卫生经济研究》2021年第7期。

邵晓军、王燕文:《德国健康保险发展模式的经验借鉴》,《中国金融》2010年第15期。

郑秉文:《商业保险参与多层次社会保障体系的方式、作用与评估——基于一个初步的分析框架》,《辽宁大学学报》(哲学社会科学版)2019年第6期。

王琬:《公私伙伴关系视角下的大病保险治理机制研究》,《江海学刊》2015年第5期。

朱铭来、仝洋:《商业健康险税收优惠政策的效果分析——基于需求价格弹性的测算》,《保险研究》2020年第2期。

李玉华:《数字健康技术与商业健康保险的发展》,《金融理论与实践》2020年第12期。

谭英平、鲍创:《新冠疫情对我国商业健康保险的影响和启示》,《价格理论与实践》2020年第7期。

孙东雅:《国际商业健康险税优政策》,《中国金融》2015年第22期。

冯鹏程、刘青:《谈谈德国商业健康保险》,《中国保险报》2015年6月10日。

冯鹏程:《发达国家健康险的税优启示和借鉴》,《中国保险报》2014年9月3日。

锁凌燕、完颜瑞云:《国际商业健康保险发展与医疗体系绩效研究》,《保险研究》2013年第2期。

高善强、贺英、刘平、王珊珊:《美国健康保险交易机构改革评估》,《中国医学创新》2016年第15期。

朱铭来、陈妍、王梦雯:《美国医疗保障制度改革述评》,《保险研究》2010年第11期。

郑秉文:《"十四五"时期医疗保障可持续性改革的三项任务》,《社会保障研究》2021年第2期。

孙祁祥、郑伟等:《商业健康保险与中国医改——理论探讨、国际借鉴与战略构想》,经济科学出版社,2010。

冯鹏程:《社商融合型多层次医疗保障制度:国际经验和中国路径》,厦门大学出版社,2021。

图书在版编目(CIP)数据

新业态下商业健康保险的新兴模式研究 / 中国发展研究基金会著 . -- 北京：社会科学文献出版社，2023.11
ISBN 978-7-5228-2517-5

Ⅰ.①新… Ⅱ.①中… Ⅲ.①健康保险-研究-中国 Ⅳ.①F842.62

中国国家版本馆 CIP 数据核字（2023）第 179949 号

新业态下商业健康保险的新兴模式研究

著　　者 / 中国发展研究基金会

出 版 人 / 冀祥德
责任编辑 / 吴　敏
责任印制 / 王京美

出　　版 / 社会科学文献出版社（010）59367127
　　　　　　地址：北京市北三环中路甲29号院华龙大厦　邮编：100029
　　　　　　网址：www.ssap.com.cn

发　　行 / 社会科学文献出版社（010）59367028
印　　装 / 三河市尚艺印装有限公司
规　　格 / 开　本：787mm×1092mm　1/16
　　　　　　印　张：15.5　字　数：235千字
版　　次 / 2023年11月第1版　2023年11月第1次印刷
书　　号 / ISBN 978-7-5228-2517-5
定　　价 / 89.00元

读者服务电话：4008918866

版权所有 翻印必究